Rechtsprechung

aus dem

Bau-, Grundstücks- und Nachbarrecht

herausgegeben

von

Dr. Hugo Glaser
Oberlandesgerichtsrat in Köln

1957

J. SCHWEITZER VERLAG · BERLIN

Rechtsprechung
aus dem
Bau-, Grundstücks- und Nachbarrecht

1. Band

1957

J. SCHWEITZER VERLAG · BERLIN

Satz und Druck: Berliner Buchdruckerei Union GmbH., Berlin SW 29

Inhaltsübersicht

I. Enteignungs- und Baupolizeirecht
Nr. 1—87 .... 1— 41

II. Baulandbeschaffung und Umlegung
Nr. 88—105 .... 42— 50

III. Bauvertragsrecht
Nr. 106—120 .... 51— 59

IV. Wohnungsbaurecht
Nr. 121—155 .... 60— 74

V. Grundstücksgebühren und -abgaben
Nr. 156—167 .... 75— 80

VI. Maklerrecht
Nr. 168—210 .... 81—100

VII. Kleingartenrecht
Nr. 211—218 .... 101—105

VIII. Verkehrssicherungspflicht
a) des Grundstückseigentümers
b) der Gemeinde
c) des Bauunternehmers
Nr. 219—273 .... 106—132

IX. Nachbarrecht
Nr. 274—314 .... 133—153

X. Grundstücksrecht
Nr. 315—371 .... 154—181

Abkürzungen der wichtigsten Zeitschriftentitel

BBauBl	= Bundes-Baublatt (Bauverlag, Wiesbaden)
BB	= Betriebs-Berater (Recht und Wirtschaft, Heidelberg)
Blätter	= Blätter für Grundstücks-, Bau- und Wohnungsrecht (Luchtenhand-Neuwied/Rhein)
DÖV	= Die öffentliche Verwaltung (Kohlhammer, Stuttgart)
DRiZ	= Deutsche Richterzeitung
DVBl	= Deutsches Verwaltungsblatt (Heymanns, Köln)
DWW	= Deutsche Wohnungswirtschaft (Düsseldorf)
ESVGH	= Entscheidungssammlung der hess. und württemb.-bad. Verwaltungsgerichtshöfe (Müller, Karlsruhe)
GWW	= Gemeinnütziges Wohnungswesen (Hamburg-Altona)
HGBR	= Handbuch des Grundstücks- und Baurechts (Ministerialrat Dr. Fischer, Düsseldorf)
HMR	= Handbuch des Miet- und Raumrechts (Ministerialrat Dr. Fischer, Düsseldorf)
HW	= Haus und Wohnung (Gubalke, Berlin)
HZtg	= Hausbesitzer-Zeitung (mit Landeszusatz)
JMBl	= Justizministerialblatt (mit Landeszusatz)
JR	= Juristische Rundschau (de Gruyter, Berlin)
JZ	= Juristenzeitung (Mohr, Tübingen)
MDR	= Monatsschrift für Deutsches Recht (Deutsche Rechtsprechung Verlags-G. m. b. H., Hamburg)
NHG	= Niedersächs. Haus- und Grundbesitz (Hannover)
Nds Rpfl	= Niedersächs. Rechtspflege (Hannover)
NJW	= Neue Juristische Wochenschrift (Beck, München)
SchlHA	= Schleswig-Holsteinische Anzeigen (Schleswig)
VersR	= Versicherungsrecht (Karlsruhe)
VerwRspr	= Verwaltungs-Rechtsprechung (Beck, München)
WM	= Wohnungswirtschaft und Mietrecht (Mieterbund Köln)
ZMR	= Zeitschrift für Miet- und Raumrecht (Ministerialrat Dr. Fischer, Düsseldorf)

I.

Enteignungs- und Baupolizeirecht

Nr. 1—87

Art. 14 GG

1. Begriff der Enteignung

a) Eine angeordnete Übereignung, d. h. die Übertragung des vollen dinglichen Rechts an einer Sache, bedeutet begrifflich immer Enteignung und nicht etwa eine Beschränkung des Eigentums.

b) Auch die angeordnete Übereignung lediglich geringfügiger Teile eines Grundstücks stellt eine entschädigungspflichtige Enteignung dar.

c) Mit der hoheitlichen Wegnahme des Eigentums wird keine bloße Schranke des Eigentums geltend gemacht. Auch der Inhalt des Eigentums kann nicht in der Weise gesetzlich bestimmt werden, daß es dem Eigentümer — unter bestimmten Voraussetzungen — weggenommen werden kann. Art. 14 Abs. 2 Satz 1 GG verpflichtet nicht zur entschädigungslosen Abgabe von Eigentum.

— Oberverwaltungsgericht Hamburg, Beschluß vom 14. Juni 1954 — Bf. II 256/53 — NJW 1955, 1294 mit einer Anmerkung von Schack.

2. Unzulässigkeit einer Enteignung

a) Es folgt aus dem Wesen der grundsätzlichen Eigentumsgarantie, daß eine Enteignung so lange unzulässig ist, als der Zweck, dem die Enteignung dienen soll, auch auf andere, weniger schwer in die Rechte des einzelnen eingreifende Weise erreicht werden kann, ohne daß es zu unvertretbaren Schwierigkeiten kommt.

b) Eine Enteignung einzelner bebauter Grundstücke im Zuge der Errichtung größerer Wohnungsbauvorhaben ist nicht in jedem Falle unzulässig.

c) Es ist aber erforderlich, daß die zuständige Behörde sich Gewißheit darüber verschafft, daß es keine andere rechtlich und wirtschaftlich vertretbare Lösung gibt als die Enteignung.

— Bundesverwaltungsgericht, Urteil vom 26. März 1955 — I C 149/53 — HGBR Rspr. 1955 Nr. 64 — Bayr. HZtg. 1955 Nr. 22 — BBauBl. 1955, 357 —.

3. Zur ausreichenden Bestimmtheit des Enteignungsbescheides

a) Ein Verwaltungsakt muß den Willen der Behörde mit ausreichender Bestimmtheit zum Ausdruck bringen.

b) Mängel in diesem Punkt machen einen Verwaltungsakt fehlerhaft und unwirksam (vgl. Forsthoff, Lehrbuch des Verwaltungsrechts, 1. Bd., 3. Aufl., § 12 Nr. 2e S. 204).

— Bundesverwaltungsgericht, Beschluß vom 7. April 1955 — I B 129/54 — DWW 1955, 113 — BBauBl. 1955, 319 —.

Art. 14 GG

4. Grundgesetz und Enteignungsgesetze

Alle Enteignungsgesetze, die nach dem Inkrafttreten des Bonner Grundgesetzes erlassen worden sind, und die eine Entschädigung für Enteignungen nicht in einer dem Art. 14 Abs. 3 Satz 2 u. 3 des Grundgesetzes entsprechenden Weise regeln, sind verfassungswidrig.

— Bundesverfassungsgericht, Beschluß vom 21. Juli 1955 — 1 BvL 33/51 — NJW 1955, 1268 — BBauBl. 1955, 478 —.

5. Inanspruchnahme von Hotelzimmern für Flüchtlinge als enteignungsgleicher Eingriff

a) Bei rechtswidriger, schuldloser Inanspruchnahme von Hotelzimmern zur Unterbringung von Flüchtlingen ist die wegen enteignungsgleichen Eingriffs von der Gemeinde zu zahlende Entschädigung ihrer Höhe nach nicht durch die nach der AO PR Nr. 115/48 zulässigen Tabellensätze beschränkt. Diese stellen vielmehr nur die Mindestentschädigung dar (BGHZ 13, 395).

b) Der geschädigte Hotelier muß sich aber diese Mietsätze und die sonstigen Ersparnisse an Betriebskosten nach dem Grundsatz der Vorteilsausgleichung anrechnen lassen (BGHZ 6, 270).

— Oberlandesgericht Schleswig, Beschluß vom 29. Oktober 1954 — 5 W 44/54 — SchlHA 1955, 96 —.

Anmerkung:
Vgl. über die Anwendung der Enteignungsgrundsätze BGHZ 6, 270; 6, 290.

6. Enteignungs- und Aufopferungsanspruch aus Maßnahmen der Besatzung

a) Maßnahmen der Besatzung stellen keine Ausübung deutscher Hoheitsbefugnis dar.

b) Auf derartige Maßnahmen findet weder der Gesichtspunkt der Enteignung noch der der Aufopferung i. S. des § 26 des Reichsleistungsgesetzes Anwendung, weil diese Vorschriften ein Handeln deutscher Stellen voraussetzen.

— Landgericht Lübeck, Urteil vom 9. Juni 1954 — 2 O 135/53 —.

§ 26 Reichsleistungsgesetz

7. Entschädigung für die Inanspruchnahme von Grund und Boden für Luftschutzanlagen

a) Der Grundstückseigentümer hat für die Entziehung seines Besitzes an dem Grundstück zu Zwecken der Landesverteidigung (Luftschutzanlage) einen Anspruch auf Nutzungsentschädigung nach § 26 Reichsleistungsgesetz (RLG).

b) Als Entschädigung kann der Grundstückseigentümer nur einen Betrag verlangen, der aus dem Nutzungswert des Grund und Bodens zu berechnen ist; denn seine Leistung bestand nur in der Hergabe des Grund und Bodens.

c) Nach § 26 RLG kann Entschädigung nur für das verlangt werden, was dem Kläger tatsächlich entzogen, also von ihm geleistet worden ist. Der Nutzungswert der Anlage kann demnach bei der Berechnung der Entschädigung nicht zugrunde gelegt werden.

— Bundesgerichtshof, Urteil vom 14. Mai 1956 — III ZR 257/54 — BB 1956, 218 —.

Art. 14 GG

8. Bedingte Erteilung eines baurechtlichen Dispenses und Enteignung

a) Das Recht zu bauen besteht nur nach Maßgabe des materiellen Baurechts.

b) Dieses materielle Baurecht bestimmt Inhalt und Schranken des subjektiven Baurechts und somit des Eigentums im Sinne des Art. 14 Abs. 1 Satz 2 GG.

c) Die Vorschriften des materiellen Baurechts enthalten daher ebensowenig eine Enteignung wie die Weigerung der Baubehörde, eine Baugenehmigung ohne Nebenbestimmungen zu erteilen.

d) Auch die bedingte Erteilung des Dispenses ist keine Enteignung, weil insoweit ein enteignungsfähiges Recht oder rechtlich geschütztes Interesse des Bauherrn nicht besteht.

— Bundesverwaltungsgericht, Urteil vom 13. Januar 1955 — I C 96/53 — NJW 1955, 725 — JR 1955, 194 — BBauBl. 1955, 187 — HGBR Rspr. 1955 Nr. 19 — DÖV 1955, 214 — DVBl. 1955, 291 —.

9. Beschränkungen des Eigentums durch Baurechtsvorschriften

a) Der erkennende Senat hat bereits in seinem Urteil vom 13. Januar 1955 — I C 96/53 — (vgl. auch Beschluß vom 28. Januar 1955 — I B 246/53 —) ausgesprochen, daß die Vorschriften des materiellen Baurechts grundsätzlich Inhalt und Schranken des Eigentums im Sinne des Art. 14 Abs. 1 Satz 2 des Grundgesetzes darstellen und daher keine Enteignungen enthalten.

b) Die Eigentumsgarantie des Art. 14 GG schafft keinen neuen Eigentumsbegriff etwa des Inhalts, daß das Eigentum eine nach allen Richtungen hin unbeschränkte Herrschaftsbefugnis gewähre, sondern übernimmt den aus der Rechtsentwicklung überkommenen Eigentumsbegriff, nach dem das Eigentum gewisse Bindungen und Schranken in sich birgt, die zum Inhalt des Eigentums gehören.

c) Ein unbegrenztes Recht, Grundstücke mit baulichen Anlagen zu besetzen, hat es in der deutschen Rechtsgeschichte nicht gegeben, vielmehr ist dieses Recht stets mit Rücksicht auf die Interessen der Allgemeinheit eingeengt gewesen (vgl. Beschluß des erkennenden Senats vom 6. Oktober 1954 — I B 131/53 —).

d) Zu diesen Beschränkungen gehören auch Vorschriften, welche die Zulässigkeit gewerblicher Anlagen in bestimmten Gebieten ausschließen oder einschränken.

— Bundesverwaltungsgericht, Urteil vom 8. Dezember 1955 — I C 135/54 — BBauBl. 1956, 227 —.

Anmerkung:
Das unter a) zitierte Urteil des Bundesverwaltungsgerichts vom 13. Januar 1955 — I C 96/55 — ist veröffentlicht in NJW 1955, 725 — JR 1955, 194 — BBauBl. 1955, 187 — HGBR Rspr. 1955 Nr. 19 — DÖV 1955, 214 — DVBl. 1955, 291 — oben Nr. 8.

10. Fluchtlinien — Bebauungsplan — Bauverbot — Enteignung

a) Die Fluchtlinien setzen für die Bebauung eines Grundstücks eine vordere Grenze fest. Die Festsetzung von hinteren Baulinien und Baustaffeln kann rechtlich nicht anders behandelt werden als die Festsetzung von Fluchtlinien, da sie die Grenzen der Bebauung nur nach anderen Richtungen — nämlich nach hinten und oben — angibt.

b) Durch die Auferlegung des Bauverbotes wird zwar das Eigentum weder im vollen Umfange noch teilweise entzogen, sondern nur belastet und in seiner Benutzbarkeit beschränkt. Enteignung ist aber nicht nur die Entziehung von Grund und Boden und von anderen dinglichen Rechten an ihnen (sogenannte klassische Enteignung), sondern kann in jedem zwangsweise erfolgenden staatlichen Eingriff in vermögenswerte Rechte liegen (RGZ 116, 268 ff.; 132, 69 ff.; OVG Hamburg, Urteil vom 9. November 1950 — DVBl. 1951, 181 f.; BGH, Beschluß vom 9./10. 6. 1952, MDR 1952, 610 — NJW 1952, 972; Stödter, Öffentlich-rechtliche Entschädigung [1933] S. 127 ff.

c) Bauverbote, die durch Änderung eines bestehenden Bebauungsplanes auferlegt werden, haben enteignenden Charakter.

— Verwaltungsgerichtshof Bremen, Urteil vom 12. November 1953 — P/1/53 — BBauBl. 1955, 321 —.

11. Feststellungen und Genehmigung eines Stadtbauplanes

Die Gestaltung d. h. die Feststellung und Genehmigung eines Stadtbauplanes ist eine Angelegenheit des freien Ermessens der zuständigen Baupolizeibehörde.

— Württ.-Bad. Verwaltungsgerichtshof Stuttgart, Urteil vom 1. April 1954 — 1 S 298/53 — BBauBl. 1955, 323 —.

12. Rechtsnatur des Baulinienplanes

a) DerFluchtlinienplan nach dem Preußischen Fluchtliniengesetz und der Ortsbauplan oder der Bebauungsplan nach dem württembergischen Baurecht sowie die in diesen Planfestsetzungsverfahren ergangenen Einwendungsbescheide sind nicht als anfechtbare Verwaltungsakte anzusehen (vgl. Urteile des erkennenden Senats vom 3. Mai 1956 — BVerwG I C 29/54 und I C 89/55 —).

b) Die verfahrensmäßige Ausgestaltung der erwähnten Planverfahren mit der Beschlußfassung durch die Gemeindevertretung, der Offenlegung des Planes und der öffentlichen Bekanntmachung sowohl der Auslegung als auch der Feststellung des Planes spricht für das Vorliegen einer Rechtsnorm; sie trägt aber auch die Merkmale des Verwaltungsaktes, sobald die Offenlegung und die Bekanntmachung durch eine Mitteilung an die beteiligten Grundeigentümer ersetzt wird.

c) Das Bundesverwaltungsgericht hat daher die Entscheidung der Frage nach der Rechtsnatur dieser Pläne aus dem Sinn und Zweck des Begriffs des Verwaltungsaktes gefunden.

— Bundesverwaltungsgericht, Beschluß vom 24. August 1956 — I B 198/55 — Blätter 1956, 334 — MDR 1956, 699 —.

13. Bebauungsplan — Baubeschränkung — Enteignung

a) Eine Baubeschränkung wegen Fehlens eines ordnungsmäßigen Bebauungsplanes ist eine mit dem Grundbesitz vereinbare Beschränkung des Eigentums.

b) Eine solche Baubeschränkung wird auch nicht dadurch rechtswidrig, daß sie längere Zeit bestehen bleibt.

c) Ob eine solche Baubeschränkung im Einzelfall eine Enteignung oder ein enteignungsgleicher Vorgang ist, haben die Zivilgerichte zu entscheiden.

— Oberverwaltungsgericht Berlin, Urteil vom 1. April 1955 — II B 102/54 — HW 1955, 241 —.

Anmerkung:
Vgl. auch Urteil des Bundesgerichtshofs vom 26. November 1954 — V ZR 58/53 — NJW 1955, 179 — DWW 55, 18 — HGBR Rspr. 1955 Nr. 11; vgl. Schneider: Wann Entschädigungspflicht für Bausperren?: HW 1955, 1; derselbe: DWW 1955, 298; Lücke: HuW 1955, 341.

14. Ersatz für Planungsschäden

a) Soweit der Grundstückseigentümer wegen einer überörtlichen Planung rechtswidrige Beschränkungen in der Nutzungsmöglichkeit seines Grundstücks erlitten hat, erbringt er damit ein besonderes Opfer zugunsten der Allgemeinheit, das eine Entschädigungspflicht auslöst.

b) Der Entschädigungsanspruch des Grundstückseigentümers entfällt nicht deshalb, weil er es unterlassen hat, auf die Kaufpreisangebote der Stadt einzugehen.

c) Der Grundstückseigentümer ist als Eigentümer wie jeder andere Eigentümer auf Grund der verfassungsrechtlichen Garantie seines Eigentums berechtigt, an seinem Eigentum festzuhalten. Die Verweigerung einer freiwilligen Veräußerung der Grundstücke kann daher grundsätzlich nicht zu Rechtsnachteilen für den Grundeigentümer führen (BGHZ 15, 289).

— Landgericht Hamburg, Urteil vom 11. Mai 1956 — 3 O 23/56 —.

Art. 14 GG

15. Minderung der Verwertungsmöglichkeiten eines Grundstücks infolge eines „vorbereitenden" Bebauungsplans — Enteignung

a) Die Baupolizei ist zu der ablehnenden Bescheidung eines Baugesuches auch dann befugt, wenn das Verfahren über die Festsetzung der Baufluchtlinie noch nicht offengelegt ist, weil die Baupolizeibehörde auch dann in öffentlichem Interesse handelt, wenn sie nur im Hinblick auf eine für die Zukunft in Aussicht genommene Fluchtlinie zu deren Sicherung vorsorglich die Baugenehmigung versagt; in diesem Fall tritt eine Entschädigungspflicht wegen Aufopferung nach § 75 Einl. ALR ein.

b) Enteignungs- und Aufopferungsansprüche bestehen nach RGZ 167, 14 nicht nur bei rechtlicher, sondern auch bei nur tatsächlicher Einwirkung.

c) Das Verhalten der Behörde muß entweder unmittelbar in das Eigentum eingreifen oder rechtswidrig die Nutzung oder Verwertung des Eigentums behindern. An einem solchen Verhalten fehlt es aber bei der nur vorbereitenden, noch völlig unverbindlichen Planung.

d) Bei den Nachteilen, die sich aus der vorbereitenden Planung ergeben können (Erschwerung der Verkaufsmöglichkeiten, Minderwert), handelt es sich nicht um eine tatsächliche Einwirkung auf die von der vorbereitenden Planung erfaßten Grundstücke, denn auf die Grundstücke wird dabei unmittelbar überhaupt nicht eingewirkt.

e) Für die durch eine solche Planung etwa verursachte tatsächliche Minderung der Verwertungsmöglichkeiten des Grundbesitzes kann eine Entschädigung weder aus dem Rechtsgrunde der Enteignung, noch aus dem des enteignungsgleichen Eingriffs oder der Aufopferung zugebilligt werden.

f) Die Planungsbehörde ist, wenn sie dem Eigentümer mitteilt, im Generalbebauungsplan sei vorgesehen, daß über die Grundfläche, auf der sein Bauwerk steht, eine Straße geplant sei und bei Anlegung der Straße sein Bauwerk demnächst abgerissen werden müsse, nicht ohne weiteres verpflichtet, darauf hinzuweisen, daß es sich nur um eine vorbereitende Bauplanung, aber noch nicht um einen rechtsverbindlichen Bebauungsplan handelt.

— Bundesgerichtshof, Urteil vom 28. März 1955 — III ZR 24/55 — Betrieb 1955, 430 — BB 1955, 394 — HW 1955, 233 — Hbg. Grundeigentum 1955, 156 — NJW 1955, 945 — DVBl. 1955, 570 — GWW 1955, 485 —.

Anmerkung:
Zu a): Ebenso RG 28, 277; 126, 360; 140, 288; vgl. auch Dittus: Vorbereitende Bauleitplanung und Entschädigungspflicht: HW 1955, 225; Dittus: Rspr. zur Entschädigungsfrage: Bauwelt 1955, 462.

Art. 14 GG

16. Angeordnete Übereignung einer Grundstücksfläche als Enteignung

Das hoheitliche Verlangen zur Übereignung einer Grundstücksfläche stellt stets eine Enteignung dar, die nach Art. 14 Abs. 3 Satz 2 GG entschädigungspflichtig ist.

— Oberverwaltungsgericht Hamburg, Beschluß vom 14. Juni 1954 — Bf. II 256/53 — BBauBl. 1954, 488 —.

Anmerkung:
Ebenso Schack: NJW 1954, 577: Generelle Eigentumsentziehungen als Enteignungen; Scheuner in Reinhardt-Scheuner: Verfassungsschutz des Eigentums, S. 113; Reinhardt: ebenda S. 26, 38, 56; Forsthoff: in seinem Gutachten a. a. O., S. 39; Giese: DWW 1950, 205; 1952, 44; Diester: Enteignung und Entschädigung nach altem und neuem Recht 1953, S. 75 und S. 157; Zinkahn: DWW 1951, 137; Schütz: DWW 1953, 127.

Art. 14 GG

17. Bausperre — Enteignung

a) Die Verwaltung bedarf zur Erfüllung ihrer städtebaulichen Aufgaben einer zweckentsprechenden Planung, die ihren rechtlichen Ausdruck in Bauplänen findet.

b) Daß die Aufstellung von Bauplänen eine gewisse Zeit erfordert, liegt in der Natur der Sache.

c) Bei einer übermäßigen Verzögerung der Planfestsetzung kann eine vorläufige Bausperre einer Enteignung gleichkommen.

d) Wenn nur vorübergehend die Bautätigkeit behindert wird, so ist dies jedoch in gewissem Umfange unvermeidlich; die hierin liegende Eigentumsbegrenzung des Grundeigentums findet in der verfassungsrechtlichen Vorschrift, daß Eigentum verpflichtet und sein Gebrauch zugleich dem Wohle des Volkes zu dienen hat, seine Rechtfertigung. Insoweit stellt also auch eine Bausperre lediglich eine inhaltliche Begrenzung bzw. eine soziale Bindung des Eigentums dar (Art. 14 Abs. 2 Grundgesetz).

e) Eine aus einer überörtlichen oder gesamtörtlichen Planung (z. B. Anlage weiträumiger Verkehrsadern oder Anlage oder Erhaltung einer großen Grünfläche) entspringende Bausperre, deren Dauer überdies auch noch unübersehbar ist, trifft die von ihr betroffenen Grundstückseigentümer nicht gleich, sondern je nach ihrer örtlichen Beziehung zu den entsprechenden Plänen im Interesse der Allgemeinheit verschieden. Derartige Bausperren belasten das Grundeigentum in einer Art, die einer Enteignung gleich kommt (vgl. BGH, Urteil vom 26. Nov. 1954, NJW 1955, 179).

— Verwaltungsgericht Berlin, Urteil vom 7. Februar 1956 — I A 368/55 — Berliner Grundeigentum 1956, 359 —.

Anmerkung:

Über den Enteignungscharakter einer Bausperre vgl. BGH : NJW 1955, 179 — MDR 1955, 88 — HGBR Rspr. 1955 Nr. 11 — NJW 1954, 302; vgl. auch Verwaltungsgericht Berlin: JR 1954, 433; Grauvogel: Städtetag 1955 Nr. 3; Dittus: DVBl. 1955, 178; Dittus: Bauwelt 1955, 462; Witt: Westd. Türmer 1955, 60; Schmidt: DWW 1955, 264; Clauss: Berliner Grundeigentum 1956, 338; KG : HuW 1955, 192.

Art. 14 GG

18. Zur Gültigkeit von Bausperren

Art. 14 GG garantiert das Privateigentum, erklärt es aber für sozial gebunden. Von enteignungsgleichen Eingriffen sind Auswirkungen der sozialen Pflichtbindung des Eigentums als Eigentumsinhalt zu unterscheiden. Die öffentliche Verwaltung bedarf zur Erfüllung ihrer Aufgaben einer zweckentsprechenden Planung, insbesondere einer Aufstellung von Bauplänen. Als Hilfsmittel und vorbereitende Maßnahme zur Sicherung von Teilplanungen ist die vorübergehende Verhinderung jeder Bautätigkeit in bestimmten, der Planung unterliegenden Gebieten durch Bausperren unvermeidlich. Ebenso wie die Bauplanung selbst liegt auch die Anordnung einer solchen Bausperre im Bereich der sozialen Pflichtbindung des Eigentums. Die außerordentlichen Zerstörungen im letzten Krieg zwingen zu einer den heutigen Anforderungen entsprechenden Neuerschließung der Bebaubarkeit der betroffenen Gebiete.

— Staatsgerichtshof des Landes Hessen, Urteil vom 24. Juni 1955 — PSt. 68 — Blätter 1956, 15 (n. L.) —.

Anmerkung:

Über den Enteignungscharakter einer Bausperre vgl. BGH: NJW 1955, 179 — Blätter 1955, 29 — DWW 1954, 302, 1955, 18 — HGBR Rspr. 1955 Nr. 11 — DÖV 1955, 180 — BBauBl. 1955, 17 — FrWW 1955, 80 — BB 1954, 1083 — Betrieb 1954, 1099 — MDR 1955, 88; vgl. Grauvogel: Städtetag 1955 Nr. 3; Witt: Westdeutscher Türmer 1955, 60; Dittus: DVBl. 1955, 178; Dittus: Bauwelt 1955, 462; vgl. auch VG Berlin: JR 1954, 433.

19. Entschädigungsansprüche wegen Bausperre

a) Bausperren sind dann enteignungsgleiche, zur Entschädigung verpflichtende Eingriffe in das Eigentum, wenn sie dem Betroffenen ein besonderes, anderen nicht zugemutetes Opfer im Interesse der Allgemeinheit auferlegen.

b) Eine vorübergehende Behinderung der Bautätigkeit, deren Zweck der Erschließung und Sicherstellung der Bebaubarkeit von Grund und Boden dient, begründet keine Entschädigungsansprüche.

c) Unter den Begriff „Bausperre" fällt im weitgehenden Sinne jedes ablehnende Verhalten der Behörde, über die Bebaubarkeit zu entscheiden.

d) Entschädigungsansprüche wegen Bausperren regeln sich nach Art. 14 GG.

e) Auf Entschädigungsansprüche wegen Bausperren ist § 252 BGB nicht anwendbar. Daher kann entgangener Gewinn wegen einer Bausperre nicht schlechthin verlangt werden. Dem Betroffenen ist grundsätzlich nur der Verlust zu ersetzen, der ihm durch den Ausschluß von einer Benutzung „bereits vorhandener konkreter Werte" entstanden ist.

— Kammergericht, Urteil vom 4. März 1955 — 9 U 818/54 — HW 1955, 192 (n. L.) mit einer Anmerkung vom Schikorski —.

20. Zur rechtsdogmatischen Grundlage der Enteignungsentschädigung

Die rechtsdogmatische Grundlage der Enteignungsentschädigung wird vom Bundesgerichtshof im Beschluß des Großen Senats für Zivilsachen vom 10. Juni 1952 (BGHZ 6, 295) wie folgt gekennzeichnet: „Die Entschädigung, die bei einer Enteignung dem Betroffenen zu zahlen ist, ist dazu bestimmt, die Einhaltung des Gleichheitsgrundsatzes zu gewährleisten." Der Gleichheitssatz darf aber nicht dazu benutzt werden, den weiten Ermessensspielraum einzuengen, den das Grundgesetz dem Gesetzgeber einräumt; nur die Überschreitung oder der Mißbrauch des gesetzgeberischen Ermessens verstoßen gegen den Gleichheitssatz (so BVerfGE 4, 18). Erich Kaufmann führt in seinem Referat über „Die Grenzen der Verfassungsgerichtsbarkeit" (Veröffentlichungen der Vereinigung der Deutschen Staatsrechtslehrer Heft 9 S. 10) zur Überprüfung der Gesetze unter dem Gesichtspunkt der Gleichheit vor dem Gesetz aus, „daß es sich immer nur um die Frage der Einhaltung der äußersten Schranken der gesetzgeberischen Freiheit handeln kann, d. h. ob die Entscheidung des Gesetzgebers auf vernünftigen Erwägungen beruht und die Differenzierungen, die er vornimmt, der Natur der Sache entsprechen und nicht willkürlich sind.

— Staatsgerichtshof des Landes Hessen, Urteil vom 24. Juni 1955 — PSt. 68 —.

Art. 14 GG

21. Angemessene Entschädigung für Enteignungsakte

a) Eine von der öffentlichen Hand geschuldete „angemessene Entschädigung“ für Enteignungsakte (vgl. Artikel 153 der Weimarer Verfassung, Artikel 14 Grundgesetz, § 26 Abs. 3 des Reichsleistungsgesetzes) kann vom Gericht nicht „nach billigem Ermessen“ frei festgesetzt werden. Sie muß vielmehr unter Berücksichtigung der Art und des Ausmaßes der Einbußen so bemessen werden, daß der Betroffene einen diesen Einbußen entsprechenden Ersatz erhält.

b) Die „angemessene Entschädigung“ unterscheidet sich nach Herkunft und Charakter vom „Schadenersatz“ und reicht möglicherweise im Einzelfalle nicht so weit, wie ein Schadenersatzanspruch reichen würde.

c) Bei der angemessenen Entschädigung für einen entsprechenden hoheitlichen Eingriff kann der Betroffene den wirtschaftlichen Schaden, der sich als Folge des Eingriffes eingestellt hat, in der Regel nicht ersetzt verlangen (vgl. Bundesgerichtshof, Urteil vom 7. 10. 1954, BGHZ 15 S. 23 — NJW 1954, 1847 — BB 1954, 951), sondern muß sich mit der Entschädigung für den „Substanzverlust“ begnügen.

— Bundesgerichtshof, Urteil vom 24. April 1956 — III ZR 259/54 — BB 1956, 511 —.

Anmerkung:
Zum Begriff der angemessenen Entschädigung vgl. Schultz: BB 1951, 12.

22. Enteignungsentschädigung für bebaute Grundstücke nach der Aufhebung des Preisstops

a) Die Entschädigung für ein bebautes Grundstück, das nach der Aufhebung des Preisstops für bebaute und diesen gleichgestellte Grundstücke (vgl. VO PR Nr. 75/52 vom 28. 11. 1952 — BGBl. I, 792) enteignet wird, ist ohne Berücksichtigung der früheren Preisbestimmungen festzusetzen (vgl. Urteil des Bundesgerichtshofs vom 4. 6. 1954, BGHZ 13, 378 — BB 1954, 614).

b) Für die Enteignungsentschädigung für den Grund und Boden von Grundstücken, die im Zeitpunkt der Enteignung nicht mehr dem Preisstop unterliegen, ist in der Regel der Wert zur Zeit der Zustellung des Enteignungsbeschlusses an den Betroffenen oder der Wert zur Zeit einer vorausgehenden Besitzeinweisung des Begünstigten maßgebend.

— Bundesgerichtshof, Urteil vom 25. November 1955 — V ZR 188/54 — BB 1956, 22 — Blätter 1956, 46 — NJW 1956, 178 —.

23. Zur Ermittlung der Höhe der Enteignungsentschädigung

a) Bei der Festsetzung der Entschädigung für ein zu enteignendes Grundstück ist der Verkehrswert des Grund und Bodens unter Berücksichtigung sämtlicher individueller Merkmale maßgebend. Dazu gehört auch die Berücksichtigung der gewerblichen Nutzung.

b) Bei der Bewertung der Gebäude hat eine volle Entschädigung für die bei Kriegsende vorhanden gebliebenen Gebäudereste zu erfolgen. Auch die nach Kriegsende vorgenommenen baulichen Maßnahmen müssen, soweit es sich um Arbeiten handelt, die im Wege der Wohnungsinstandsetzungsaktion vorgenommen worden sind und für die die zuständigen Stellen Baumaterialien zur Verfügung gestellt haben, voll entschädigt werden.

c) Gebäude, die als Schwarzbauten errichtet sind, sollen grundsätzlich nicht entschädigt werden, es sei denn, daß aus dem Gesichtspunkt von Treu und Glauben eine andere Entscheidung gerechtfertigt ist. Im Rahmen von Treu und Glauben ist zu berücksichtigen, daß z. B. für die ohne bauaufsichtsamtliche Genehmigung erstellten behelfsmäßigen Unterkünfte den Kleingärtnern im Räumungsfalle aus Billigkeitsgründen eine Entschädigung gewährt wird.

d) Bei der Frage, ob eine Billigkeitsentschädigung angebracht ist, ist zu prüfen, ob der Eigentümer bei der Erstellung des Schwarzbaues gutgläubig gehandelt hat oder ob eine schuldhafte Verletzung baurechtlicher Vorschriften vorliegt.

e) Im Falle der Bösgläubigkeit des schwarzbauenden Grundstückseigentümers hat eine Minderung der Entschädigung zu erfolgen. Eine vollständige Ablehnung der Entschädigung kommt jedoch nach Treu und Glauben dann nicht in Frage, wenn der Bau zum Zwecke der Beschaffung einer Wohnung errichtet worden ist.

f) Ein Verzicht auf Schadensersatzansprüche, der vielfach als Voraussetzung für die Erteilung einer widerruflichen Bauerlaubnis gefordert wird, kann nur gegenüber dem Staat oder der Gemeinde Rechtswirkung haben, nicht aber gegenüber einem mit dem Enteignungsrecht beliehenen privaten Enteignungsunternehmen.

— Amtsgericht Bremen, Beschluß vom 5. Juli 1955 — Enteignungs-Nr. 149/53 — HGBR Rspr. 1956 Nr. 20 — HuW 1956, 85 — Brem. HZtg. 1955 Nr. 12 —.

24. § 3 Verordnung zur Behebung der dringendsten Wohnungsnot v. 9. 2. 1919 (RGBl. I S. 1968) — Enteignung aus städtebaulichen Gründen — Behebungsverordnung

Die Behebungsverordnung soll nach den gesetzgeberischen, auf die Verhältnisse der Jahre nach dem 1. Weltkrieg abgestellten Absichten nicht zur Enteignung aus Gründen der städtebaulichen Planung dienen.

— Bundesverwaltungsgericht, Urteil vom 29. Januar 1955 — I B 124/54 — BBauBl. 1955, 188 — HGBR Rspr. 1955 Nr. 20 — HW 1955, 133 —.

25. Grundsatz der Baufreiheit

Das Baurecht wird von dem Grundsatz der materiellen Baufreiheit beherrscht. Das bedeutet, daß der Eigentümer jedweden Beschränkungen, sein Grundstück zu bebauen, nur insoweit unterworfen ist, als das Gesetz dies ausdrücklich bestimmt oder eine Baulast zugunsten des Nachbarn auf dem Grundstück liegt.

— Verwaltungsgerichtshof Stuttgart, Urteil vom 18. September 1952 — 1 S 197/52 — Verw. Praxis 1954, 13 —.

26. Baugenehmigung

Wenn die Baubehörde die Ausführung bestimmter Bauarbeiten ausdrücklich ohne Gewähr späterer Genehmigung und auf eigene Gefahr des Bauherrn gestattet, so liegt hierin keine Baugenehmigung.

— Verwaltungsgerichtshof Kassel, Urteil vom 12. Februar 1954 — OS I 155/52 — DVBl. 1955, 296 — GWW 1955, 333 (n. L.) —.

27. Wesen der Baugenehmigung

Die Baugenehmigung stellt in der Regel nur fest, daß dem Bauvorhaben keine baurechtlichen Vorschriften entgegenstehen.

— Verwaltungsgerichtshof Stuttgart, Urteil vom 16. Oktober 1952 — 1 S 303/51 — Verw. Praxis 1954, 13 —.

28. Nebenbestimmungen einer Bauerlaubnis

a) Eine Nebenbestimmung einer Bauerlaubnis ist nicht selbständig anfechtbar.

b) Voraussetzungen der Anwendbarkeit der Baugestaltungsverordnung.

— Verwaltungsgericht Bremen, Urteil vom 6. Januar 1955 — A 204/54 — HGBR Rspr. 1955 Nr. 38 — Brem. HZtg. 1955 Nr. 8 —.

29. Fragen der Zulässigkeit einer Baupolizeiverfügung

a) Während nicht beobachtete Bestimmungen der Bauordnung grundsätzlich nur dann durchgeführt werden sollen, wenn polizeiliche Gründe, insbesondere solche der öffentlichen Sicherheit, es notwendig machen, können die neuen Bauvorschriften bei Kellerräumen auch dann schon angewandt werden, wenn diese Räume den heutigen Anforderungen nicht entsprechen.

b) Was vor 100 oder 200 Jahren noch für zulässig erachtet wurde, kann oft mit den verstärkten sozialen Anforderungen und den heutigen Vorstellungen von Menschenwürde nicht mehr vereinbart werden. Diesem grundsätzlichen Wandel der Anschauungen kann und soll die Baupolizei Rechnung tragen. Auch Eigentümer alter Häuser unterliegen der Verpflichtung, den Gebrauch ihres Eigentums zugleich dem Wohl der Allgemeinheit dienen zu lassen (Art. 14

Abs. 2 des Grundgesetzes für die Bundesrepublik Deutschland vom 23. Mai 1949 [BGBl. S. 1]).

c) Die Baupolizei hat nicht nur auf die Einhaltung der Baupolizeivorschriften zu achten, sondern bei allen baupolizeilichen Anlagen den Schutz der öffentlichen Sicherheit und Ordnung im vollen Umfange wahrzunehmen.

d) Die Verwaltung muß gegenüber dem Bürger einheitlich auftreten, denn es geht nicht an, daß Meinungsverschiedenheiten der einzelnen Verwaltungszweige vor dem Bürger ausgefochten werden.

e) Der Grundsatz der Gleichheit aller vor dem Gesetz verbietet nur, wesentlich Gleiches ungleich zu behandeln. Der Gleichheitsgrundsatz ist daher nur dann verletzt, wenn sich kein vernünftiger, aus der Natur der Sache folgender oder sonst sachlich einleuchtender Grund für eine unterschiedliche Behandlung finden läßt, also wenn eine willkürliche Unterscheidung vorgenommen ist (vgl. BVerfG Entsch. Bd. 1 S. 52, Bd. 2 S. 340).

f) Nach dem das Polizeirecht beherrschenden Opportunitätsprinzip braucht überdies ein ungleichmäßiges Vorgehen selbst in ähnlich gelagerten Fällen keineswegs immer unrichtig zu sein (OVG Berlin — II B 18/53; OVG Münster in HGBR unter B II, Rspr. 2, Bl. 2; Drews-Wacke, Allgemeines Polizeirecht, 6. Aufl. S. 76).

g) Im Interesse der Wiederherstellung gesetzmäßiger Zustände sind die Baupolizeibehörden berechtigt, auch in den Fällen einzuschreiten, in denen sie bisher Verstöße geduldet haben.

h) Der im Zivilrecht entwickelte allgemeine Rechtsgrundsatz der Verwirkung ist zwar auch für das Gebiet des öffentlichen Rechts anerkannt, jedoch kann durch Zeitablauf allein niemals eine Verwirkung eintreten. Hinzukommen müssen besondere Umstände, auf Grund deren das verspätete Geltendmachen als Verstoß gegen Treu und Glauben empfunden wird (Palandt, 10. Aufl., Anm. 9 zu § 242; RG 155, 148; 158, 107).

— Oberverwaltungsgericht Berlin, Urteil vom 10. Dezember 1954 — II B 43/54 — HGBR Rspr. 1955 Nr. 19 — HW 1955, 292 —.

§ 14 PVG; Art. 3 GG

30. Umfang der baupolizeilichen Prüfung — Gefährdung der Sicherheit — Errichtung von Tankstellen — Verkehrspolizei

a) Die Baupolizei ist nicht auf die Wahrnehmung baupolizeilicher und baurechtlicher Rücksichten beschränkt, ihr steht vielmehr die Prüfung aller dem Bauvorhaben aus dem öffentlichen Recht entgegenstehenden Hindernisse in vollem Umfang zu. Sie hat insbesondere auch verkehrspolizeiliche Gesichtspunkte zu beachten.

b) Jede Beeinträchtigung der Leichtigkeit des Verkehrs stellt sich heute als Gefährdung seiner Sicherheit dar. Eine der Verkehrssicherheit drohende Gefahr ist bei den derzeitigen Verkehrs- und Straßenverhältnissen eine Gefahr nicht nur für die öffentliche Ordnung, sondern für die öffentliche Sicherheit im Sinne von § 14 Pr.PVG.

c) Die Genehmigung zur Errichtung von Tankstellen kann von der Baupolizei dann versagt werden, wenn der Bauplatz nicht so gewählt wird, daß die Behinderung des durchgehenden Verkehrs auf ein Mindestmaß herabgesetzt wird. Das wird in der Regel dann erreicht, wenn die Richtlinien beachtet werden, die in dem Merkblatt für die Anordnung und Kennzeichnung von Tankstellen an öffentlichen Straßen (Ausgabe 1954) enthalten sind, das von der Forschungsgesellschaft für das Straßenwesen herausgegeben worden ist.

d) Es ist nicht der Sinn des Gleichheitsgrundsatzes, daß eine bei der Ausübung des behördlichen Ermessens bisher beobachtete Verwaltungspraxis beibehalten werden muß, wenn diese Praxis zu einer polizeiwidrigen Unordnung geführt hat. Die Behörde muß vielmehr die Möglichkeit haben, auch eine von ihr mitverursachte Fehlentwicklung aufzuhalten.

— Oberverwaltungsgericht Münster, Urteil vom 23. November 1954 — VII A 238/54 — DVBl. 1955, 294 — BBauBl. 1955, 320 — MDR 1955, 190 — Recht des Kraftfahrers 1955, 29 — HGBR Rspr. 1955 Nr. 20 — DVBl. 1955, 294 —.

Anmerkung:
Ebenso OVG Münster: BBauBl. 1954, 340; OVG Münster: Amtl. Sg. Bd. 6, 43 m. w. N.

31. Rechtliche Wirkung mündlicher Zusagen der Baupolizeibehörde

a) Nach Treu und Glauben ist die Verwaltungsbehörde verpflichtet, eine mündliche Zusage innezuhalten.

— Bundesverwaltungsgericht, Urteil vom 7. Dezember 1954 — I C 75/53 — Bayr. HZtg. 1955 Nr. 23 — DVBl. 1955, 293 — DÖV 1955, 188 — BB 1955, 779 —.

b) Die mündliche Zusage einer Behörde, einen bestimmten Verwaltungsakt zu erlassen, verpflichtet die Behörde in der Regel, den zugesagten Verwaltungsakt auch schriftlich zu erlassen, wenn das dem Grundsatze des Vertrauensschutzes nach Treu und Glauben entspricht.

c) Der Grundsatz der Verbindlichkeit von Zusagen ist allerdings für Fälle einzuschränken, in denen die Zusage gegen ein gesetzliches Verbot verstößt oder der erklärende Beamte zu ihrer Erteilung nach seiner Stellung innerhalb der Behörde nicht befugt ist.

— Bundesverwaltungsgericht, Urteil vom 8. März 1956 — I C 106/55 — BB 1956, 511 —.

Anmerkung:
Zu a): Vgl. Preuß. OVG, Urteil vom 10. 10. 1935, OVG Bd. 97, 189.

32. Einschreiten der Bauaufsichtsbehörde beim Verstoß gegen baurechtliche Grundsätze

a) Verstößt ein ohne Genehmigung errichtetes Bauwerk gleichzeitig gegen formelles und materielles Baurecht, so ist die Bauaufsichtsbehörde grundsätzlich nicht nur berechtigt, sondern auch verpflichtet, gegen den baurechtswidrigen Zustand einzuschreiten.

b) Nach baurechtlichen Grundsätzen kann niemand, der sich einen Verstoß gegen die Vorschriften des Baurechts hat zuschulden kommen lassen, verlangen, daß die Bauaufsichtsbehörde in seinem Falle den rechtswidrigen Zustand dulde, weil sie in ähnlichen Fällen gegen andere bisher nicht eingeschritten ist.

— Oberverwaltungsgericht Lüneburg, Urteil vom 9. September 1954 — I A 182/53 — BBauBl. 1955, 137 —.

33. Polizeiliches Einschreiten beim Verstoß gegen baurechtliche Vorschriften

a) Das Anbringen von Reklameschildern an ein Brückenbauwerk fällt unter den Begriff „bauliche Änderungen" im Sinn von § 1 der Baugestaltungsverordnung. In dieser Vorschrift ist die Ausführung baulicher Anlagen und Änderungen ganz allgemein geregelt worden, ohne daß ein Unterschied zwischen genehmigungspflichtigen und nicht genehmigungspflichtigen baulichen Arbeiten gemacht worden wäre.

b) Aufgabe der Baupolizei ist es, die Ausführung solcher baulichen Arbeiten, die mit den Vorschriften des materiellen Baurechts nicht übereinstimmen, zu verhindern, auch wenn sie nicht genehmigungspflichtig sind.

— Oberverwaltungsgericht Koblenz, Beschluß vom 22. März 1955 — I A 41/54 — Staatszeitung von Rheinland-Pfalz vom 26. Juni 1955 —.

Anmerkung:
Zu a): Vgl. OVG Lüneburg: BBauBl. 1955, 137 — oben Nr. 32.

34. Vollziehung einer baupolizeilichen Maßnahme

a) Der Rechtsschutz des Staatsbürgers erfordert es, daß diesem vor Vollziehung einer polizeilichen Maßnahme die Möglichkeit erhalten bleibt, ein Rechtsmittel an eine 2. Verwaltungsinstanz einzulegen.

b) Nur in besonderen Ausnahmefällen ist es daher zulässig, die aufschiebende Wirkung einer Beschwerde auszuschließen.

— Landesverwaltungsgericht Düsseldorf, Beschluß vom 3. Mai 1955 — 4 L 1138/55 — Blätter 1955, 255 — Betrieb 1955, 1040 — HuW 1955, 472 (n. L.) —.

Anmerkung:

Zu a): Vgl. auch LVG Hannover, Beschluß vom 1. Dez. 1955 — B I 33/55 — HuW 1955, 472 —.

35. Versagung einer Bauerlaubnis als enteignungsgleicher Eingriff

a) Allgemeine Baubeschränkungen sind in der Regel nicht entschädigungspflichtige Eigentumsbeschränkungen.

b) Es kann jedoch in der Versagung einer Bauerlaubnis mit Rücksicht auf die beabsichtigte Neufestsetzung der Baufluchtlinie ein entschädigungspflichtiger enteignungsgleicher Eingriff liegen, wenn mit der Zurückverlegung der Fluchtlinie für die Erleichterung des Verkehrs auf längere Zeit nichts gewonnen ist, weil eine Anzahl Häuser bereits auf der Höhe der bisher verbindlichen Baufluchtlinie steht und ihre Beseitigung nicht erwogen ist.

c) In einem solchen Falle stellt die Errichtung eines weiteren Hauses in Höhe dieser Häuserzeile vor der verbindlichen Festsetzung der neuen Fluchtlinie regelmäßig keine Störung dar, die die Polizei zu verhindern berechtigt wäre.

— Bundesgerichtshof, Urteil vom 24. Oktober 1955 — III ZR 121/54 — NJW 1956, 263 — HGBR Rspr. 1956 Nr. 30 — BB 1956, 96 (n. L.) — BBauBl. 1956, 222 —.

36. Baugenehmigung für Neuanstrich eines Gebäudes

a) Nach § 1 Nr. 2e der Bauordnung für die Stadt Berlin vom 9. November 1929 bedarf der Baugenehmigung das Herstellen oder Verändern des Verputzes und des Anstriches oder der Ausfugung der vornehmlich Wohnzwecken dienende Gebäude und Gebäudeteile.

b) Demgegenüber bedürfen gewöhnliche Unterhaltungsarbeiten an baulichen Anlagen nicht der Baugenehmigung.

c) Das Neuanstreichen eines Gebäudes **ohne Veränderung des Farbtones** gehört zu den gewöhnlichen Unterhaltungsarbeiten im Sinne der Bauordnung und ist deshalb nicht genehmigungspflichtig.

— Oberverwaltungsgericht Berlin, Urteil vom 22. Oktober 1954 — II B 77/54 — HGBR Rspr. 1955 Nr. 24 —.

37. Unmögliche baupolizeiliche Auflagen bei langfristigem Mietvertrag.

a) Die Bauprüfabteilung kann durch Auflagen vom Vermieter nicht verlangen, daß dieser die Aufhebung eines mit dem Mieter abgeschlossenen langfristigen Mietvertrages herbeiführt; nach allgemeinen verwaltungsrechtlichen Grundsätzen dürfen behördliche Anordnungen nichts rechtlich oder tatsächlich Unmögliches verlangen (BVG: NJW 1954, 1460; OVG Münster: MDR 1954, 250).

b) Die Bauprüfabteilung kann äußerstenfalls fordern, daß der Vermieter dem Mieter zum nächstzulässigen Termin kündigt und dann den vorschriftsmäßigen baupolizeilichen Zustand wiederherstellt.

— Landesverwaltungsgericht Hamburg, Urteil vom 19. Oktober 1955 — VII a VG 721/55 —.

38. Räumung einer Mietwohnung aus baupolizeilichen Gründen

a) Ein Gebot, das dem Inanspruchgenommenen etwas zur Gefahrenabwehr nicht Mögliches auferlegt, ist unzulässig und nichtig (vgl. Klinger, Verwaltungsgerichtsbarkeit in der britischen Zone § 23 Anm. A II 2g).

b) Als für den Betroffenen „nicht möglich" ist nicht nur etwas absolut Unmögliches, sondern auch schon ein Gebot anzusehen, dessen Erfüllung nicht allein von ihm abhängt und nach Lage der besonderen Verhältnisse durch sein Bemühen allein nicht mit Sicherheit erwartet werden kann (Drews-Wacke, Allgemeines Polizeirecht, Seite 109).

c) Wird die Räumung einer vom Hauseigentümer vermieteten Wohnung aus bau- oder gesundheitspolizeilichen Gründen erforderlich, so kann die Behörde von dem Eigentümer grundsätzlich nur verlangen, daß er dem Mieter zum nächstmöglichen Termin kündigt, ihn zum Verlassen der Wohnung auffordert, neue Mietverträge nicht mehr abschließt und auch die Wohnung selbst nicht zu Wohnzwecken benutzt.

d) Weitergehende Rechte hat der Eigentümer gegenüber dem Mieter nicht. Er ist insbesondere im Hinblick auf das Mieterschutzgesetz vom 15. 12. 1942 (RGBl. I 712) nicht in der Lage, den Mieter ohne Rücksicht auf die geltenden Vorschriften des Mietrechts aus der Wohnung zu exmittieren (OVG Münster, Bescheid vom 29. 9. 1953 — NJW 1954, 446; Drews-Wacke, a. a. O. Seite 89; Preuß. OVG Bd. 86, 258).

— Landesverwaltungsgericht Düsseldorf, Urteil vom 28. Juni 1953 — 4 K 1808/55 — ZMR 56; 159 —.

39. Anwendung des zur Zeit geltenden Baurechts auf Wiederaufbauten

a) Auf den Um- oder Wiederaufbau von Gebäuden oder Gebäudeteilen, die unter der Herrschaft früherer Vorschriften rechtmäßig errichtet worden sind, ist das jetzt geltende Baurecht anzuwenden, sofern ein Gebäude erheblich verändert wird. Ob das Gebäude zerstört oder erheblich beschädigt war, ist unerheblich.

b) Die Befreiung von zwingenden Vorschriften der Bauordnung (Dispens) steht im Ermessen der Verwaltungsbehörde; die Anwendung des Ermessens setzt jedoch voraus, daß das Vorliegen einer offenbar nicht beabsichtigten Härte festgestellt worden ist.

c) Die Ablehnung eines Dispensantrages ist so zu begründen, daß der Antragsteller den Bescheid in rechtlicher und tatsächlicher Hinsicht nachprüfen kann. Der Bescheid muß erkennen lassen, ob das Vorliegen einer offenbar nicht beabsichtigten Härte bejaht oder verneint wird.

d) Eine offenbar nicht beabsichtigte Härte liegt vor, wenn die schematische Anwendung der Bauvorschriften in anomalen und atypischen Fällen zu Ungerechtigkeiten führt. Ein solcher Fall liegt nicht ohne weiteres beim Wiederaufbau zerstörter Gebäude vor.

e) Es entspricht dem erklärten Willen der Bauordnung, daß zerstörte ältere Bauwerke nicht wieder genau so sollen aufgebaut werden dürfen, wie sie unter der Herrschaft älteren Baurechts einmal rechtmäßig errichtet worden waren, sondern daß sie so einzurichten sind, daß sie sich den im jetzigen Baurecht konkretisierten neuen Anschauungen und Bedürfnissen anpassen.

f) Schwierigkeiten bei der Unterbringung von Obdachlosen genügen nicht für die Annahme, daß Gründe des Allgemeinwohles Abweichungen von den Bauvorschriften erfordern.

— Oberverwaltungsgericht Münster, Urteil vom 20. Dezember 1955 — VII A 728/55 — Blätter 1956, 174 —.

40. Baurechtswidrigkeit eines Bauvorhabens

a) Die Anordnung der Stillegung eines Bauvorhabens kann schon durch das Fehlen der Baugenehmigung gerechtfertigt sein. Das gilt aber nur solange, als die Baubehörde nicht über den nachträglich eingereichten Bauantrag entschieden hat.

b) Die Frage der Rechtmäßigkeit einer Abbruchsverfügung hängt allein von der materiellen Baurechtswidrigkeit der Bauanlage ab.

c) Die Frage, ob ein Bauvorhaben der geordneten Entwicklung des Gemeindegebiets zuwiderläuft (§ 3 BauregelungVO), ist nach herrschender Rechtsprechung eine Rechtsfrage, die allein nach den örtlichen Gegebenheiten im Sinne des § 3 Bauregelungsverordnung zu entscheiden ist.

— Oberverwaltungsgericht Hamburg, Urteil vom 6. Januar 1955 — Bf. II 11/54 — BBauBl. 1956, 26 —.

41. Recht auf Erteilung der Bauerlaubnis — Verletzung des Gleichheitsgrundsatzes

a) Das deutsche Baurecht wird weitgehend von dem Grundsatz der materiellen Baufreiheit beherrscht. Das bedeutet, daß dem Bauherrn ein Recht auf Erteilung der Bauerlaubnis zusteht.

b) Die Baufreiheit kann aber durch Gesetze und Verordnungen beschränkt werden, damit für die Allgemeinheit keine Unzuträglichkeiten entstehen (Oberverwaltungsgericht Münster, Urteil vom 4. 5. 1950 — IV A 305/49 — DVBl. 1951, 185 —).

c) Das Recht zu bauen besteht nur nach Maßgabe des materiellen Baurechts. Dieses materielle Baurecht bestimmt Inhalt und Schranken des subjektiven Baurechts (Bundesverwaltungsgericht, Urteil vom 13. 1. 1955 — I C 96/53 — DVBl. 1955, 291 — NJW 1955, 725 — JR 1955, 194 — oben Nr. 8).

d) Eine Verletzung des Gleichheitsgrundsatzes durch ungleiche Behandlung gleichgelagerter Fälle liegt nicht vor, wenn die Baubehörde wegen Änderung ihrer Ermessensrichtlinien eine Baugenehmigung versagt, die sie vorher in einem gleichgelagerten Fall erteilt hat.

— Landesverwaltungsgericht Düsseldorf, Urteil vom 8. November 1955 — 4 K 2869/55 — HGBR Rspr. 1956 Nr. 29 — HuW 133 (n. L.) —.

§ 839 BGB; Art. 14 GG

42. Widerruf eines baurechtlichen Vorbescheids — Ablehnung eines Bauantrages — Amtspflichtverletzung der Bauaufsichtsbehörde — Enteignungsgleicher Eingriff

a) Die Beamten einer Baubehörde handeln rechtswidrig und verletzen eine ihnen dem Antragsteller gegenüber obliegende Amtspflicht, wenn sie einen Bauantrag ohne gesetzliche Grundlage zurückweisen.

b) Die auf eine Voranfrage dem Bauwilligen abgegebene Erklärung des Bauaufsichtsamtes, daß gegen eine in Aussicht genommene Bebauung des Grundstücks keine grundsätzlichen Bedenken bestehen, stellt nicht bloß eine Auskunft dar, sondern einen den Bauwilligen begünstigenden Verwaltungsakt, der eine nochmalige Überprüfung der Frage der Bebaubarkeit ausschließt.

c) Der auf eine Voranfrage abgegebene Vorbescheid des Bauaufsichtsamtes ist nur dann gültig, wenn er schriftlich erteilt worden ist.

d) Baugenehmigungen, die zugunsten eines an sich nicht baurechtsgemäßen Bauvorhabens einen Dispens von einer baurechtlichen Norm bewilligen, können nach ihrem Erlaß frei zurückgenommen werden, so lange der Bauherr nicht im Vertrauen darauf mit der Ausführung des Baues begonnen hat.

e) Für baurechtliche Vorbescheide muß entsprechend der sonst für den Widerruf von begünstigenden Verwaltungsakten geltenden Regel davon ausgegangen werden, daß der freie Widerruf schon dann unzulässig wird, wenn der Bauherr im Vertrauen auf den Vorbescheid besondere Aufwendungen gemacht hat.

f) Die Baubehörde darf einen Bauantrag dann zurückweisen, wenn der Bauwillige, der sein Recht zur Bebauung aus einem gem. § 4 Wohnsiedlungsgesetz genehmigungspflichtigen Rechtsgeschäft herleitet, die erforderliche Siedlungsgenehmigung nicht erhalten hat.

g) Behördliche Genehmigungen, die an keine besondere Form gebunden sind, können auch stillschweigend erteilt werden.

h) Ein nicht mehr frei widerruflicher Verwaltungsakt darf nur dann wegen eines behördlichen Irrtums widerrufen werden, wenn der Irrtum in der Verkennung einer dem Verwaltungsakt entgegenstehenden zwingenden Rechtsnorm besteht oder wenn der Irrtum ausdrücklich gesetzlich für erheblich erklärt worden ist.

i) Die Entziehung eines öffentlich rechtlichen Besitzstandes, wie er durch einen baurechtlichen Vorbescheid geschaffen wird, ist ein enteignungsgleicher Eingriff in das durch Art. 14 GrundG geschützte Grundeigentum.

— Oberlandesgericht Bremen, Urteil vom 15. Juni 1955 — 3 U 11/55 — Blätter 1955, 366 —.

§ 839 BGB

43. Rechte des Bauunternehmers gegenüber der Baubehörde bei verspäteter Erteilung der Baugenehmigung

a) Beim Baugenehmigungsverfahren besteht ein öff.-rechtl. Pflichtverhältnis grundsätzlich nur zwischen der Baupolizei und dem Antragsteller der Baugenehmigung, also dem Bauherrn.

b) Entsteht durch pflichtwidrige Verzögerung der Erteilung der Baugenehmigung dem Bauherrn ein Schaden, dann kann er gegenüber der Baupolizeibehörde eine Amtspflichtverletzung geltend machen und Schadensersatz verlangen.

c) Dem Bauunternehmer gegenüber besteht im allgemeinen keine Amtspflicht beim Baugenehmigungsverfahren.

— Landgericht Freiburg/Breisgau, Urteil vom 25. Januar 1955 — 1 O 224/55 — MDR 1955, 546 —.

44. Baupolizeiliche Duldung der gewerblichen Nutzung eines Vorgartens

a) Wenn die Baubehörde wiederholt anläßlich der Errichtung von Baulichkeiten auf einem bisher unbebauten Grundstück von der Forderung nach Gestaltung des Vorgartens abgesehen und statt dessen eine gewerbliche Nutzung des Vorgartengeländes als Lagerplatz lange Zeit geduldet hat, so kann ihrem Schweigen nur die Bedeutung beigelegt werden, daß sie eine Benutzung des Vorgartens zu anderen Zwecken als zur gartenmäßigen Ausnutzung gestattet hat.

b) Die Annahme einer stillschweigenden Gestattung der gewerblichen Nutzung des Vorgartengeländes unter Verzicht auf dessen

Gestaltung im üblichen Sinne erscheint um so mehr gerechtfertigt, als für die Vorgartenfrage ein förmliches Genehmigungsverfahren nicht vorgesehen oder üblich ist. In derartigen Fällen liegt es nahe, aus dem der Nichterhebung eines Einspruchs gleichzusetzenden Schweigen der Behörde auf deren Genehmigung zu schließen.

— Oberverwaltungsgericht Hamburg, Urteil vom 21. Januar 1954 — Bf. II 100/53 — BBauBl. 1955, 319 —.

Anmerkung:
Schon das Preuß. Oberverwaltungsgericht hat in seinem Urteil vom 4. Januar 1923 — OVG 78, 290 — anerkannt, daß unter besonderen Umständen aus der langjährigen Duldung einer Anlage auf einem öffentlichen Weg auf deren Genehmigung durch die Wegepolizeibehörde geschlossen werden könne.

45. Verhältnis zwischen Bau- und Ansiedlungsgenehmigung

a) Wer außerhalb einer im Zusammenhang gebauten Ortschaft ein Wohnhaus errichten oder ein bereits vorhandenes Gebäude als Wohnhaus einrichten will, benötigt hierzu eine „Ansiedlungsgenehmigung“ (§ 13 des Pr. Gesetzes betr. Gründung neuer Ansiedlungen vom 10. August 1904 — GS S. 227 — in der Fassung der Verordnung vom 6. Dezember 1918 — GS S. 194 — AnsG —; § 2 des Gesetzes über die Genehmigung von Siedlungen nach § 1 des Reichssiedlungsgesetzes vom 1. März 1923 — GS S. 49 —).

b) Die Ansiedlungsgenehmigung erteilt im allgemeinen der Hauptausschuß des Stadt-(Land-)Kreises oder der gem. § 2 der Verordnung über die Zuständigkeit in Beschlußsachen vom 23. Dezember 1948 (GVBl. NW S. 197) eingerichtete Beschlußausschuß (§ 13 AnsG).

c) Für alle Ansiedlungen jedoch, die in Ausführung des § 1 des Reichssiedlungsgesetzes von gemeinnützigen provinziellen Siedlungsgesellschaften oder unter Mitwirkung der Landeskulturbehörden geschaffen werden, sind die Kultur- und Landeskulturämter als Genehmigungsbehörden nach den näheren Bestimmungen des Gesetzes vom 1. März 1923 zuständig.

d) Für bauliche Anlagen außerhalb den Baugebieten oder, soweit solche nicht ausgewiesen sind, außerhalb eines im Zusammenhang gebauten Ortsteils, ist nach § 3 BauregVO die Baugenehmigung (sogenannte „Bebauungsgenehmigung“) erforderlich, die von den Ordnungsbehörden der Stadt- und Landkreise zu erteilen ist (Gesetz über baupolizeiliche Zuständigkeiten vom 15. Dezember 1933).

e) Die gleichen Behörden sind schließlich zuständig für die Erteilung der ordnungsamtlichen „Bauerlaubnis“ nach dem jeweils geltenden örtlichen Baurecht.

f) Die Prüfung des Bauvorhabens nach der — bundesrechtlichen — Bauregelungsverordnung hat stets vor der Prüfung des einzelnen

Bauwerks nach den — örtlichen — Bauvorschriften zu erfolgen; wird mithin die „Bebauungsgenehmigung“ versagt, dann ist für eine „Bauerlaubnis“ kein Raum mehr.

g) Der gleiche Vorrang ist der oben erörterten Ansiedlungsgenehmigung gegenüber dem örtlichen Baurecht durch ausdrückliche Gesetzesbestimmung eingeräumt (§ 13 Abs. 1 Satz 2 AnsG; § 2 Abs. 3 des Gesetzes vom 1. März 1923). Sie hat hingegen vor der Bebauungsgenehmigung nach der Bauregelungsverordnung zurückzustehen.

— Oberverwaltungsgericht Münster, Urteil vom 1. Dezember 1953 — VII A 130/53 — HGBR Rspr. 1954 Nr. 88 — NJW 1954, 447 —.

Anmerkung:

Vgl. auch OVG Münster: BBauBl. 1953, 472 — DVBl. 1954, 52; Herold: Beseitigung des Genehmigungsunwesens im Grundstücksverkehr: Blätter 1954, 290.

§§ 5, 6 Preuß. Ansiedlungsgesetz

46. Ansiedlungsgenehmigungsverfahren

a) Im Ansiedlungsgenehmigungsverfahren sind nur die gesetzlichen Versagungsgründe zu berücksichtigen.

b) Eine Handhabe, wasserwirtschaftliche, gesundheitliche oder hygienische Belange zu berücksichtigen, besteht nicht, weil sie im Preuß. Ansiedlungsgesetz keinen Schutz gefunden haben.

c) Überwiegend öffentliche Interessen, die im Gesetz keine Grundlage haben, können zwar für die Erteilung, nicht aber für die Versagung der Ansiedlungsgenehmigung maßgebend sein.

— Oberverwaltungsgericht Münster, Urteil vom 9. Februar 1954 — VII A 353/53 — BBauBl. 1955, 239 —.

47. Ansiedlungsgenehmigung — Erhebung von Ansiedlungsgebühren

a) Ein Wechsel in der Person dessen, der die Ansiedlungsgenehmigung beantragt hat, macht ein neues Ansiedlungsverfahren, insbesondere die erneute Durchführung des in § 16 vorgeschriebenen Bekanntmachungsverfahrens erforderlich (vgl. Preuß. OVG — Amtl. Sammlung Bd. 65, S. 239).

b) Die Berechtigung zur Erhebung von Ansiedlungsgebühren verjährt in 3 Jahren seit dem Ablauf des Jahres, in dem die Leistungspflicht entstanden ist. Spätestens entsteht die Forderung auf Zahlung der Ansiedlungsgebühren im Jahre der Errichtung der Kleinsiedlungen.

— Landesverwaltungsgericht Gelsenkirchen, Urteil vom 26. Oktober 1954 — 3 K 143/54 — HGBR Rspr. 1956 Nr. 3 —.

48. Rangfolge der Genehmigungen auf dem Gebiet des Baurechts — Verhältnis des Ansiedlungsgesetzes zur BauregelungsVO

a) Bei der Erteilung der verschiedenen behördlichen Genehmigungen auf dem Gebiet des Baurechts ist eine sich aus der Natur der Sache ergebende bestimmte Rangfolge zu beachten.

b) Für die Einleitung eines Genehmigungsverfahrens nach dem Preuß. Ansiedlungsgesetz ist kein Raum, wenn Einwendungen aus § 3 der Bauregelungsverordnung zu erheben sind.

c) Bestehen gegen die Erteilung der Bebauungsgenehmigung nach Prüfung durch die zuständige Baugenehmigunsbehörde keine Bedenken, so ist diese Genehmigung nicht besonders zu erteilen. Sie wird vielmehr von der Bauerlaubnis erfaßt.

d) Durch die Erteilung oder Versagung einer Bebauungsgenehmigung werden Dritte nicht in klagbaren Rechten beeinträchtigt; denn die Vorschriften der Bauregelungsverordnung sind weder ausschließlich noch zum Teil zum Schutze der Interessen Dritter, insbesondere solcher Nachbarn, zu dienen bestimmt (vgl. auch BVG: HGBR Rspr. 1953/54 Nr. 63).

e) Nach § 15 AnsiedlG, der hier allein in Betracht kommt, kann die Ansiedlungsgenehmigung versagt werden, wenn gegen die Ansiedlung von dem Eigentümer eines benachbarten Grundstücks oder dem Bürgermeister der Gemeinde, zu dessen Bezirk das zu besiedelnde Grundstück gehört, Einspruch erhoben und der Einspruch durch Tatsachen begründet wird, welche die Annahme rechtfertigen, daß die Ansiedlung den Schutz der Nutzungen benachbarter Grundstücke aus der Land- oder Forstwirtschaft, aus dem Gartenbau, der Jagd oder der Fischerei gefährden werden.

f) Allgemeine siedlungstechnische und soziale Erwägungen scheiden als Einspruchsgründe aus (Pr. OVG Bd. 84, S. 245).

— Oberverwaltungsgericht Lüneburg, Urteil vom 5. August 1954 — I A 297/53 — HGBR Rspr. 1955 Nr. 23 — BBauBl. 1955, 285 —.

Anmerkung:
Zu a): Ebenso Preuß. OVG Bd. 104, 244; OVG Münster: Amtl. Sg. Bd. 6, 99 — DVBl. 1954, 52; vgl. auch oben Nr. 45.
Zu b): Vgl. Erlaß des früheren Reichsarbeitsministers vom 10. August 1937 (RArbBl. I, 261).

VO über die Regelung der Bebauung von 15. Februar 1936 (RGBl. I, 104)

49. Zur Auslegung des § 3 BauregelungsVO

a) Die Vorschrift des § 3 der Verordnung über die Regelung der Bebauung vom 15. Februar 1936 (RGBl. I, S. 104) — Bauregelungsverordnung — ist gültiges Recht.

b) Es kann nach Sinn und Zweck des § 3 der Bauregelungsverordnung (vgl. insbesondere Erlaß des früheren Reichsarbeitsministers betr. Ausweisung von Baugebieten und Abstufung der Bebauung vom 19. Februar 1936 — RABl. I, S. 42 — zu § 3 Abs. 2) nicht zweifelhaft sein, daß die örtlichen Gegebenheiten, auf die für die Anwendung dieser Vorschrift abzustellen ist, nicht nur die sich aus der Lage des Grundstücks in seiner unmittelbaren Umgebung ergebenden oder etwa die auf die Gemeindegrenzen beschränkten Gesichtspunkte sind (vgl. Urteil des Senats vom 14. Dezember 1954 — I C 57/53 — DVBl. 1955, 292 —), sondern auch solche, welche die Beziehung dieses Gebietes zu der gesamten Landschaft und seiner Unterordnung unter deren besondere Eigenart betreffen.

— Bundesverwaltungsgericht, Beschluß vom 3. Juni 1955 — I B 209/54 — HGBR Rspr. 1955 Nr. 68 —.

Anmerkung:
Zu a): Ebenso Beschlüsse des Bundesverwaltungsgerichts vom 15. Juni 1954 — I B 260/53 — HGBR Rspr. 1954 Nr. 75 — unten Nr. 50 und vom 12. April 1955 — I B 176/54 — sowie die Urteile des Bundesverwaltungsgerichts vom 7. Oktober 1954 — I C 16/53 — HGBR Rspr. 1955 Nr. 3 — NJW 1955, 195 — DÖV 1955, 186 — MDR 1955, 124 — unten Nr. 53 und vom 14. Dezember 1954 — I C 57/53 — DVBl. 1955, 292 — HGBR Rspr. 1955 Nr. 18 — NJW 1955, 725 (n. L.) — BBauBl. 1955, 136 — Blätter 1955, 77; OVG Münster: DVBl. 1953, 376; 1954, 58; Ringe: DVBl. 1953, 296. Zur Gültigkeit der Bauregelungsverordnung vgl. VHG Freiburg: DVBl. 1953, 88.

50. Bauregelungsverordnung — Enteignung

a) § 3 der Bauregelungsverordnung vom 15. Februar 1936 (RGBl. I, 104) ist geltendes Recht.

b) Damit ist zugleich die Rechtsgültigkeit des dieser Verordnung zugrundeliegenden Gesetzes über einstweilige Maßnahmen zur Ordnung des Deutschen Siedlungswesens vom 3. Juli 1934 (RGBl. I, 568) zu bejahen.

c) § 3 der Bauregelungsverordnung hat nicht den Charakter einer Enteignung, sondern macht nur allgemeine, dem Eigentum innewohnende Schranken geltend.

— Bundesverwaltungsgericht, Beschluß vom 15. Juni 1954 — I B 260/53 — HGBR Rspr. 1954 Nr. 75 —.

§ 3 Bauregelungsverordnung

51. Voraussetzungen des § 3 BauregelungsVO

a) § 3 der Verordnung über die Regelung der Bebauung vom 15. Februar 1936 (RGBl. I, S. 104) — Bauregelungsverordnung — ist geltendes Bundesrecht.

b) Die Beurteilung, ob ein Bau der geordneten Entwicklung des Gemeindegebiets oder einer ordnungsgemäßen Bebauung zuwiderläuft, muß zunächst und in erster Linie nach den gesamten örtlichen Gegebenheiten erfolgen.

— Bundesverwaltungsgericht, Urteil vom 26. Mai 1955 — I C 188/55 — Glaser: Entscheidungen Nr. 26/X/1956 —.

§ 3 Bauregelungsverordnung

52. Bebaubarkeit von Grünflächengebieten

a) Die Bauordnung für den Siedlungsverband Ruhrkohlenbezirk hat für ausgewiesene Grünflächengebiete weder ein absolutes Bauverbot noch eine Beschränkung der Bebaubarkeit eingeführt. Es besteht aber eine solche Beschränkung auf Grund der Bauregelungsverordnung, deren Rechtsgültigkeit anzunehmen ist.

b) Nach § 3 der Bauregelungsverordnung soll die baurechtliche Genehmigung für bauliche Anlagen außerhalb eines im Zusammenhang bebauten Ortsteiles versagt werden, wenn ihre Ausführung der geordneten Entwicklung des Gemeindegebietes oder einer ordnungsmäßigen Bebauung zuwiderlaufen würde.

c) § 3 behandelt die sogen. Bebauungsgenehmigung, die die Bebaubarkeit eines Grundstücks überhaupt, nicht die Ausführung eines bestimmten Bauvorhabens zum Gegenstand hat (vgl. Preuß. OVG Bd. 104, 206, 244; Bd. 105, 277).

— Oberverwaltungsgericht Münster, Urteil vom 13. April 1954 — VII A 1601/52 — BBauBl. 1954, 602 —.

Anmerkung:
Für die Rechtsgültigkeit der Bauregelungsverordnung: Urteil des Oberverwaltungsgerichts Münster vom 15. Januar 1952 — II A 982/51 — Amtl. Sg. Bd. 5, 181; Urteil des Oberverwaltungsgerichts Lüneburg vom 30. September 1954 — I A 19/54 — BBauBl. 1954, 602 — unter Nr. 55.

§ 3 Bauregelungsverordnung

53. Bauvorhaben im Außenbezirk

a) Nach § 3 Abs. 1 der VO über die Regelung der Bebauung vom 15. Februar 1936 (RGBl. I, 104) soll die baupolizeiliche Genehmigung für bauliche Anlagen, die außerhalb von Baugebieten oder — soweit solche nicht ausgewiesen sind — außerhalb eines im Zusammenhang bebauten Ortsteiles ausgeführt werden sollen, versagt werden, wenn ihre Ausführung der geordneten Entwicklung des Gemeindegebiets oder einer ordnungsgemäßen Bebauung zuwiderlaufen würde.

b) Die Vorschrift des § 3 a. a. O. ist geltendes Recht.

c) Bei der Auslegung der Begriffe „geordnete Entwicklung des Gemeindegebiets" und „ordnungsgemäße Bebauung" besteht keine Ermessensfreiheit der Baupolizei.

— Bundesverwaltungsgericht, Urteil vom 7. Oktober 1954 — I C 16/53 — MDR 1955, 124 — NJW 1955, 195 — HGBR Rspr. 1955 Nr. 3 — DÖV 1955, 186 —.

Anmerkung:
Zu b): Ebenso Beschluß des Bundesverwaltungsgerichts vom 15. Juni 1954 — I B 260/53 — HGBR Rspr. 1954 Nr. 75 — oben Nr. 50; vgl. auch OVG Münster: BBauBl. 1954, 277; OVG Lüneburg: Blätter 1954, 349; Bayer. VGH München: BBauBl. 1953, 561.

§ 3 VO über die Regelung der Bebauung vom 15. 12. 1936 — RGBl. I, 104

54. Bebauung der Außengebiete

a) Weder ein Wirtschaftsplan noch ein Bebauungsplan ist Voraussetzung für die Anwendung des § 3 der Bauregelungsverordnung.

b) Die Bebauungsgenehmigung kann auch dann versagt werden, wenn in dem Baugebiet, auf das der Baubewerber verwiesen wird, die Grundstückspreise höher sind als für das von ihm zunächst in Aussicht genommene Grundstück.

c) Bei der Anwendung des § 3 der Bauregelungsverordnung sind die Verwaltungsgrenzen des Gemeindebezirks nicht als entscheidend anzusehen; vielmehr ist auf das Siedlungsgebiet abzustellen, wie es sich unter Berücksichtigung der örtlichen Gegebenheiten bei natürlicher Betrachtungsweise darstellt.

— Bundesverwaltungsgericht, Urteil vom 14. Dezember 1954 — I C 57/53 — Blätter 1955, 77 — DVBl. 1955, 292 — HGBR Rspr. 1955 Nr. 18 — BBauBl. 1955, 136 — NJW 1955, 725 (n. L.) —.

§ 3 Bauregelungsverordnung

55. Berücksichtigung überörtlicher Gesichtspunkte bei Bauvorhaben im Außenbezirk

a) Die Bauregelungsverordnung vom 15. Februar 1936 (RGBl. I, 104) ist rechtsgültig.

b) § 3 dieser Bauregelungsverordnung verfolgt den Zweck, eine unerwünschte Bebauung von landschaftlich hervorragenden Plätzen, Erholungsplätzen und anderen schutzwürdigen Gegenden im Außenbezirk zu verhindern.

c) Diese Bestimmung hat darin ihren Grund und deshalb auch heute noch ihre Berechtigung, daß die öffentlichen Belange es erfordern, die wenigen noch vorhandenen landschaftlich hervorragenden Plätze, die insbesondere der großstädtischen Bevölkerung zur Erholung und Entspannung zur Verfügung stehen, dem allgemeinen Gebrauch zu erhalten. Dieser Zweck würde vereitelt werden, wenn die Erholungsflächen als Bauplätze der allgemeinen Benutzung entzogen und für einzelne reserviert würden.

d) § 3 der Bauregelungsverordnung läßt daher bei der Prüfung der Frage, ob ein Bauvorhaben der geordneten Entwicklung des Gemeindegebiets zuwiderläuft, die Berücksichtigung überörtlicher Gesichtspunkte zu.

— Oberverwaltungsgericht Lüneburg, Urteil vom 30. September 1954 — I A 19/54 — BBauBl. 1954, 602 —.

§ 6 Nr. 3 Wohnsiedlungsgesetz — WSG —

56. Begriff der Bauabsicht — Sinn und Zweck des WSG

a) § 6 Nr. 3 des Gesetzes über die Aufschließung von Wohnsiedlungsgebieten vom 22. September 1933 (RGBl. I, S. 659) in der Fassung des Gesetzes vom 27. September 1938 (RGBl. I, S. 1246) — Wohnsiedlungsgesetz — ist geltendes Recht.

b) Diese Vorschrift ist durch das Gesetz zur Änderung des Wohnsiedlungsgesetzes vom 27. September 1938 geschaffen worden.

c) Denn die Erfahrung hat gezeigt, daß die Versagungsmöglichkeiten des § 6 WSG alter Fassung nicht in allen Fällen ausreichten, um die Ziele des Gesetzes zu verwirklichen (vgl. Heilmann, Das Gesetz über die Aufschließung von Wohnsiedlungsgebieten, 3. Auflage, Anm. zu § 6).

d) Sinn und Zweck des Gesetzes ist, das der eigentlichen Bebauung vorausgehende Grundstücksgeschäft der Genehmigungspflicht zu unterwerfen und somit den Zeitpunkt des behördlichen Eingreifens vorzuverlegen (vgl. hierzu Urteil des Senats vom 7. Dezember 1954 — BVerwG I C 75/53 — DVBl. 1955, S. 293 — DÖV 1955, 188 — BBauBl. 1955, 136 — HGBR Rspr. 1955 Nr. 17 — NJW 1955, 805).

e) Die Genehmigungspflicht bei Grundstücksgeschäften über Grundflächen, deren Teilung nach dem Wohnsiedlungsgesetz bereits genehmigt ist, ist in § 5 Nr. 2 WSG geregelt. Danach ist eine Genehmigung nach § 4 WSG nicht erforderlich, wenn für das Grundstück oder den Grundstücksteil bereits früher eine Teilungsgenehmigung nach § 4 WSG erteilt war.

— Bundesverwaltungsgericht, Beschluß vom 24. Mai 1955 — I B 118/54 — DWW 1955, 266 — BBauBl. 1955, 431 —.

Anmerkung:
Vgl. Thiel: Die Rechtsprechung der Verwaltungsgerichte zum Wohnsiedlungsgesetz: NJW 1956, 616.

§ 4 Wohnsiedlungsgesetz

57. Bedeutung einer Genehmigung nach dem Wohnsiedlungsgesetz

a) Eine Genehmigung nach § 4 des Wohnsiedlungsgesetzes bedeutet, daß vom Standpunkt dieses Gesetzes aus keine Bedenken gegen die beabsichtigte Rechtsänderung bestehe; sie schließt aber nicht die für die Errichtung eines Bauwerks nach den baurechtlichen oder anderen Vorschriften erforderliche Genehmigung ein.

b) Auch wenn die Behörde seinerzeit in der Wohnsiedlungsgenehmigung des Kaufvertrags ein Grundstück irrtümlich als Baugrundstück angesehen hat, ist sie nicht gehindert, in dem nachfolgenden Baugenehmigungsverfahren die Bebaubarkeit des Grundstücks nach den gesetzlichen Bestimmungen erneut zu prüfen.

— Bayr. VGH München, Urteil vom 25. Januar 1955 — Nr. 67 I 51 — NJW 1955, 1125 —.

Anmerkung:
Zum Wohnsiedlungsgesetz vgl. BVG: NJW 1955, 805 — BBauBl. 1955, 136 — DVBl. 1955, 293 — HGBR Rspr. 1955 Nr. 17 — HW 1955, 93 — DÖV 1955, 188 — Blätter 1955, 94 — unten Nr. 59.

§ 6 des Gesetzes über die Aufschließung von Wohnsiedlungsgebieten vom 22. September 1933 (RGBl. I, 659) in der Fassung vom 27. September 1938 (RGBl. I, 1246)

58. Wohnsiedlungsgesetz

Die Entscheidung über die Frage, ob ein Sachverhalt mit dem öffentlichen Interesse als vereinbar anzusehen ist, steht nach § 6 Nr. 3 des Wohnsiedlungsgesetzes im Ermessen der Baubehörde.

— Bundesverwaltungsgericht, Beschluß vom 12. Mai 1955 — I B 1/54 — DWW 1955, 196 —.

§ 6 Wohnsiedlungsgesetz

59. Treu und Glauben im Verwaltungsrecht — Bindung der Behörde an mündliche Zusagen — Genehmigung nach dem Wohnsiedlungsgesetz

a) Eine mündliche Zusage, die beantragte Genehmigung zu erteilen, ist nach dem das gesamte Rechtsleben und auch das Verwaltungsrecht beherrschenden Grundsatz von Treu und Glauben für die Behörde verbindlich.

b) Wenn die Bebauung des Grundstücks als solche nicht untersagt werden kann (z. B. auf Grund einer Zusage der Baubehörde), so kann auch die Genehmigung des zum Zwecke der Bebauung erfolgenden Grundstücksgeschäfts nach § 6 des Gesetzes über die Aufschließung von Wohnsiedlungsgebieten vom 22. Sept. 1933 (RGBl. I, 659) in der Fassung des Gesetzes vom 27. Sept. 1938 (RGBl. I, 1246) nicht wegen der beabsichtigten Bebauung versagt werden.

— Bundesverwaltungsgericht, Urteil vom 7. Dezember 1954 — I C 75/53 — Blätter 1955, 94 — HW 1955, 93 — HGBR Rspr. 1955 Nr. 17 — DÖV 1955, 188 — BBauBl. 1955, 136 — Nordd. HZtg. 1955 Nr. 5 — Betrieb 1955, 533 — NJW 1955, 805 — DVBl. 1955, 293 —.

§ 6 Wohnsiedlungsgesetz

60. Wohnsiedlungsgenehmigung und baupolizeiwidrige Zustände

a) Nach § 6 Abs. 1 und 2 WSG ist die Wohnsiedlungsgenehmigung zu versagen, wenn anzunehmen ist, daß die Grundstücke oder Grundstücksteile bebaut werden sollen und die Bebauung dem Wirtschaftsplan widersprechen würden oder die Grundstücke zur Besiedlung ungeeignet sind.

b) Außerdem darf die Genehmigung gemäß § 6 Ziff. 3 a. a. O. nicht erteilt werden, „wenn ihr sonst ein erhebliches öffentliches Interesse“ entgegensteht.

c) Die Verhinderung baupolizeiwidriger Zustände ist in jedem Falle von erheblichem öffentlichem Interesse.

d) Durch die Erteilung einer Wohnsiedlungsgenehmigung können nicht baupolizeiwidrige Zustände geschaffen werden, die — wenn überhaupt — nur durch Dispense beseitigt werden können.

— Landesverwaltungsgericht Minden, Urteil vom 1. Februar 1955 — 2 K 191/54 — BBauBl. 1956, 283—.

§§ 5, 6 Wohnsiedlungsgesetz

61. Freistellung von der Genehmigungspflicht — Versagung der Wohnsiedlungsgenehmigung

a) Aus dem Sinn und Zweck der Vorschrift des § 5 Nr. 2 des Gesetzes über die Aufschließung von Wohnsiedlungsgebieten vom 22. September 1933 (RGBl. I, S. 659) in der Fassung des Gesetzes vom 27. September 1933 (RGBl. I, S. 1246) — Wohnsiedlungsgesetz — ergibt sich, daß nur die zur Ausführung einer bereits genehmigten Teilung erforderliche Auflassung genehmigungsreif gemacht werden sollte, weil sie praktisch nur den rechtlichen Vollzug einer schon genehmigten Erklärung darstellt (vgl. Amtl. Begründung zum Wohsiedlungsgesetz — RABl. 1933 I, S. 253 — zu § 5; Heilmann, Gesetz über die Aufschließung von Wohnsiedlungsgebieten, 3. Aufl., Anm. zu § 5).

b) Um ein solches Vollzugsgeschäft handelt es sich aber nicht, wenn aus einem größeren Grundstück, dessen Auflassung genehmigt ist, Teile abverkauft werden. Das danach selbständige Grundstücksgeschäft bedarf somit der Genehmigung nach dem Wohnsiedlungsgesetz.

c) Es wäre im Sinne des Wohnsiedlungsgesetzes nicht sachgerecht, die Versagungsmöglichkeit aus § 6 Nr. 1 WSG nicht Platz greifen zu lassen in Gebieten, für die zwar ein Wirtschaftsplan nicht besteht, für welche die Planung aber bereits über das Stadium des Flächennutzungsplanes (also des Wirtschaftsplanes nach dem Wohnsiedlungsgesetz) hinaus in das des Bebaungsplanes fortgeschritten ist und hieraus die Möglichkeit besteht, Bebauungsanträge abzulehnen.

— Bundesverwaltungsgericht, Beschluß vom 12. Mai 1955 — I C 174/53 — DWW 1955, 194 —.

Wohnsiedlungsgesetz

62. Rücknahme der Befürwortung durch die Gemeinde

Wenn eine Gemeinde in einem Genehmigungsverfahren nach dem Wohnsiedlungsgesetz die Erteilung einer Ausnahmegenehmigung dem Antragsteller gegenüber befürwortet hat und wenn dieser im Vertrauen hierauf rechtserhebliche Erklärungen abgegeben hat, so verstößt die wegen Unkenntnis des wahren Sachverhalts vorgenommene Zurücknahme der Befürwortung gegen Treu und Glauben.

— Bundesverwaltungsgericht, Beschluß vom 6. April 1954 — I B 35/54 — HGBR Rspr. 1954 Nr. 74 —.

§§ 1, 3 PreisstoppVO; § 1 Abs. 2 VO über die Preisüberwachung und Rechtsfolgen von Preisverstößen im Grundstücksverkehr vom 7. Juli 1942; § 7 Abs. 2 Wohnsiedlungsgesetz

63. Wohnsiedlungsgenehmigung bei der Veräußerung von land- oder forstwirtschaftlichen Grundstücken

a) Die Wohnsiedlungsgenehmigung kann auch bei der Veräußerung von land- oder forstwirtschaftlichen Grundstücken unter der Auflage erteilt werden, daß der preisrechtlich zulässige Grundstückspreis nicht überschritten werden darf.

b) Infolge der gegenüber dem Jahre 1936 wesentlich geänderten Verhältnisse kann im Grundstücksverkehr an den Stoppreis vom 17. Oktober 1936, sofern nicht im Einzelfall besondere Gründe vorliegen, nur als Ausgangsgrundlage für die Ermittlungen des zulässigen Grundstückspreises festgehalten werden; in der Regel haben die Preis- und Wohnsiedlungsbehörden einen erhöhten Preis im Wege der Ausnahmegenehmigung zuzulassen, wobei ihnen ein weiter Ermessensspielraum einzuräumen ist.

— Oberverwaltungsgericht Münster, Urteil vom 23. September 1955 — II A 95/54 — HGBR Rspr. 1956 Nr. 1 —.

§ 7 Abs. 1 Satz 2 Wohnsiedlungsgesetz (WSG)

64. Genehmigung zur Teilung eines Grundstücks unter einer Auflage

a) § 7 Abs. 1 Satz 2 WSG gibt der zuständigen Behörde die Befugnis, die Genehmigung zur Teilung eines Grundstücks nach § 4 WSG „davon abhängig zu machen“, daß der Grundstückseigentümer sich verpflichtet, gewisse Teilflächen für öffentliche Zwecke an die Gemeinde zu übereignen oder statt dessen einen entsprechenden Geldbetrag zu bezahlen.

b) Es handelt sich dabei um Auflagen, nicht etwa um Bedingungen (so auch KG in JW 1937, S. 895 und Heilmann, Heft 3 der Handbücherei des Wohnungswesens, Anm. zu § 10 WSG; a. M. Franzen in DÖV 52, S. 360, der hier Podestativbedingungen annimmt).

c) Bei den „Auflagen“ des § 7 Abs. 1 WSG handelt es sich jedoch eindeutig um selbständige hoheitliche Anordnungen, von deren Erfüllung die Wirksamkeit der Genehmigung nicht abhängig gemacht werden darf (§ 9 Abs. 1 der AusführungsVO vom 25. Februar 1935 — RGBl. I 292 —).

d) Die vollständige Entziehung des Eigentums an einem Grundstück oder Grundstücksteil geht über den Begriff der entschädigungsfreien Sozialbindung hinaus.

e) Es kann keinen Unterschied machen, ob die öffentliche Hand das Eigentum durch Hoheitsakt unmittelbar wegnimmt oder ob sie den Weg der Auflage wählt, die im Wege des Vewaltungszwangs vollstreckt werden kann (so auch Schack in NJW 1955 S. 1925; vgl. auch OVG Hamburg MDR 1951, 248; BVerwG im BBauBl. 1954 S. 172).

f) Eine Werterhöhung, die das (restliche) Grundstück durch den Anschluß an Straße, Kanalisation usw. erfährt, kann an dem Charakter des Zwangseingriffs nichts ändern, sie kann sich lediglich dahin auswirken, daß die zu gewährende Entschädigung sich verringert oder sogar ganz entfällt.

— Bayer. Verwaltungsgerichtshof München, Urteil vom 3. Februar 1956 — V 49 VII 54 — BBauBl. 1956, 282 —.

Anmerkung:

Zu b): Ebenso Maunz: Das Verhältnis der Baulandentschädigung zum Grundgesetz, S. 8/11; Schack: NJW 1954, 577; Scheuner: DÖV 1954, 587/9; Reinhardt-Scheuner: Verfassungsschutz des Eigentums, S. 38, 113; Diester: Enteignung und Entschädigung, S. 157; Zinkahn: DWW 1951, 136; BGHZ 6, 270/8; OVG Hamburg: MDR 1951, 248; OVG Hamburg: NJW 1955, 1294; a. M. Knoll: AÖR Bd. 79, 455; OVG Münster: BBau Bl. 1954, 396.

§§ 4, 7 Wohnsiedlungsgesetz; Art. 14 Abs. 33 GG

65. Wohnsiedlungsgenehmigung unter Auflage — Enteignung

a) Gegen die Rechtsgültigkeit des Wohnsiedlungsgesetzes bestehen keine Bedenken.

b) Ob eine mit der Genehmigung nach den §§ 4 und 7 des Wohnsiedlungsgesetzes vom 22. 9. 1933 verbundene Auflage im einzelnen Falle eine Enteignung darstellt oder wie eine Enteignung zu behandeln ist und einen Anspruch auf Entschädigung entstehen läßt, hat das zuständige Zivilgericht zu entscheiden.

c) Wenn die Vorschrift des § 4 WSG für die Teilung eines Grundstücks die Genehmigung vorsieht, so versteht sie darunter weder die räumliche noch die katastertechnische, sondern lediglich die grundbuchrechtliche Teilung.

— Landesverwaltungsgericht Hannover, Urteil vom 11. November 1954 — IV A 84/54 — MDR 1955, 315 — DWW 1955, 115 — DVBl. 1955, 643 —.

Anmerkung:

Zu a): Ebenso Urteil des Bundesverwaltungsgerichts vom 12. Januar 1954 — I C 88/53 — HGBR Rspr. 1954 Nr. 76; OVG Lüneburg: Urteil vom 7. April 1952 — III A 7/51 — DÖV 1952, 236; OVG Hamburg: MDR 1951, 248.

§ 104 MRVO Nr. 165 — § 11 GKG

66. Streitwert einer Klage wegen Versagung der Wohnsiedlungsgenehmigung

Nach § 104 der Militärregierungsverordnung Nr. 165 (VOBl. BZ. 1948 S. 263) finden auf die Gerichtskosten die in bürgerlichen Rechtsstreitigkeiten geltenden Vorschriften entsprechende Anwendung; dazu gehören auch die für die Höhe der Gerichtskosten entscheidenden Bestimmungen über den Streitwert. Der Streit wegen Versagung der Wohnsiedlungsgenehmigung ist nicht vermögensrechtlicher Art; denn er beruht weder auf vermögensrechtlichen Beziehungen zwischen den Parteien, noch geht er auf Geld oder Geldeswert. Der Streitwert einer Klage wegen Versagung der Wohnsiedlungsgenehmigung berechnet sich daher nach § 11 GKG.

— Oberverwaltungsgericht Münster, Beschluß vom 5. April 1955 — VII B 207/55 — DWW 1955, 176 —.

67. Bauen an einem unbefestigten Feldweg

Das Bauen auf einem Grundstück außerhalb des Gebietes des Ortsbauplanes an einem unbefestigten Feldweg ist unzulässig, weil solche Bauten der ordnungsmäßigen Bebauung des infrage stehenden Gemeindegebiet zuwiderlaufen und den Gemeinden erfahrungsgemäß durch solche Bauten besondere Erschließungskosten entstehen.

— Verwaltungsgerichtshof Stuttgart, Urteil vom 30. September 1953 — 2 S 47/52 — Verw. Praxis 1954, 13 —.

Anmerkung:
Vgl. Klemm: Der Anbau an Verkehrsstraßen: Blätter 1955, 97.

68. Verstoß einer Werbetafel gegen Baurecht

a) Wer eine Werbetafel ohne die erforderliche baubehördliche Genehmigung aufstellt, verstößt damit nur gegen formelles Baurecht. Ein solcher Verstoß allein rechtfertigt noch nicht die Anordordnung, die bauliche Anlage (Werbetafel) zu entfernen.

b) Die Rechtmäßigkeit einer solchen Anordnung setzt vielmehr notwendig voraus, daß die bauliche Anlage auch materiell gegen baurechtliche Bestimmungen verstößt (vgl. Drews-Wacke, Allgemeines Polizeirecht 1952 S. 119; Oberverwaltungsgericht Münster, Urteil vom 25. 5. 1950, HGBR B 5 [R 3] Bl. 6 a).

— Landesverwaltungsgericht Düsseldorf, Beschluß vom 23. August 1955 — 4 L 1281/55 — BB 1955, 916 —.

§ 1 BaugestaltungsVO vom 10. November 1936

69. Einschränkung der Werbereklame.

a) Eine baurechtliche Vorschrift, nach der die Werbereklame

grundsätzlich nur auf den Grundstücken mit der Stätte der eigenen Leistung gestattet ist, ist rechtsunwirksam.

b) § 1 der Baugestaltungsverordnung ist rechtsgültig, soweit ihr Inhalt nach rechtsstaatlichen Grundsätzen ausreichend bestimmbar ist.

— Bundesverwaltungsgericht, Urteil vom 28. Juni 1955 — I C 146/53 — Blätter 1955, 302 und 334 — MDR 1955, 694 — DVBl. 1955, 640 — BB 1955, 816 — NJW 1955, 1648 —.

Anmerkung:
Zu a): Ebenso Urteil des Württ.-Bad. Verwaltungsgerichtshofs — Senat Karlsruhe — vom 10. Juni 1954 — 3 K 34/53 — BBauBl. 1954, 484 — DVBl. 1955, 298 — unten Nr. 71.

§ 1 Baugestaltungsverordnung

70. Freistehende Werbeschilder

a) Freistehende Werbe- und Hinweisschilder an besonderen, mit dem Erdboden verbundenen Pfosten sind bauliche Anlagen im Sinne von § 1 der Verordnung über die Baugestaltung vom 10. November 1936 (RGBl. I S. 938).

b) Bei einer allgemeinen Aktion der Baubehörden zur Beseitigung von verunstaltenden Werbeeinrichtungen kann niemand verlangen, daß ein rechtswidriger Zustand deshalb geduldet werde, weil etwa in einem ähnlichen Falle bisher nicht eingegriffen worden ist.

c) Den Entscheidungen der Baubehörden im Rahmen solcher Aktionen müssen erkennbar feste Richtlinien zugrunde liegen, von denen ohne vernünftigen Grund auch nicht abgewichen werden darf.

— Oberverwaltungsgericht Rheinland-Pfalz in Koblenz, Urteil vom 22. September 1955 — 1 A 27/55 — BBauBl. 1956, 284 —.

71. Außenwerbung

a) Eine Beschränkung der Werbevorrichtungen auf die Stätte der Erzeugung oder des Vertriebs kann den heutigen Anforderungen des Wirtschaftslebens in keiner Weise mehr genügen; eine Außenwerbung ist nicht mehr zu umgehen.

b) Die Vorschriften einer Kreisverordnung (Polizeiverordnung), wonach Werbevorrichtungen „nur auf Grundstücken mit der Stätte der eigenen Leistung“ angebracht werden dürfen, ist unwirksam.

c) Sache der Behörde ist es, in jedem Einzelfall zu prüfen, ob durch die beabsichtigte Werbung das Landschafts- oder Ortsbild, das Natur- oder Baudenkmal verunstaltet oder gefährdet wird.

— Württ.-Bad. Verwaltungsgerichtshof (Senat Karlsruhe), Urteil vom 10. Juni 1954 — 3 K 34/53 — BBauBl. 1954, 484 — DVBl. 1955, 298 —.

Anmerkung:
Vgl. auch VHG Hessen: Verwaltungsrechtsprechung 1954, 483.

Über Werbeschaukästen in Vorgärten als Verunstaltung des Ortsbildes vgl. BVG: DWW 1954, 304 — DÖV 1955, 186 — HGBR Rspr. 1955 Nr. 2 — BBauBl. 1955, 27 — Blätter 1955, 31.

Preußisches Verunstaltungsgesetz vom 15. Juli 1907 (GS S. 26)

72. Verbot der Außenreklame

a) Grundsätzlich ist gegen ein Verbot der Außenreklame in Vorgärten nichts einzuwenden.

b) § 2 des Preuß. Verunstaltungsgesetzes vom 15. Juli 1907 (GS S. 26) gibt den Gemeinden nur das Recht, für bestimmte Straßen und Plätze von geschichtlicher oder künstlerischer Bedeutung die baupolizeiliche Genehmigung für Werbeanlagen vorzuschreiben, und verpflichtet die Baugenehmigungsbehörden nur dann zur Versagung, wenn dadurch die Eigenart des Orts- und Straßenbildes beeinträchtigt oder die Umgebung gröblich verunstaltet wird.

c) Eine allgemeine Untersagung der Außenreklame ist nicht möglich, sondern nur eine Untersagung bei ihrer Unvereinbarkeit mit der Umgebung.

d) Nur bei gröblicher Verunstaltung von Straßen und Plätzen der Ortschaft oder des Ortsbildes oder bei Beeinträchtigung der Eigenart des Orts- und Straßenbildes besonders geschützter Ortsteile kann im Einzelfall die Baugenehmigung für die Außenreklame auf Grund eines Ortsstatuts versagt werden.

e) § 42 StVO verbietet die Werbung durch Bildwerk, Schrift usw. nur außerhalb geschlossener Ortschaften.

— Verwaltungsgericht Kassel, Urteil vom 28. Juli 1955 — II 180/53 — Betrieb 1955, 870 —.

Anmerkung:

Zu a): Über Werbeschaukästen in Vorgärten vgl. BVG: DWW 1954, 304 — DÖV 1955, 186 — Blätter 1955, 31; vgl. auch Wiethaup: Die Beachtung baupolizeilicher Vorschriften bei der Aufstellung von Warenautomaten: Blätter 1955, 340.

§ 1 Baugestaltungsverordnung

73. Genehmigung von Werbevorrichtungen

a) Die Anbringung von Werbevorrichtungen ist eine genehmigungspflichtige bauliche Änderung des betreffenden Gebäudes (vgl. die Entscheidung des früheren Pr. OVG Bd. 102, S. 223).

b) Im Baurecht ist die Schriftform in Gestalt der Aushändigung eines Bauscheines allgemein zwingend vorgeschrieben.

c) Auf mündliche Zusagen kann sich der Bauherr nach der ständigen Rechtsprechung des früheren Pr. OVG (Bd. 81, S. 417) und des erkennenden Senats nicht berufen.

d) Die Beachtung gesetzlicher Formvorschriften hat im Baurecht den Vorrang vor dem Grundsatz von Treu und Glauben.

e) Jede neu hinzukommende Werbung kann, insbesondere wenn sie in Form und Farbe mit der bereits vorhandenen Werbeeinrichtung nicht in Einklang steht, den Tatbestand des § 1 der Baugestaltungsverordnung erfüllen.

f) Bei der Beurteilung von Werbevorrichtungen ist nicht der Maßstab eines Durchschnittsbeschauers, sondern der feinere Maßstab eines künstlerisch und ästhetisch geschulten Beobachters zugrundezulegen.

— Oberverwaltungsgericht Lüneburg, Urteil vom 25. November 1954 — I A 47/54 — BBauBl. 1955, 140 —.

§ 5 Reichsnaturschutzgesetz vom 26. Juni 1935

74. Grenzen des Naturschutzes

Der Schutz der Landschaftsteile nach dem Reichsnaturschutzgesetz erstreckt sich nur darauf, das Landschaftsbild vor verunstaltenden Eingriffen zu bewahren.

— Bundesverwaltungsgericht, Urteil vom 26. März 1955 — I C 101/53 — HGBR Rspr. 1955 Nr. 63 — BBauBl. 1954, 231 —.

§§ 1, 5, 17 Reichsnaturschutzgesetz (RNG) vom 26. Juni 1935

75. Behördliche Eingriffe zu Gunsten des Naturschutzes

a) Der Naturschutz erstreckt sich auch auf Landschaftsteile, deren Erhaltung wegen ihrer heimatlichen Bedeutung im allgemeinen Interesse liegt.

b) Der Schutz einer Landschaftsfläche erstreckt sich nach dem Reichsnaturschutzgesetz darauf, das Landschaftsbild vor verunstaltenden Eingriffen zu bewahren.

— Landesverwaltungsgericht Hamburg, Urteil vom 28. Juli 1955 — V b VG 1586/54 — HGBR Rspr. 1956 Nr. 5 —.

Anmerkung:
Über **Bauverbote** auf Grund des Naturschutzgesetzes vgl. Urteil des Landesverwaltungsgerichts Koblenz vom 20. März 1952 — I LVG 277/51 — BBauBl. 1952, 341 — und Urteil des Oberverwaltungsgerichts Hamburg vom 20. April 1953 — Bf. I 385/52 — MDR 1953, 700 — HW 1954, 12.

Zu a): Vgl. auch OVG Hamburg, Urteil vom 29. Februar 1952 — Bf. II 388/52.

Zu b): Vgl. auch BVG, Beschluß vom 10. November 1953: BBauBl. 1954, 231.

76. Rechtsgültigkeit der Reichsgaragenordnung

Die Reichsgaragenordnung ist geltendes Recht.

— Bundesverwaltungsgericht, Urteil vom 26. Mai 1955 — I C 86/54 — DWW 1955, 215 — NJW 1955, 1452 — JR 1955, 395 — BB 1955, 715 — Blätter 1955, 349 — BBauBl. 1955, 478 —.

Anmerkung:
Ebenso OVG Hamburg: DVBl. 1951, 218 und HGBR G 17 (R I); VGH

Bremen: HGBR G 17 (R II); OVG Münster: BBauBl. 1952, 397; Bayer. OLG München: DVBl. 1954, 511; Diester: DVBl. 1950, 424; Maury: DVBl. 1950, 634; Thiel: DVBl. 1954, 349.

§§ 2, 10, 12 Reichsgaragenordnung

77. Ablösungsbetrag zur Schaffung eines öffentlichen Parkplatzes

Eine Stadt ist nicht berechtigt, von einem Bauherrn einen Ablösungsbetrag zur Schaffung eines der Allgemeinheit dienenden Parkplatzes zu verlangen und die Baugenehmigung von der Zahlung dieses Betrages abhängig zu machen.

— Landesverwaltungsgericht Aachen, Urteil vom 31. Mai 1954 — 1 K 89/54 — Blätter 1955, 302 — Glaser: Entscheidungen Nr. 391/IX/1955 —.

Anmerkung:

Vgl. Baldauf: Bauwelt 1955, 601; Richter: Die demokrat. Gemeinde 1955, 126.

78. Genehmigung zum Einbau einer Kellergarage

a) Die Reichsgaragenordnung ist geltendes Recht (vgl. OVG Münster: HGBR — G 17 — R 3; OVG Hamburg: DVBl. 1951, 218).

b) Wenn die Behörde nach ihrem Ermessen entscheiden darf, so verletzt sie die Gleichheit vor dem Gesetz nicht schon dann, wenn sie nicht jeden gleichliegenden Fall gleich behandelt, sonst hätte sie keine Ermessensfreiheit; eine Verletzung des Grundsatzes der Gleichheit vor dem Gesetz liegt erst dann vor, wenn die Behörde in dem streitigen Fall anders verfährt als sie in gleichen oder ähnlichen Fällen zu verfahren sich zur Regel gemacht hat (OVG Münster: HMR Rspr. 1951 Nr. 36).

c) Für die Abweichung von einer dem Gesetz nicht entsprechenden Verwaltungsübung bedarf es keiner besonderen Begründung.

— Oberverwaltungsgericht Münster, Urteil vom 7. Mai 1954 — VII A 1094/52 — HGBR Rspr. 1955 Nr. 37 —.

Anmerkung:

Zur Garagenbaupflicht beim Wiederaufbau eines kriegszerstörten Hauses vgl. LVG Hamburg: BB 1953, 487 — HGBR Rspr. 1955 Nr. 26; vgl. ferner Frohberg: Garagenbaupflicht: Blätter 1954, 196 — DWW 1954, 140.

§ 11 Abs. 1 Satz 1 Reichsgaragenordnung — RGaO —

79. Begriff des Zubehörs im Sinne der Reichsgaragenordnung

a) Hinsichtlich der Verordnung über Garagen und Einstellplätze vom 17. Februar 1939 (RGBl. I S. 219) in der Fassung des Erlasses vom 13. September 1944 (RABl. I S. 325) — Reichsgaragenordnung — hat der Senat bereits in seinem Urteil vom 26. Mai 1955 — I C 86/54 — oben Nr. 76 — ausgesprochen, daß sie geltendes Recht ist.

b) Es kann nach Sinn und Zweck der Reichsgaragenordnung nicht zweifelhaft sein, daß der Begriff „Zubehör" im Sinne des § 1 Abs. 1 Satz 1 RGaO nicht einen unmittelbaren räumlichen Zusammenhang des Garagengrundstücks mit dem Wohn- und Betriebsgrundstück meint, vielmehr nur eine wirtschaftliche Zuordnung nach der Zweckbestimmung und einen dieser Zuordnung Rechnung tragenden engeren räumlichen Zusammenhang. Das folgt einmal daraus, daß nach § 2 RGaO die Pflicht zur Schaffung von Einstellplätzen nicht unbedingt auf dem Wohn- oder Betriebsgrundstück selbst, sondern auch in dessen Nähe erfüllt werden kann.

— Bundesverwaltungsgericht, Beschluß vom 15. Juni 1955 — I B 58/54 — DWW 1955, 215 — BBauBl. 1955, 579 —.

Anmerkung:
Zu a): BVerwG, Urteil vom 26. Mai 1955 — I C 86/54 — DWW 1955, 215 NJW 1955, 1452 — JR 1955, 395 — BB 1955, 715 — BBauBl. 1955, 478 — Blätter 1955, 349 — oben Nr. 76 m. w. N.
Vgl. auch Ohly: Mehr Mut zur Reichsgaragenordnung? in Blätter 1956, 85; Wolff: BBauBl. 1956, 273; Henrichs: Recht oder Unrecht der Reichsgaragenordnung: Betrieb 1956, 613.

§ 11 Reichsgaragenordnung

80. Zulässigkeit größerer Garagenanlagen in Wohngebieten

a) Einstellplätze, Garagen und ihre Nebenanlagen sind als Zubehör zu Wohnungen und Betrieben grundsätzlich in allen Baugebieten zulässig.

b) In reinen Wohngebieten sind Einstellplätze und Garagen nur für Kraftfahrzeuge bis zu einem bestimmten Gewicht zulässig und nur soweit sie dem Bedürfnis der Bevölkerung in diesem Gebiete dienen.

c) Der Gesetzgeber geht von dem Regelfall aus, daß in einem Wohngebiet nur Wohngebäude errichtet werden. Daher ist für die Zulässigkeit von Garagen und Einstellplätzen auf die Bedürfnisse der Bevölkerung in diesem Gebiet abgestellt.

d) Das schließt aber nicht aus, daß für andere als Wohnbauten, die abweichend von der Regel nach den baurechtlichen Vorschriften in diesen Gebieten zulässig sind, wie etwa Schulen oder Krankenhäuser oder Verwaltungsgebäude, ebenfalls Garagen und Einstellplätze zulässig sind, ohne daß eine besondere Befreiung nach § 58 Abs. 2 der Reichsgaragenordnung erforderlich wäre.

— Bundesverwaltungsgericht, Beschluß vom 26, September 1955 — I C 116/55 — BB 1955, 943 — DWW 1955, 240 —.

Anmerkung:
Vgl. Frohberg: Grundfragen zur Reichsgaragenordnung: Blätter 1955, 353.

81. Garagenbaupflicht und Umlegungsverfahren

a) Wenn durch die Umlegung ein Hauseigentümer genötigt wird, an anderer Stelle einen Neubau zu errichten, so müssen die Mehrkosten, die sich aus der Garagenbaupflicht ergeben, von der Umlegungsmasse getragen werden.

b) Diese Lasten wären nämlich nicht entstanden, wenn das Umlegungsverfahren nicht durchgeführt worden wäre. Es ist deshalb recht und billig, daß diese Mehrkosten von der Umlegungsmasse getragen werden. Die Reichsgaragenordnung regelt diesen Fall zwar nicht ausdrücklich; sie steht aber auch dieser Entscheidung nicht entgegen.

— Landesverwaltungsgericht Gelsenkirchen, Urteil vom 21. September 1955 — 4 K 13/55 — Blätter 1955, 382 —.

Anmerkung:
Über Fragen des Umlegungsverfahrens vgl. Nr. 97—105.

§ 41 PVG

82. Abbruch eines Bauwerks auf Grund einer Polizeiverfügung

Der Abbruch eines Bauwerks kann verlangt werden, wenn es unter Verstoß gegen das materielle Baurecht errichtet und den hiernach zu stellenden Anforderungen auf keine andere Weise zu genügen ist.

— Verwaltungsgerichtshof Kassel, Urteil vom 12. Februar 1954 — OS I 155/52 — DVBl. 1955, 296 — GWW 1955, 333 (n. L.) —.

83. Abbruchgenehmigung für ein baufälliges Haus

a) Polizeiliche Genehmigungen stellen keinen Eingriff in die Rechte anderer dar, sondern lassen die zivilrechtlichen Verhältnisse unberührt.

b) Eine Bauerlaubnis — auch für ein fremdes Grundstück — enthält keinen Eingriff in die Rechte Dritter (OVG Münster: DVBl. 1950, 283; OVG Hamburg: DVBl. 1950, 280). Die Baubehörde hat nicht nachzuprüfen, ob derjenige, der die Bauerlaubnis beantragt, auch zivilrechtlich berechtigt ist, auf dem Grundstück zu bauen.

c) Durch die von der Wohnungsbehörde erteilte Abbrucherlaubnis wird nicht in die Rechtsbeziehungen zwischen Mieter und Eigentümer eingegriffen.

d) Die Abbrucherlaubnis verleiht dem Grundstückseigentümer kein neues Recht, sondern spricht lediglich die Erklärung aus, daß gegen den Abbruch eines Hauses keine öffentlich-rechtlichen Bedenken bestehen.

— Landesverwaltungsgericht Köln, Urteil vom 19. Oktober 1954 — 2 K 174/54 — WM 1955, 126 —.

§ 14, 18, 20, 41 PVG

84. Zur Polizeipflichtigkeit mehrerer Miteigentümer eines Grundstücks

a) Erklärungen können gegenüber einer Erbengemeinschaft nur durch Zustellung an jeden einzelnen Erben rechtswirksam abgegeben werden (vgl. Baring: DVBl. 1951, 75 mit weiteren Nachweisen; Bettermann-Haarmann: ÖWR S. 42).

b) Für den polizeimäßigen Zustand eines im Miteigentum mehrerer Personen stehenden Grundstücks ist jeder einzelne Miteigentümer allein und im vollen Umfang, nicht nur anteilsmäßig, verantwortlich, wobei eine ungeteilte Erbengemeinschaft so zu behandeln ist, wie jedes sonstige Miteigentum.

c) Der Befolgung einer polizeilichen Anordnung kann sich ein Miterbe nicht mit dem Hinweis entziehen, daß außer ihm auch noch andere Miterben die gleiche öffentlich-rechtliche Verpflichtung aus dem Eigentum hätten. Jeder ist vielmehr seinerseits persönlich dafür verantwortlich, daß die Gesamtheit der Miterben ihrer Polizeipflicht nachkommt (vgl. Drews S. 88; Klausener-Kerstiens-Kempner, Komm zum PVG S. 162; Scholz, Handbuch S. 44, auch LVG Rh-Pf 71/50).

d) Nach der auch heute noch als zutreffend anzuerkennenden Rechtsprechung des Preuß. OVG ist dieser Polizeipflicht des Miteigentüumers nur insoweit eine Grenze gesetzt, als diesem nach allgemeiner gesetzlicher Vorschrift oder aber nach Lage des besonderen Rechtsverhältnisses nicht die tatsächliche oder rechtliche Verfügungsgewalt über die Sache zusteht, so daß er deswegen nicht in der Lage ist, der polizeilichen Anordnung nachzukommen (vgl. Preuß. OVG 26, 393; 33, 444; 58, 412).

e) Außer dem Eigentümer eines Grundstücks ist auch ein sonstiger verfügungsberechtigter Gewalthaber der Polizei gegenüber pflichtig, und zwar daneben und zugleich (§ 20 Abs. 2 PVG). Dies kann auch ein Hausverwalter sein, der mit dem Willen des Hauseigentümers die tatsächliche und damit zugleich die rechtliche Gewalt über das Grundstück ausübt. Jedoch haftet dieser Gewalthaber nur im Rahmen seines rechtlichen Verfügungsbereiches. Die Polizeibehörde muß sich also im klaren darüber sein, inwieweit der von ihr in Anspruch Genommene zur Einwirkung auf die Sache berechtigt ist.

f) Das Verschulden dritter Personen kann den Hauseigentümer nicht von der Verpflichtung befreien, sein Haus in einem solchen Zustand zu erhalten, daß polizeilich zu schützende Interessen nicht verletzt werden.

g) Ein Verschulden der Mieter würde die Polizeibehörde nur berechtigen, nicht aber verpflichten, sich wegen der Beseitigung der Schäden an die Mieter statt an den Hauseigentümer zu halten. Es liegt demnach im pflichtgemäßen Ermessen der Polizeibehörde, entweder vom Eigentümer oder vom Verursacher oder auch von beiden zugleich die Beseitigung des polizeiwidrigen Zustandes einer Sache zu verlangen. Ein Vorrang für die Polizeipflicht des Verursachers besteht jedenfalls nicht.

h) Eine nicht funktionierende Abortanlage mit Austritt von Fäkalien aus den Abflußrohren und der Abortgrube stellt ebenso wie eine schadhafte Abdeckung der Abortgrube im Hof eines Mietshauses eine Gefahr für Leben und Gesundheit dar.

i) Mieter in einem größeren Miethause sind regelmäßig als Mitglieder der Allgemeinheit i. S. § 14 PVG anzusehen (vgl. PrOVG: JW 24, 2087).

— Oberverwaltungsgericht Koblenz, Urteil vom 24. Juni 1954 — I A 8/54 — ZMR 1955, 187 —.

§ 20 PVG

85. Polizeipflichtigkeit des Ruinengrundstückseigentümers

Auch der Eigentümer eines Ruinengrundstücks ist für die von seinem kriegszerstörten Grundstück ausgehenden Gefahren polizeipflichtig.

— Oberverwaltungsgericht Münster, Bescheid vom 8. März 1955 — VII A 315/54 — Betrieb 1955, 967 — MDR 1955, 762 — Städtetag 1955, 553 —.

Anmerkung:

Der Verwaltungsgerichtshof Freiburg hat in seinem Urteil vom 28. April 1955 — 23/53 — NJW 1956, 76 — seinerseits ebenfalls an seiner früheren Rechtsprechung (vgl. Urteil vom 16. September 1952 — 53/52 — NJW 1952, 1311 — DÖV 1953, 154 — Verwaltungsrechtsprechung 5, 212 — JZ 1953, 238 — DWW 1953, 22 — BBauBl. 1953, 369) festgehalten, daß im ehemaligen Lande Südbaden eine Polizeipflicht des Ruineneigentümers nicht besteht; vgl. auch OVG Berlin: BBauBl. 1953, 257 — NJW 1953, 1767 — HuW 1953, 171 — DÖV 1954, 214.

§ 836 BGB

86. Haftung des Hauseigentümers für Einsturzschäden

a) Ein ortsansässiger Grundstückseigentümer, der ein durch Kriegseinwirkung erheblich beschädigtes Gebäude zum Kinobetrieb vermietet, muß eine fachmännische Untersuchung darüber veranlassen, ob eine Gefährdung der Benutzer durch den Zustand des Gebäudes ausgeschlossen ist.

b) Die Übertragung der Verwaltung des Grundbesitzes an eine Grundstücksverwaltungsgesellschaft ist für sich allein keine ausreichende Entlastung des ortsansässigen Eigentümers.

— Bundesgerichtshof, Urteil vom 28. September 1955 — VI ZR 216/54 — Berliner Grundeigentum 1956, 17 — Blätter 1956, 31 — Betrieb 1955, 1138 — ZMR 56, 48 —.

Anmerkung:

Zur Haftung des Ruinengrundstückseigentümers für Einsturzschäden vgl. BVG, Urteil vom 8. 7. 1953 — VI ZR 38/52 — Bayer. HZtg. 1953, Nr. 18; BGH : HGBR Rspr. 1953/54 Nr. 30 — VersR 53, 498.

87. Grenzen der baupolizeilichen Zustandshaftung des Hauseigentümers

Die Zustandshaftung des Eigentümers ist begrenzt. Durch die Wohnungsgesetzgebung sind ihm öffentlich-rechtliche Pflichten und Lasten auferlegt. Wie weit diese Lasten gehen, ergibt sich aus den wohnungsrechtlichen Vorschriften. Hiernach ist der Eigentümer nicht verpflichtet, zur Belegung durch das WA geeignete Räume zu schaffen, oder die Räume hierfür nachträglich durch Umbauten geeignet zu machen.

— Oberverwaltungsgericht Lüneburg, Urteil vom 13. Mai 1954 — I A 243/53 — ZMR 1954, 307 —.

Anmerkung:
Mit Recht weist Titzck in seiner Anmerkung zu dem o. a. Urteil darauf hin, daß schon das preuß. OVG (Bd. 78, 408) wiederholt entschieden hat, daß der Eigentümer einer Wohnung zur Beseitigung baulicher Mängel nicht verpflichtet ist, wenn trotz des Bestehens solcher Mängel die Zwangszuweisung eines Mieters stattgefunden hat oder die Beseitigung der Mängel lediglich dem Zwecke dienen soll, die Zwangszuweisung eines Mieters zu ermöglichen; vgl. auch Fellner-Fischer, 2. Aufl. Anm. 2 zu § 2 WBewG.

II.

Baulandbeschaffung und Umlegung

Nr. 88—105

88. Verfassungsmäßigkeit des Baulandbeschaffungsgesetzes vom 3. August 1953

Das Verfahren nach dem Baulandbeschaffungsgesetz, insbesondere der 4. Abschnitt (§§ 33—44) ist mit dem Grundgesetz vereinbar, also verfassungsmäßig.

— Bundesverfassungsgericht, Beschluß vom 23. Februar 1956 — 1 BvL 28/55 und 1 BvL 49/55 — BB 1956, 253 — Blätter 1956, 142 —.

89. Verfassungswidrigkeit der §§ 35, 43 des Baulandbeschaffungsgesetzes

Die Kammer für Baulandsachen und der Senat für Baulandsachen können nicht zu den ordentlichen Gerichten gerechnet werden. Die verfahrens-rechtlichen §§ 35 und 43 Abs. 2 des Baulandbeschaffungsgesetzes verstoßen daher gegen das Grundgesetz, insbesondere stehen sie mit Art. 14 Abs. 3 Satz 4 GG in Widerspruch.

— Oberlandesgericht Bremen, Beschluß vom 27. April 1955 — BU 19/55 — DWW 1955, 174 — Mitteilungsblatt des Volksheimstättenwerks 1955 Nr. 18 — JZ 1955, 754 — BBauBl. 1955, 582 — BB 1955, 679. DVBl. 1955, 738 — Bln. Grundeigentum 1956, 66.

Anmerkung:
Ebenso LG Hamburg, Beschluß vom 19. April 1955 — 10 O 221/54 — MDR 1955, 498 — Blätter 1955, 286 m. Anm. von Dittus — GWW 1955, 435 — a. A. aber Bundesverfassungsgericht — oben Nr. 88; Beschluß des Kammergerichts vom 3. Oktober 1955 — 9 W 2519/55 — besprochen von Pennert in HuW 1955, 405; vgl. auch Dittus: HuW 1955, 283 —.

§§ 35, 38 Baulandbeschaffungsgesetz

90. Bemessung der Entschädigung nach dem Baulandbeschaffungsgesetz

a) Die Kammer für Baulandsachen ist trotz der in § 35 Abs. 1 des BaulBG vorgeschriebenen besonderen Besetzung als ordentliches Gericht anzusehen.

b) Der Begriff der Entschädigung, der dem Gesetzgeber bei Abfassung der § 38 BaulBG vorgeschwebt hat, ist als unbestimmter Rechtsbegriff aufzufassen, der eine umfassende Überprüfung seiner richtigen Handhabung durch das Gericht ermöglicht und zugleich erfordert.

c) Bei der Bemessung der Entschädigung ist allein auf den objektiven Wert des Entzogenen, nicht auf die Verletzung darüber hinausgehender persönlicher Interessen abzustellen. Etwaige Nachteile, die der Antragsteller durch die Verlegung seines Gewerbebetriebes erleiden kann, gehören in den Bereich der Verletzung der persönlichen Interessen, für die ein Ausgleich nicht verlangt werden kann.

d) Die Entschädigung soll einen Ausgleich schaffen für das, was dem Betroffenen entzogen ist. Entzogen aber ist das — und nur das —, was in objektivem Wert preisgegeben ist.

e) Der objektive Wert eines Grundstücks hängt nicht so sehr von seiner tatsächlichen Benutzungsart ab, als vielmehr von seiner Beschaffenheit und der darauf beruhenden Benutzungsfähigkeit.

— Landgericht Bremen (Kammer für Baulandsachen), Urteil vom 5. November 1954 — 1 O 749/54 (B) — BBauBl. 1955, 581 (n. L.) —.

Anmerkung:
Zu a): Vgl. oben Nr. 89.

§ 38 Baulandbeschaffungsgesetz

91. Baulandbeschaffungsgesetz — Enteignungsrecht

a) Die Zweckbindung der Enteignung an das Wohl der Allgemeinheit ist nicht dem Ermessen der Enteignungsbehörde überlassen, sondern unterliegt der rechtlichen Nachprüfung des Gerichts in vollem Umfang.

b) Dagegen kann die Enteignungsbehörde nach pflichtgemäßem Ermessen darüber befinden, ob, in welchem Umfang und unter welchen Bedingungen die Inanspruchnahme fremden Grundeigentums für den dem Wohle der Allgemeinheit dienenden Zweck erforderlich ist. Daß es sich hierbei um eine Ermessensfrage handelt, ergibt sich daraus, daß der dem Wohle der Allgemeinheit dienende Zweck der Natur der Sache nach regelmäßig auf verschiedenen Wegen erreicht werden kann, wobei nicht notwendig einer der allein richtige zu sein braucht und die Wahl des einen unter verschiedenen Wegen letztlich keine Frage der Erkenntnis, sondern der Willensentscheidung ist.

c) Insoweit die Behörde nach pflichtmäßigem Ermessen zu entscheiden hat, kann der Antrag auf gerichtliche Entscheidung nach § 38 Baulandbeschaffungsgesetz nur darauf gestützt werden, daß die gesetzlichen Grenzen des Ermessens überschritten seien, oder von dem Ermessen in einer dem Zweck der Ermächtigung nicht entsprechenden Weise Gebrauch gemacht worden sei.

— Landgericht Bremen (Kammer für Baulandsachen), Urteil vom 27. Oktober 1954 — 1 O 748/54 (B) — BBauBl. 1955, 581 —.

§§ 36, 41, 57 Baulandbeschaffungsgesetz

92. Enteignungsverfahren — Voraussetzungen für eine vorläufige Besitzeinweisung

a) In Enteignungsverfahren, die vor dem Inkrafttreten des BaulBG eingeleitet sind, gilt das bisherige materielle Enteignungsrecht.

b) Voraussetzung für eine vorläufige Besitzeinweisung ist, daß die Enteignung mit einer an Sicherheit grenzenden Wahrscheinlichkeit durchgeführt werden kann.

— Oberlandesgericht Hamm, Urteil vom 6. Oktober 1954 — 16 U 1/54 — MDR 1955, 496 — GWW 1955, 435 —.

§ 2 Baulandbeschaffungsgesetz

93. Voraussetzungen der Enteignung von Bauland

a) Die Enteignung zur Beschaffung von Gelände für öffentliche Gebäude, andere öffentliche bauliche Anlagen oder örtliche öffentliche Verkehrs- und Grünflächen erfordert nicht, daß diese durch den Wohnungsbau zwingend geboten ist. Es genügt vielmehr ein mittelbarer Zusammenhang mit den Interessen der künftigen Wohnungsinhaber.

b) Ein mittelbarer Zusammenhang ist schon dann gegeben, wenn z. B. die Errichtung einer Schule oder Badeanstalt zwar wegen der auf dem nach Maßgabe des BaulBG enteigneten Gelände zu errichtenden Wohnbauten nicht unbedingt erforderlich ist, aber dennoch den zukünftigen Wohnungsinhabern als Anliegern der zu schaffenden Verkehrs- oder Grünflächen zugute kommt.

— Landgericht Köln — Kammer für Baulandsachen — Urteil vom 3. Dezember 1954 — 55 O 2/54 — MDR 1955, 497 — GWW 1955, 434 —.

§§ 51, 55 Baulandbeschaffungsgesetz

94. Rückübereignung enteigneten Baulandes

a) Das Baulandbeschaffungsgesetz bestimmt in § 55 Abs. 2, daß auf die Enteignung zur Bereitstellung von Gelände für Zwecke der Kleinsiedlung die Vorschriften des Baulandbeschaffungsgesetzes anzuwenden sind.

b) Das Baulandbeschaffungsgesetz sieht in § 51 die Möglichkeit der „Rückenteignung" vor, die der enteignete frühere Eigentümer verlangen kann, wenn die zum Zweck der Errichtung von Kleinsiedlungen enteigneten Grundstücke binnen bestimmter Zeit nicht zweckentsprechend verwendet worden sind.

c) Die neue Regelung dient demselben Zweck wie § 12 der 3. Notverordnung vom 6. Oktober 1931. Sie begründet aber keinen privatrechtlichen Anspruch, sondern stellt ein öffentlich-rechtliches Enteignungsverfahren dar.

d) Bei Enteignungen, die auf Grund des § 12 der 3. NotVO, Vierten Teils Kap. II vorgenommen worden sind, ist an die Stelle des aus § 12 a. a. O. sich ergebenden, vor den ordentlichen Gerichten geltend zu machenden Anspruchs auf Rückübereignung nicht die öffentlich-rechtliche Rückenteignung nach dem Baulandbeschaffungsgesetz getreten.

e) Nach Ablauf der gesetzlichen Jahresfrist für eine zweckentsprechende Verwendung des enteigneten Grundstücks kann der Reichskommissar oder die sonst zuständige Stelle die gesetzliche Frist nicht verlängern oder eine andere längere Frist bestimmen.

f) Die Frist eines weiteren Jahres für den Rückübereignungsanspruch ist gewahrt, wenn dem jetzigen Eigentümer gegenüber die Erklärung abgegeben wurde, daß die Rückübereignung verlangt werde. Es ist nicht nötig, daß der Anspruch rechtshängig gemacht wurde.

g) Ob ein Grundstück für die Zwecke der Verordnung verwendet wurde, ist unter Berücksichtigung der Verhältnisse des Einzelfalles zu beurteilen. Dabei ist ein strenger Maßstab anzulegen.

— Bundesgerichtshof, Urteil vom 13. Juli 1954 — V ZR 26/53 — BBauBl. 1954, 599 —.

Anmerkung:
Zur Zurückübereignung enteigneter Grundstücke vgl. auch BGH: BGHZ 3, 292 — NJW 1952, 224 — HW 1952, 24, 241; Bayer. VGH München: NJW 1952, 1430; BGH: BB 1955, 143.

95. Zuständigkeit für eine Klage gegen die Enteignung von Bauland

a) Nach dem Inkrafttreten des Baulandbeschaffungsgesetzes kann die Enteignung von Bauland auf das Baulandbeschaffungsgesetz oder auf landesrechtliche Vorschriften gestützt werden, wenn auf den zu enteignenden Flächen öffentliche Gebäude errichtet werden sollen.

b) Nach dem Inkrafttreten des Baulandbeschaffungsgesetzes kann eine Klage gegen einen Enteignungsbeschluß nur bei den Kammern für Baulandsachen bei den Landgerichten eingereicht werden.

— Verwaltungsgericht Frankfurt/Main, Urteil vom 30. April 1954 — II 3 — 874/53 — BBauBl. 1955, 323 —.

§ 148 ZPO

96. Aussetzung eines Bergschadensprozesses — Bewertung eines Grundstücks als sogen. werdendes Bauland

Die Aussetzung eines Bergschadensprozesses bis zur Entscheidung der Verwaltungsbehörde darüber, ob das Gebiet, in dem das bergbaugeschädigte Grundstück liegt, in den Leitplan der Gemeinde aufgenommen wird, ist sachlich gerechtfertigt, wenn ohne diese

Entscheidung keine ausreichend sichere Grundlage für eine gerechte wirtschaftliche Bewertung des Grundstücks als sogen. werdendes Bauland gegeben ist.

— Oberlandesgericht Köln, Beschluß vom 30. Dezember 1955 — 6 W 76/55 — HGBR Rspr. 1956 Nr. 58 —.

97. Umlegung — Enteignung

a) Aus dem Sinn der verfassungsmäßigen Eigentumsgarantie ist der Grundsatz abzuleiten, daß die Enteignung so lange unzulässig ist, wie der Zweck, dem die Enteignung dienen soll, auch auf andere, die Betroffenen weniger schwer belastende Weise erreicht werden kann, ohne daß die Erreichung des Enteignungszwecks in unvertretbarer Weise erschwert wird.

b) Die Umlegung ist das weniger belastende Mittel gegenüber der Enteignung.

c) Es kann ermessensfehlerhaft sein, wenn eine Baulandumlegung nicht eingeleitet oder eine eingeleitete eingestellt wird.

d) Die Umlegung hat ihrem Wesen nach grundsätzlich den Zweck, eine im Hinblick auf die Bebauung (oder sonstige planmäßige Nutzung) zweckmäßige Gestalt der Grundstücke nach Lage, Form und Größe zu schaffen.

— Bundesverwaltungsgericht, Beschluß vom 14. Januar 1956 — 1 B 183/55 — HuW 1956, 191 — BBauBl. 1956, 225.

Anmerkung:
Zu a): ebenso BVerwG, Urteil vom 26. März 1955 — I C 149/53 — HGBR Rspr. 1955 Nr. 64 — BBauBl. 1955, 357.

Art. 14 GG

98. Umlegung — Enteignung

Die Flurbereinigung nach der Reichsumlegungsordnung ist keine Enteignung im Sinne des Art. 14 GG, so daß die Vorschrift des Abs. 3 Satz 4 dieses Art. 14 GG, wonach für einen Streit über die Höhe der Entschädigung stets die Zuständigkeit der ordentlichen Gerichte gegeben sein muß, nicht Platz greift.

— Bundesverwaltungsgericht, Beschluß vom 9. November 1954 — I B 145/53 — HGBR Rspr. 1955 Nr. 15 — NJW 1955, 155 — BB 1955, 302 — DÖV 1955, 184 —.

Anmerkung:
Vgl. auch LVG Düsseldorf: HGBR — Aufbau — Rspr. 4 Bl. 1.

99. Umlegungsplan im Umlegungsverfahren

a) Der Umlegungsausschuß hat den Umlegungsplan nach seinem pflichtmäßigen Ermessen zu gestalten.

b) Ein Umlegungsplan erfaßt zahlreiche, in manchen Fällen Hunderte von Parzellen; es ist die Hauptaufgabe des Umlegungsausschusses, die regelmäßig ganz verschieden gerichteten Interessen der Beteiligten gegeneinander abzuwägen.

c) Der Umlegungsbeteiligte hat, wenn er ein im Verhältnis zu dem eingeworfenen Grundstück wertvolleres zugewiesen bekommt, den Mehrwert in Geld auszugleichen.

d) In der Gleichwertigkeit von Neu- und Altbesitz liegt die obere Grenze seiner Ansprüche.

— Oberverwaltungsgericht Münster, Urteil vom 20. Juli 1955 — IV A 350/54 — MDR 1956, 123 —.

100. Anfechtung eines Umlegungsplanes

a) Der Umlegungsplan ist ein Verwaltungsakt im Sinne des § 15 Abs. 1 VGG. Als Verwaltungsakt ist jede Maßnahme anzusehen, die von einer Verwaltungsbehörde zur Regelung eines Einzelfalles auf dem Gebiet des öffentlichen Rechts getroffen ist.

b) Die Anfechtbarkeit des Umlegungsplanes findet eine Parallele im Flurbereinigungsrecht. Dort ist es allgemein anerkannt, daß der dem Umlegungsplan entsprechende Flurbereinigungsplan verwaltungsgerichtlich anfechtbar ist.

c) Die Rechtmäßigkeit des Bebauungsplanes muß im Fall der Anfechtung des Umlegungsplanes mit überprüft werden.

d) Aufgabe des Umlegungsausschusses ist es, die Interessen aller Beteiligten gegenüber der Umlegungsbehörde zu vertreten.

e) Die Nichtbildung des im § 32 AufbauG von Rheinland-Pfalz vom 1. 8. 1949 — GVBl. I, 317 — vorgesehenen Umlegungsausschusses macht den Umlegungsplan dann nicht rechtswidrig, wenn die Umlegungsbehörde allen Beteiligten Gelegenheit gegeben hat, ihre Interessen wahrzunehmen.

— Oberverwaltungsgericht Rheinland-Pfalz in Koblenz, Urteil vom 8. Dezember 1955 — 1 A 87/55 — Blätter 1956, 143 —.

§ 5 Reichsumlegungsordnung (RUO)

101. Rechtsnatur des Umlegungsbeschlusses

a) Der Umlegungsbeschluß nach § 5 der Reichsumlegungsordnung ist ein im Verwaltungsstreitverfahren anfechtbarer Verwaltungsakt.

b) Der Umlegungsbeschluß hat zunächst die Grenzen des Umlegungsgebiets gemäß § 5 Abs. 2 Satz 1 der Reichsumlegungsordnung vom 16. Juni 1937 (RGBl. I S. 629) festzustellen. Damit ist bereits eine Regelung dahin getroffen, daß ein bestimmter Kreis von einzelnen Grundstückseigentümern und sonstigen Beteiligten von dem Umlegungsverfahren betroffen wird und in einer rechtlichen Schicksalsgemeinschaft steht.

c) Der Umlegungsbeschluß hat darüber hinaus die Wirkung, daß diese Betroffenen zur Wahrung ihrer gemeinschaftlichen Angelegenheiten und zur Mitarbeit bei der Umlegung zu einer Teilnehmergemeinschaft zusammengeschlossen werden, die eine Körperschaft des öffentlichen Rechts ist und kraft Gesetzes mit dem Beschluß entsteht (§ 17 RUO).

d) Der Teilnehmergemeinschaft erwächst damit ein bestimmter Pflichtenkreis (insbesondere Herstellung und Unterhaltung der gemeinschaftlichen Anlagen, Ausführung der erforderlichen Bodenverbesserungen, Leistung der im Verfahren festgesetzten Zahlungen (§ 19 RUO). Der Umlegungsbeschluß bringt auch Pflichten der einzelnen Teilnehmer zur Entstehung. Diese sind nach § 20 RUO verpflichtet, der Teilnehmergemeinschaft Beiträge und Vorschüsse sowie Hand- und Spanndienste zu leisten.

e) Der Umlegungsbeschluß äußert weiterhin insofern unmittelbare Rechtswirkungen für die Beteiligten, als er bis zur Ausführungsanordnung eine Änderung der Nutzungsart der Grundstücke des Umlegungsgebiets nur mit Genehmigung der Umlegungsbehörde zuläßt.

— Urteil des Bundesverwaltungsgerichts vom 26. März 1955 — I C 80/54 — HGBR Rspr. 1955 Nr. 65 — NJW 1955, 1809 — BBauBl. 1955, 480 —.

Anmerkung:

Ebenso Beschluß des Bundesverwaltungsgerichts vom 10. Mai 1955 — I B 51/54 — DWW 1955, 195 — betreffend das Brem. Umlegungsgesetz.

§§ 18, 19 Aufbaugesetz NW

102. Wirkung des Umlegungsbeschlusses nach dem Aufbaugesetz

a) Nach § 18 AufbG wird das Umlegungsverfahren durch eine Anordnung der Gemeinde eingeleitet. Rechtswirkungen für einzelne Grundstücke treten jedoch erst mit dem Umlegungsbeschluß, dem ersten Akt der Durchführung des Umlegungsverfahrens, ein, durch den gemäß § 19 AufbG die Grundstücke des Umlegungsgebietes bestimmt werden.

b) Für die vom Umlegungsbeschluß erfaßten Grundstücke wird durch den Beschluß verbindlich festgelegt, was für sie bis zum Abschluß des Umlegungsverfahrens Rechtens sein soll.

c) Vollziehbare Wirkungen hat der Umlegungsbeschluß insofern, als die Gemeindebehörde die mit dem Erlaß des Beschlusses wirksam werdende Bausperre (§ 23 II AufbG) mit Verwaltungszwang durchsetzen kann.

— Oberverwaltungsgericht Münster, Beschluß vom 25. Mai 1955 — IV B 991/54 — MDR 1956, 123 — Die Demokratische Gemeinde 1955, 574 —.

§§ 32, 48 Reichsumlegungsordnung

103. Bewertung von Baugrundstücken im Umlegungsverfahren

a) Nach § 48 RUmlegO hat die Umlegungsbehörde jedem Teilnehmer des Umlegungsverfahrens für seinen Altbesitz „Land von gleichem Wert" zu geben.

b) Dieser Grundsatz bezieht sich nicht nur auf landwirtschaftliche Grundstücke, d. h. solche Grundstücke, die auf die Dauer der Landwirtschaft zu dienen bestimmt sind, sondern auch auf alle sonstigen von der Umlegung erfaßten Grundstücke, also auch auf Baugrundstücke.

c) Nur wenn der Grundsatz der wertgleichen Landabfindung vollständig durchgeführt wird, stellt die Umlegung keine Enteignung dar (vgl. Beschluß des BVerwG v. 9. 11. 1954 — I B 145/53 — BVerwGE 1, 225 — NJW 55, 155).

d) Im ländlichen Umlegungsverfahren wird der Wert der von der Umlegung erfaßten Grundstücke nach ihrem landwirtschaftlichen Nutzen zutreffend errechnet.

e) Nach § 48 RUmlegO hat die Umlegungsbehörde bei der wertgleichen Landabfindung alle Umstände zu berücksichtigen, die auf den Ertrag, die Benutzung und Verwertung der Grundstücke wesentlichen Einfluß haben einschließlich ihrer Entfernung vom Wirtschaftshof und von der Ortslage.

— Bundesverwaltungsgericht, Urteil vom 21. Juni 1955 — I C 173/54 — NJW 1955, 1809 —.

104. Wertsteigerung des Grundstücks im Umlegungsverfahren

Nur eine Wertsteigerung, die das einzelne Grundstück durch eine Verschiebung der Werte der Grundstücke untereinander erfährt, kann im Umlegungsverfahren zu einem Wertausgleich führen.

— Landesverwaltungsgericht Gelsenkirchen, Urteil vom 11. Mai 1955 — DWW 1955, 221 —.

Anmerkung:

Vgl. Glootz: Hauptaufgabe der Planung und Neuregelung der Umlegung: DWW 1955, 177, insbesondere 179 (Wertverschiebung) —.

105. Zuständigkeit der Verwaltungsgerichte zur Entscheidung von Streitigkeiten über geldliche Abfindungen nach dem Flurbereinigungsrecht

a) Die Flurbereinigung ist keine Enteignung im Sinne des Art. 14 GG, so daß die Vorschrift über die ausschließliche Zuständigkeit der ordentlichen Gerichte in Art. 14 Abs. 3 Satz 4 GG auf sie keine Anwendung findet.

b) Für Streitigkeiten über geldliche Abfindungen und Ausgleiche nach den Vorschriften des Flurbereinigungsrechts sind die Verwaltungsgerichte zuständig.

— Bundesverwaltungsgericht, Beschluß vom 8. Januar 1955 — I B 192/53 — HGBR Rspr. 1955 Nr. 18 —.

Anmerkung:

Zu a): Ebenso Beschluß des Bundesverwaltungsgerichts vom 9. November 1954 — I B 145/53 — NJW 1955, 155 — BB 1955, 302 —.

III.

Bauvertragsrecht

(Recht des Architekten und des Bauunternehmers)
Nr. 106—120

§ 638 BGB

106. Begriff der Arbeiten „bei Bauwerken"

a) Wenn § 638 BGB aus Arbeiten an einem Grundstück solche „bei Bauwerken" heraushebt, und bei ihnen für die Gewährleistungsansprüche gegen den Werkunternehmer eine längere Verjährungsfrist bestimmt, so läßt das Gesetz hierbei eine klare Abgrenzung vermissen.

b) Durch die Rechtsprechung des Reichsgerichts ist allerdings schon bald klargestellt worden, daß unter dem Ausdruck „Bauwerk" nicht nur die Aufführung des Baues als Ganzes, sondern auch die Herstellung der einzelnen Bauteile und Bauglieder zu verstehen ist, ohne daß es darauf ankommt, ob sie einen äußerlich hervortretenden, körperlich abgesetzten Teil des ganzen Baues darstellen (RGZ 57, 377; 63, 313 [317]; RG Warn 1916 Nr. 305).

c) Es kann in der Tat keinen Unterschied machen, ob ein Bau einheitlich vergeben worden ist oder ob die zur Gesamtherstellung erforderlichen einzelnen Werkleistungen, deren Gegenstand nach § 94 Abs. 2 BGB wesentlicher Bestandteil des Gebäudes geworden ist, verschiedenen Unternehmern und Handwerkern aufgetragen worden sind.

d) § 638 BGB gewährt einen Anspruch auf Einräumung einer Sicherungshypothek am Grundstück des Bestellers auch dem Unternehmer, der nur einzelne Teile eines Bauwerkes ausgeführt hat.

e) Bei Arbeiten der Maurer, Zimmerer, Tischler, Dachdecker usw. gilt für die Verjährung von Gewährleistungsansprüchen die Fünfjahresfrist, wenn die Arbeiten auf Grund Werkvertrages zur Vollendung eines Gebäudes an diesem vorgenommen worden sind.

f) Erneuerungsarbeiten an einem schon früher errichteten Gebäude können als Bauwerksleistungen in Betracht kommen, wenn sie zur Wiederherstellung eines Gebäudes ausgeführt werden, das verfallen oder mehr oder weniger zerstört ist.

g) Die bloße Ausbesserung einzelner Schäden fällt nicht in diesen Rahmen (Erman-Wagner BGB § 638 Anm. 4).

h) Arbeiten an einem bestehenden Gebäude können auch dann als Bauwerk gelten, wenn sie nicht die Gebäudekonstruktion betreffen.

i) Für die Bemessung der Verjährungsfrist auf fünf Jahre ist die Überlegung maßgebend gewesen, daß bei Bauwerken, welche auf die Dauer, d. h. nicht zu vorübergehenden Zwecken, aufgeführt sind, Mängel der Konstruktion und des Materials des Bauwerks regelmäßig innerhalb fünf Jahren zutage treten und deshalb Einstürze, die nach fünf Jahren seit der Vollendung eintreten, regelmäßig nicht auf einer fehlerhaften Ausführung des Baues, sondern auf anderen Ursachen beruhen (Mot. Bd. II S. 489).

k) Für Werkleistungen an einem bereits errichteten Gebäude wird die fünfjährige Verjährung der Gewährleistungsansprüche dann gelten, wenn sie sich nach Art und Umfang selbst als Bauwerk im Sinne des allgemeinen Sprachgebrauchs darstellen oder Teile eines solchen Bauwerks sind oder wenn sie zumindest so gestaltet sind, daß ohne ihre Vornahme das Gebäude nicht mehr als fertiges Bauwerk angesprochen werden könnte.

l) Nach der offenbaren Zweckbestimmung des Gesetzes sollen die Gewährleistungsansprüche des Bestellers von Werkarbeiten an Grundstücken und Bauwerken darum einer längeren als der sonst geltenden kurzen Verjährung unterstellt werden, weil die Mangelhaftigkeit derartiger Arbeiten im allgemeinen schlechter erkennbar ist und sich, zumal bei Bauwerken im Hinblick auf deren Bestand, besonders nachteilig auszuwirken vermag.

m) Die Gewährleistungsansprüche wegen mangelhaft ausgeführter Dachreparatur verjähren erst in fünf Jahren.

— Bundesgerichtshof, Urteil vom 21. Dezember 1955 — VI ZR 246/54 — Blätter 1956, 94 — HGBR Rspr. 1956 Nr. 25 — HuW 1956, 248 — Bln. Grundeigentum 1956, 358 —.

Anmerkung:

Zu f): Ebenso RGZ 57, 380; RG Warn 1912 Nr. 339; RG JW 1913, 133 — RG Warn 1913 Nr. 92.

Zu l): Ebenso Planck-Oegg, 4. Auflage, Anm. 3c zu § 638; Wandry: Die Verjährung bei Bauarbeiten, in der Zeitschrift: Das Grundeigentum 1927, 868; Roß: Das Werkmängelrecht der Verdingungsordnung für Bauleistungen 1930 S. 83; vgl. auch OLG Hamburg: OLG 43, 76; OLG Naumburg: JW 1933, 2017; OLG Düsseldorf: JMBl. (NRW) 1953, 224 — Nr. 42/IX/1954; LG Bielefeld: MDR 1954, 99 — DRiZ 1954, 34 — Glaser Nr. 43/IX/1954; KG: OLGE 2, 283; vgl. auch Seesemann: Blätter 1955, 178.

Zu m): Ebenso KG: KGBl. 1921 S. 83.

107. Bauvertrag — Kostenanschlag

a) Liegt einem Bauvertrag ein Kostenanschlag zugrunde, der bindende Einheitspreise und Abrechnung nach Aufmaß vorsieht, so sind die Vertragsparteien an das übereinstimmende Ergebnis gemeinsamen Aufmaßes gebunden.

b) Das gilt grundsätzlich auch dann, wenn das Ergebnis falsch war. Will eine Partei sich von dem unrichtigen Ergebnis lossagen, so ist nicht nur der Nachweis der Unrichtigkeit erforderlich, sondern auch, daß dieser Nachweis unter den Voraussetzungen der Irrtumsanfechtung gemäß § 119 BGB erfolgt.

c) Ist in einem Rechtsstreit zwischen Bauherrn und Generalunternehmer das Gericht zu der Feststellung gekommen, daß die Aufmaße nur provisorisch und zu dem Zweck gemacht worden seien, dem Bauherrn eine überschlägige Kontrolle der Rechnungen zu ermöglichen, so bindet das den Subunternehmer, der diese Aufmaße gemeinsam und im Ergebnis übereinstimmend mit dem Generalunternehmer vorgenommen hat, auch dann nicht, wenn ihm dieser in dem genannten Rechtsstreit den Streit verkündet hat.

— Kammergericht, Urteil vom 2. Februar 1956 — 7 U 2215/55 — Bln. Grundeigentum 1956, 213 — MDR 1956, 356 — VersR 1956, 439 (n. L.) —.

§ 631 BGB

108. Bauvertrag — Vergütung für Mehrarbeiten

Ist für die Herstellung eines Gesamtwerkes ein fester Preis vereinbart worden, so kann für im Bauvertrag nicht vorgesehene Mehrarbeiten eine Vergütung nur unter besonderen Voraussetzungen verlangt werden.

— Landgericht Bochum, Urteil vom 17. Januar 1956 — 5 S 335/55 — Blätter 1956, 95 —.

§ 633 BGB

109. Haftung des Bau-Handwerkers gegenüber dem Bauherrn

a) Der an einem Bau Arbeiten ausführende Unternehmer ist in der Regel insoweit von eigener Verantwortung für die Art der Ausführung frei, als er sich dabei nach den Anordnungen des vom Bauherrn bestellten Architekten richtet oder sich dessen Zustimmung versichert (RG SeuffArch 50, 397).

b) Auch ist es Aufgabe des Architekten, für ein sachdienliches Ineinandergreifen der einzelnen Arbeiten zu sorgen.

c) Es hieße aber die Anforderungen an einen Architekten überspannen, wollte man von ihm auch die Spezialkenntnisse eines Plattenlegers verlangen.

d) Ein Handwerker kann sich dem Bauherrn gegenüber auf die Anordnungen des bauleitenden Architekten nicht berufen, soweit es auf seine handwerklichen, vom Architekten nicht zu erwartenden Spezialkenntnisse ankommt. Er hat darauf hinzuwirken, daß die Vorarbeiten anderer Handwerker, die lediglich seiner Arbeit dienen, zweckentsprechend ausgeführt werden.

— Bundesgerichtshof, Urteil vom 28. Februar 1956 — VI ZR 354/54 — Blätter 1956, 142 — HGBR Rspr. 1956 Nr. 55 — Betrieb 1956, 350 — VersR 1956, 288 — HuW 1956, 307 —.

Anmerkung:
Vgl. Reuter: Verantwortung und Kenntnisbereich des Architekten: Blätter 1956, 228; Hans: Abgrenzung zwischen Architekten- und Unternehmerhaftung für Konstruktionsfehler: Blätter 1956, 230.

§ 635 BGB

110. Haftung des Bauunternehmers für nicht fachgemäße Verwendung von frischem Bauholz

Wenn ein Bauunternehmer bei der Errichtung eines Neubaus frisches Bauholz verwendet und hierbei nicht die gesetzlich vorgeschriebenen und handwerksüblichen Vorsichtsmaßregeln beachtet, ist er zum Ersatz des hierdurch entstandenen Schadens (Schwammbefall, Mietausfall) verpflichtet.

— Landgericht Bremen, Teilurteil vom 3. November 1954 — 5 O 348/54 — Brem. HZtg. 1955 Nr. 8 —.

§§ 196 Abs. 1 Nr. 1, 633 BGB; Verdingungsordnung für Bauleistungen (VOB)

111. Verjährung der Ansprüche von Bauhandwerkern

a) Die für Bauwerke vorgesehene zweijährige Verjährungsfrist beginnt mit der Abnahme der gesamten Leistung.

b) Bei sog. selbständigen Garantieverträgen kann als Beginn der Verjährungsfrist die Entdeckung des Mangels als vereinbart gelten, während eine sog. unselbständige Garantie regelmäßig keinen Einfluß auf die Verjährung hat (vgl. Palandt, Anm. 3 zu § 638, 2 B c zu § 633 und Anm. 4 zu § 477 BGB; Staudinger, 10. Aufl. Anm. 14 zu § 638 BGB; RGR Komm. Anm. 4 zu § 638 BGB; Hereth-Ludwig-Naschold, Komm. z. VOB Anm. 78 ff. zu § 13 Teil B VOB).

c) Hemmung und Unterbrechung der Verjährung treten grundsätzlich nur in den gesetzlich ausdrücklich geregelten Fällen ein. Hierunter fällt die schriftliche Mängelanzeige nicht. Sie vermag auch nicht ohne Rücksicht auf die Vollendung der Verjährung die Erhaltung der Gewährleistungsansprüche zu bewirken.

— Landgericht Dortmund, Urteil vom 13. Juni 1955 — 1 S 109/55 — NJW 1956, 306 — Bln. Grundeigentum 1956, 267 —.

Anmerkung:
Über Verjährung von Bauarbeiten vgl. OLG Düsseldorf; JMBl. (NRW) 1953, 224 — HuW 1954, 74; LG Bielefeld: MDR 1954, 99 — DRiZ 1954, 34 — GWW 1954, 75, 283; vgl. auch Seesemann: Gewährleistung aus Bauleistungen und ihre Verjährung: Blätter 1956, 164.

§§ 648, 641 BGB

112. Arrestanspruch des Bauunternehmers bei Veräußerung des von ihm bebauten Grundstücks

a) Aus § 648 BGB ergibt sich, daß der Anspruch des Bauunternehmers gegen den Grundstückseigentümer stets objektiv als gefährdet anzusehen ist, weil der Baunternehmer das Eigentum an den von ihm eingebauten Sachen nach § 946 BGB sofort verliert, ohne die Möglichkeit zu haben — im Gegensatz zu sonstigen Vertragsverhältnissen —, Zug um Zug sein Entgelt dafür zu verlangen, da dieses erst bei Abnahme fällig wird (§ 641 BGB).

b) Wenn der Grundstückseigentümer sein von einem Bauunternehmer bebautes Grundstück vor der Eintragung einer Bauwerksicherungshypothek oder einer Vormerkung zur Sicherung der Bauforderung des Bauunternehmers veräußert, so ist dies ein genügender Grund für den Bauunternehmer, den Arrest in das sonstige Vermögen des Bauherrn zu beantragen.

— Landgericht Berlin, Urteil vom 28. Januar 1955 — 53 S 306/54 — HW 1955, 252 — NJW 1955, 799 —.

Anmerkung:
Über die Bauwerksicherungshypothek des Bauunternehmers vgl. OLG Celle: NJW 1954, 1607 — HW 1954, 432 (n. L.); vgl. auch HW 1955, 248: Die Bauwerksicherungshypothek; BGH: MDR 1951, 728; OLG Nürnberg: NJW 1952, 426; Blätter 1954, 358 — HW 1952, 251; vgl. auch Cordes: Fragen des Eigentumsvorbehalts und der Sicherstellung der Geldansprüche im Baugewerbe: Blätter 1955, 197.

113. Beiladung des Architekten in einem baurechtlichen Anfechtungsprozeß

Wenn der Architekt den Bauherrn im baurechtlichen Verfahren vertreten, insbesondere Beschwerde gegen die baurechtliche Entscheidung eingelegt sowie namens des Bauherrn Anfechtungsklage erhoben hat, reicht die nicht allzu entfernte Möglichkeit einer Klageabweisung wegen Unzulässigkeit des Rechtsweges und einer auf Versäumung der Einspruchsfrist beruhenden Schadensersatzpflicht des Architekten aus, um in seiner Person die Voraussetzungen des § 60 VGG — Berührung des rechtlichen Interesses des Beizuladenden durch die Entscheidung — zu erfüllen. Dem Antrag des Bauherrn auf Beiladung des Architekten muß insoweit daher entsprochen werden.

— Verwaltungsgerichtshof Stuttgart, Beschluß vom 16. Januar 1956 — 2 S 517/55 — NJW 1956, 646 —.

114. Wandlung des Architektenvertrages

Wo der Bauherr nach den ersten und den nachgebesserten Entwürfen des Architekten die Überzeugung gewinnt, der Architekt sei seiner Aufgabe nicht gewachsen und werde auch bei Nachbesserung Brauchbares nicht zustandebringen, diese Überzeugung sich auch bei sachlicher Nachprüfung rechtfertigt, bedarf es nach Treu und Glauben der Nachfristsetzung nicht (vgl. hierzu BGH: Betrieb 1951, 1009, L.-M. § 634 BGB Nr. 1; Staud.-Kober BGB § 634 Anm. 8, Palandt-Gramm BGB § 634 Anm. 2 A b cc.).

— Oberlandesgericht Hamburg, Urteil vom 7. November 1955 — 1 U 105/55 — Betrieb 1956, 20 —.

115. Gebührenvereinbarung des Architekten — Beweislastfragen

a) Nach der herrschenden Meinung ist es Sache des Dienstverpflichteten zu beweisen, daß eine bestimmte Vergütung nicht vereinbart worden ist, wenn sich der Dienstberechtigte auf eine solche beruft (so Palandt, Anm. 2 zu § 612 BGB mit Nachweisungen, RGR Komm, Anm. 4 zu § 612 BGB, Soergel, Anm. 7 zu § 612 BGB, Staudinger, V zu § 612 BGB mit Nachweisungen auch reichsgerichtlicher Rechtsprechung).

b) Es ist nicht möglich, aus der für sehr viele Regelfälle geltenden Anwendbarkeit der Gebührenordnung für Architekten schon allein den Schluß zu ziehen, daß sie solange anwendbar sei, als nicht derjenige, der sich auf ein anderes beruft, den Beweis dafür zu führen vermag, daß eine abweichende Bestimmung des Architektenhonorars vereinbart sei.

c) Vielmehr muß es bei dem Grundsatz des Gesetzes verbleiben, daß der Dienstverpflichtete sich nur dann auf eine, sei es auch nach einer regelmäßig anwendbaren Gebührenordnung bemessene Vergütung berufen kann, wenn er gegenüber der Behauptung, es sei eine bestimmte Vergütung vereinbart worden, den Beweis dafür führen kann, daß dies nicht der Fall war.

— Oberlandesgericht Karlsruhe, Urteil vom 23. März 1955 — 2 U 261/53 — HGBR Rspr. 1955 Nr. 69 —.

§§ 611, 612, 627 BGB

116. Gebührenanspruch des Architekten nach Kündigung des Architektenvertrages

a) Der Architektenvertrag ist jedenfalls dann ein Dienstvertrag, wenn dem Architekten auch die Bauleitung hinsichtlich seines Entwurfs übertragen ist und der Vertrag auf einem besonderen Vertrauen im Sinne des § 627 BGB beruht.

b) Die Gebührenordnung für Architekten aus dem Jahre 1950 ist eine Taxe im Sinne von § 612 BGB.

c) Nach § 627 BGB kann der Dienstverpflichtete, der nicht in einem dauernden Dienstverhältnis mit festen Bezügen steht, aber Dienste höherer Art leistet, die auf Grund besonderen Vertrauens übertragen zu werden pflegen, den Vertrag auch dann kündigen, wenn kein wichtiger Grund im Sinne des § 626 BGB vorliegt.

d) Wenn die Kündigung des Architekten nach § 627 rechtswirksam ist, dann kann er nach § 628 BGB denjenigen Teil seines Honorars beanspruchen, der seinen bis zur Kündigung des Vertrages erfolgten Leistungen entspricht.

e) Wenn die Parteien keine ausdrückliche Vereinbarung über die Höhe des Architektenhonorars getroffen haben, dann ist nach § 612 Abs. 2 die taxmäßige Vergütung — also die Vorschriften der Gebührenordnung für Architekten — als vereinbart anzusehen.

— Oberlandesgericht Kiel, Urteil vom 14. Dezember 1954 — 7 U 71/54 — SchlHA 1955, 155 — GWW 1955, 313 —.

117. Architektenhonorar für Vorarbeiten zu einem Bauvorhaben

a) Läßt sich ein Bauinteressent von einem Architekten als Unterlagen für Finanzierungskredite und für den Ankauf eines Grundstückes verschiedene Bauzeichnungen sowie Finanzierungspläne und Rentabilitätsberechnungen anfertigen, und sind damit für den Architekten erhebliche Arbeiten und auch bare Auslagen verbunden, so hat der Architekt Anspruch auf ein angemessenes Honorar, auch wenn die Finanzierung des Bauvorhabens schließlich nicht gelingt.

b) Niemand erwartet von einem Handwerker oder Arbeiter, daß er unentgeltliche Arbeit leistet. Dasselbe muß auch von einem Geistesarbeiter gelten.

c) Wenn der Bauinteressent behauptet, er habe mit dem Architekten vereinbart, dieser solle erst einmal unentgeltlich für ihn arbeiten und erst dann Zahlung verlangen können, wenn der Bau tatsächlich beginne, so ist er für eine solche Behauptung beweispflichtig.

d) An seine Beweisführungspflicht sind besonders strenge Anforderungen zu stellen, wenn er Arbeiten und Aufwendungen des Architekten in dem zu a) geschilderten erheblichen Umfange geduldet hat.

— Oberlandesgericht Celle, Beschluß vom 4. April 1955 — 7 W 69/54 — BB 1955, 1011 —.

118. Anspruch des Architekten auf Bezahlung unverbindlich geleisteter Vorarbeiten

a) Der Auftrag unverbindlicher Vorarbeiten soll dem Auftraggeber nur freie Hand für die endgültige Übertragung der Bauarbeiten lassen.

b) Keineswegs aber kann bei der Beauftragung eines freiberuflich Tätigen zu einer in seine Fachrichtung fallende Tätigkeit der Auftraggeber davon ausgehen, daß eine solche von diesem unverbindlich geforderte Arbeit auch kostenlos geleistet wird.

c) Die Vergütung richtet sich mangels anderweitiger Vereinbarung nach der Gebührenordnung für Architekten.

— Landgericht Dortmund, Urteil vom 27. Januar 1954 — 11 S 59/54 — Blätter 1955, 198 —.

§§ 611, 276 BGB

119. Haftung des Architekten bei Überschreitung der Bausumme

a) Wenn ein Architekt sich bindend zur Einhaltung einer bestimmten Bausumme verpflichtet, haftet er dem Bauherrn gegenüber nicht ohne weiteres für die diesem entstandenen Mehrbaukosten.

b) Der Bauherr hat aber einen Anspruch auf Ersatz eines aus der Schlechterfüllung des Architekten heraus entstandenen Schadens, etwa für Baumehrkosten aus fehlerhafter Vergebung oder Überwachung von Bauarbeiten oder für den Verlust, den er dadurch erleidet, daß er wegen der für ihn unerschwinglichen Mehrbaukosten gezwungen ist, das Baugrundstück mit Verlust abzustoßen.

— Landgericht Freiburg/Breisgau, Urteil vom 30. November 1954 — 2 S 113/54 — MDR 1955, 161 —.

§ 648 BGB

120. Begriff des Unternehmers eines Bauwerks — Anspruch des Architekten auf Einräumung einer Sicherungshypothek

a) Für den Anspruch aus § 648 BGB kommt es einzig und allein auf die Rechtsnatur des Vertrages mit dem Eigentümer des Baugrundstücks, also darauf an, daß es ein Werk- und nicht etwa ein Dienstvertrag ist (vgl. z. B. Enneccerus-Lehmann, 13. Aufl. § 154 II 1 Nr. 3; RGZ 63, 315).

b) Übernimmt ein Architekt durch Vertrag mit dem Eigentümer des Baugrundstücks außer der sogen. Planbearbeitung auch die künstlerische, technische und geschäftliche Oberleitung hinsichtlich der Ausführung des geplanten Bauvorhabens und vor allem auch darüber hinaus noch die sogen. Bauführung (auch örtliche Bauleitung oder örtliche Bauaufsicht genannt), dann stellt dieser Vertrag eine Mischung aus Dienst- oder Werkvertrag dar, bei dem die dienstvertraglichen Elemente überwiegen.

c) Der Architekt ist in einem solchen Fall nicht Unternehmer eines Bauwerks im Sinne des § 648 BGB.

d) Bei einer solchen Vertragsgestaltung hat also der Architekt auch dann keinen Anspruch auf Einräumung einer Sicherungshypothek an dem Baugrundstück für seine Forderungen aus dem Vertrag, wenn sein Vertragsgegner Eigentümer des Baugrundstückes ist.

— Oberlandesgericht Frankfurt, Beschluß vom 23. Februar 1955 — 3 W 23/55 — NJW 1955, 1400 — Blätter 1955, 350 (n. L.) —.

Anmerkung:
Ebenso Achilles-Greif, 19. Aufl. § 611 Anm. 3, § 648 Anm. 2; Palandt-Gramm, Einführung vor § 611 Anm. 6; RGRK, 10. Aufl. Vorbem. IV 2 vor § 611 und § 648 Anm. 1; Sörgel-Erdsick, 8. Aufl. § 611 Anm. 2 c dd. und § 648 Anm. 1; sowie das frühere Reichsgericht in jahrzehntelanger Rechtsprechung, zuletzt in JW 1936, 3116; dem Ergebnis nach auch Erman-Wagner, § 631 Bem. 2; a. A. Pattri: Der Architekt und sein Arbeitsvertrag 1932; Staudinger-Kober, 10. Aufl. Vorbem. 20 vor den §§ 631 ff. In Übereinstimmung mit dem o. a. Urteil des OLG Frankfurt: OLG Nürnberg in NJW 1952, 426 für einen Architekten, dem die Planung und Ausführung eines Baues übertragen worden war, soweit sich seine Forderungen auf Vergütung für die Anfertigung der Baupläne stützt.

IV.

Wohnungsbaurecht

Nr. 121—155

§§ 2, 3 WohnBauG

121. Begriff der öffentlichen Zuschüsse

Die nach dem Erlaß des Innen- und Wiederaufbaumin. NJW vom 1. 12. 49 und 13. 6. 50 (MBl. NW 50, 685) gezahlten verlorenen Zuschüsse an Flüchtlinge, Verfolgte und andere darin gleichgestellte Berechtigte sind als Zahlung öffentlicher Mittel anzusehen.

— Landgericht Düsseldorf, Urteil vom 9. Dezember 1954 — 7 S 435/54 — ZMR 1955, 156 —.

§§ 7 WohnBauG

122. Begriff der Wohnung im Sinne des Wohnungsbaugesetzes

a) Wohnung im Sinne von § 7 WohnBauG ist nur die selbständige Wohnung, bei der eine gewisse Abgeschlossenheit gegeben ist. Die Wohnung muß wirtschaftlich und räumlich von anderen Wohnungen getrennt sein und jederzeit zur Führung eines selbständigen Familienhaushalts verwendet werden können, ohne daß Nebengelasse mehr als ortsüblich gemeinsam benutzt werden. Ob diese Voraussetzungen vorliegen, kann nur nach der den örtlichen und sozialen Besonderheiten Rechnung tragenden Verkehrsauffassung beurteilt werden.

b) Das Fehlen einer Küche im althergebrachten Sinne schließt nicht schlechthin die Annahme einer selbständigen Wohnung aus. Nach der Verkehrsauffassung kann für eine kleine Wohnungseinheit auch eine Kochnische ausreichen. Für eine mittelgroße Wohnung, die in einem mit erheblichem Aufwand erstellten modernen Neubau in guter Wohngegend gelegen ist, fordert die Verkehrsauffassung das Vorhandensein einer angemessenen Küche.

— Oberverwaltungsgericht Hamburg, Urteil vom 7. April 1954 — Bf I 386/53 — BBauBl. 1955, 127 — ZMR 1954, 338 —.

Anmerkung:
Zum Begriff der Wohnung im Sinne des Wohnungsbaugesetzes vgl. auch OVG Koblenz: BBauBl. 1955, 129 —.

§ 52 Reichsbewertungsgesetz

123. Begriff der Wohnung im Sinne des Reichsbewertungsgesetzes

a) Eine selbständige Wohnung ist grundsätzlich nur dann anzuerkennen, wenn die Wohnung ein wirtschaftlich und räumlich abgeschlossenes Ganzes bildet, wenn also insbesondere die Wohnung mit den am Ort üblichen Einrichtungen für den hauswirtschaftlichen Betrieb ausgestattet ist (Bad, Diele [Flur], Nebenräumen, Kammern, Keller- und Bodenräumen).

b) Eine selbständige Wohnung ist dann nicht anzunehmen, wenn der Wohnungsinhaber nach der Raumgestaltung und der Ausstattung der Räume nicht die Möglichkeit hat, die Hauswirtschaft selbständig und allein in seinen Räumen zu betreiben, die Räume allein zu erreichen und alle Einrichtungen der Wohnung und das Zubehör allein zu benutzen. Von diesem Grundsatz ist nur dann eine Abweichung gerechtfertigt, wenn sie sich aus der ortsüblichen Verkehrsauffassung ergibt.

— Verwaltungsgericht Berlin, Urteil vom 27. Mai 1953 — VII a 409/52 — BBauBl. 1955, 126 —.

§ 7 WohnBauG

124. Begriff der Bewohnbarkeit — Bezugsfertigkeit — einer Wohnung

a) Eine Wohnung ist erst dann bewohnbar, wenn sämtliche Räume der Wohnung — abgesehen von unwesentlichen Nebenräumen — benutzbar sind. Vorher kann man nur von der Bewohnbarkeit einzelner Räume, nicht aber von der Bewohnbarkeit der Wohnung sprechen.

b) Auch unter den heutigen Wohnverhältnissen ist es nicht zumutbar, Räume zu benutzen, die nur über eine Leiter zu erreichen sind und sich im rohen Zustand befinden. Zur Bewohnbarkeit gehört, daß die Kellertreppe und die Treppe zum Obergeschoß eingebaut sind.

— Finanzgericht Düsseldorf, Urteil vom 7. September 1955 — 8/54 G — Deutsche Steuerzeitung — Eildienst — 1955, 465 —.

Anmerkung:
Zum Begriff der Bezugsfertigkeit im Sinne des WohnBauG vgl. BVG: BBauBl. 1954, 388 — HuW 1955, 211 (n. L.); Bayer. VGH: ZMR 1954, 124, 317 — DVBl. 1954. 338 — GWW 1954, 286 — BBauBl. 1954, 388; LVG Braunschweig: ZMR 1953, 261; vgl. auch May: Zur Frage der Bezugsfertigkeit: Blätter 1954, 243; Schumacher: HuW 1955, 88.

§ 7 WohnBauG

125. Voraussetzungen der Steuerbegünstigung

a) Das WoBauG kennt nur den Begriff der begünstigten Wohnungen.

b) Wohnungen, die nicht Wohnzwecken zugeführt werden, sondern aus irgendwelchen Gründen leer stehen bleiben, sollen offensichtlich nicht begünstigt werden.

c) Deshalb stellt § 7 Abs. 2 WoBauG für die Begünstigung auf die Unterbringung einer größeren Familie, § 7 Abs. 3 darauf ab, ob nicht mehr als die Hälfte der begünstigten Wohnung gewerblichen Zwecken dient, und § 7 Abs. 4 beschränkt die Befreiung auf die für begünstigte Zwecke geschaffenen Räume. Dazu gehört die Benutzung zu Wohnzwecken.

d) Die Vergünstigung ist nach § 7 Abs. 1 WoBauG auf 10 Jahre nach der Fertigstellung beschränkt.

e) Eine Nutzung nur zu kurzen, vorübergehenden Aufenthalten, wie übers Wochenende, kann nicht als eine Nutzung zu Wohnzwecken im Sinne des Gesetzes anerkannt werden.

f) Durch eine Wohnung im Sinne des WoBauG wird mindestens ein dauernder Aufenthalt, wenn nicht gar ein Wohnsitz begründet, während ein vorübergehender, auch längerer Ferienaufenthalt und noch kürzere Wochenendausflüge keines von beiden zu begründen vermögen.

— Finanzgericht Stuttgart, Urteil vom 18. November 1955 — III 856/55 — BBauBl. 1956, 280 —.

§ 7 WohnBauG

126. Zeitpunkt des Antrags auf Grundsteuerbefreiung

a) Die Grundsteuerbefreiung ist nicht von der Stellung eines förmlichen Antrags abhängig; der Steuerpflichtige muß jedoch gegenüber dem Finanzamt zu erkennen geben, daß Grundsteuerbefreiung in Betracht kommt und beansprucht wird.

b) Hat ein Steuerpflichtiger versäumt, bei der ersten Veranlagung des Grundsteuermeßbetrages nach der Bezugsfertigkeit von Kleinwohnungen die Grundsteuerbefreiung geltend zu machen, so kann er das auf den Beginn eines folgenden Kalenderjahres nachholen. Dies gilt jedoch nur, wenn die Voraussetzungen für die Steuerbefreiung bei der Bezugsfertigkeit der Kleinwohnungen bestanden haben und seitdem nicht fortgefallen sind. Die Steuerbefreiung ist in einem solchen Fall nur noch für den Rest der Laufzeit des Befreiungszeitraums zu gewähren.

— Bundesfinanzhof, Urteil vom 1. Juli 1955 — III 80/55 U — BBauBl. 1956, 77 — BStBl. 1955 III S. 269 —.

§§ 7, 47 WohnBauG

127. Grundsteuervergünstigung für einzelne Wohnräume und Wohnheime

a) Die Vorschrift des § 47 WohnbauG, wonach die für Wohnungen getroffenen Vorschriften für einzelne Wohnräume entsprechend gelten, muß dazu führen, die Grundsteuervergünstigung auch für neugeschaffene einzelne Wohnräume zu gewähren, die in bereits bestehende Wohnungen einbezogen werden.

Solche einzelne Räume können auch dann steuerbegünstigt werden, wenn sie nicht in eine vorhandene Wohnung einbezogen werden, sondern für sich bestehen (z. B. Wohnräume in einem Wohnheim).

b) Bei Wohnräumen erstreckt sich die Steuervergünstigung auch auf die gemeinschaftlich genutzten Räume.

— Bundesfinanzhof, Urteil vom 16. Dezember 1955 — III 158/55 S — BStBl. 1956 III S. 47 — FrWW 1956, 150 —.

Anmerkung:
Ebenso Finanzgericht Münster: BBauBl. 1956, 80 — unten Nr. 128.

§ 7 WohnbauG

128. Grundsteuerbefreiung für Ledigenheime

a) Der Begriff des Wohnraums wird in einem Urteil des Bundesverwaltungsgerichts vom 4. März 1954 — I C 50/53 (Deutsche Wohnungswirtschaft 1954, 119) dahingehend erläutert, daß eine Person oder eine Personenmehrheit in ihm ein häusliches Leben führt und zwischen sich und dem Raum die tatsächlichen Verhältnisse herstellt, die dieser Zweckbestimmung entsprechen (vgl. auch § 2 Abs. 3 des Wohnraumbewirtschaftungsgesetzes).

b) Auch ein möbliertes Zimmer ist in der Regel als Wohnung anzusehen.

c) Die Vergünstigung des § 7 WohnBauG in Verb. mit § 47 a. a. O. ist auch auf Einzelräume anzuwenden, die sich in Ledigenheimen befinden.

— Finanzgericht Münster, Urteil vom 26. Januar 1955 — III d 8/54 — BBauBl. 1956, 80 — Entscheidungen der Finanzgerichte 1955, 199 —.

Anmerkung:
Ebenso BFH, Urteil vom 16. Dezember 1955 — III 158/55 S — FrWW 1956, 150 — oben Nr. 127.

§ 7 WohnBauG

129. Grundsteuerbefreiung für Mischräume

Werden gewerblich genutzte Räume (z. B. Ladenzimmer), die außerhalb einer an sich steuerbegünstigten Wohnung oder steuerbefreiten Kleinwohnung liegen, nebenbei auch für Wohnzwecke (Aufenthalt tagsüber usw.) mitbenutzt, so rechtfertigt eine solche Mitbenutzung in der Regel nicht die Zurechnung der gewerblich genutzten Räume zur Wohnung.

— Bundesfinanzhof, Urteil vom 12. August 1955 — III 65/55 U — BBauBl. 1956, 79 — BStBl. 1955 III S. 283 —.

§ 7 WohnBauG

130. Grundsteuerbefreiung für Garagen

Garagen sind dann nach § 7 WohnBauG grundsteuerbegünstigt, wenn sie am Bewertungsstichtag auf Grund vertraglicher Vereinbarung zu bestimmten Wohnungen als Wirtschaftsräume gehören und den Wohnungsinhabern zur Unterstellung ihrer überwiegend nicht gewerblich benutzten Kraftfahrzeuge dienen.

— Finanzgericht Düsseldorf, Kammer in Köln, Urteil vom 29. April 1955 — VI a 5/55 — BBauBl. 1956, 80 — Entscheidungen der Finanzgerichte 1955, 375 —.

§ 7 WohnBauG

131. Zulässigkeit der Korrektur des Steuermeßbetrages

a) Nach § 7 Abs. 1 Satz 1 WohnBauG darf bei der Schaffung von steuerbegünstigten Wohnungen durch Neubau, durch Wiederaufbau zerstörter oder Wiederherstellung beschädigter Gebäude oder durch Ausbau oder Erweiterung bestehender Gebäude die Grundsteuer auf die Dauer von 10 Jahren nur nach dem Steuermeßbetrag erhoben werden, in dem die neugeschaffenen Wohnungen nicht berücksichtigt sind.

b) Wenn also z. B. auf einem unbebauten Grundstück ein Gebäude errichtet wird, das nur steuerbegünstigte Wohnungen enthält, soll die Grundsteuer auch weiterhin nach einem Grundsteuermeßbetrag für das Bauland erhoben werden.

c) Die Vorschrift des § 7 Abs. 1 WohnBauG enthält grundsätzlich eine Erstarrung des bisherigen Grundsteuermeßbetrages.

d) Die Erstarrung schließt nicht aus, notwendige Korrekturen an diesem Grundsteuermeßbetrag anzubringen.

— Bundesfinanzhof, Urteil vom 18. November 1955 — III 102/55 S — BBauBl. 1956, 76 — BStBl. 1956 III S. 10 — DWW 1956, 19 —.

e) Die Erstarrung des Grundsteuermeßbetrages nach § 7 Abs. 1 WohnBauG gilt nur für die Regelfälle. In den Fällen, in denen an dem Steuergegenstand außer durch den Neubau, Wiederaufbau usw. noch weitere Veränderungen eingetreten sind, kann die Erstarrung nicht gelten.

— Bundesfinanzhof, Urteil vom 18. November 1955 — III 166/54 S — BBauBl. 1956, 76 — BStBl. 1956 III S. 10 — DWW 1956, 21 —.

§ 7 Abs. 2 WBauG, §§ 1, 31a MSchG

132. Mieterschutz nach Verzicht auf die Grundsteuervergünstigung

a) Der nach den Grundsätzen der §§ 1 ff. MSchG bestehende Mieterschutz, der darin besteht, daß gegen den Willen des Mieters das Mietverhältnis nur aus in den §§ 2 bis 4 MSchG aufgeführten Gründen und nur durch Urteil, also auf Aufhebungsklage hin, aufgehoben werden kann, ist durch § 31a MSchG in der Fassung des § 26 des 1. Wohnungsbaugesetzes vom 24. April 1950 und in der Neufassung dieses Gesetzes vom 25. August 1953 für nicht anwendbar erklärt worden auf Mietverhältnisse über steuerbegünstigte und frei finanzierte Wohnungen im Sinne des Ersten Wohnungsbaugesetzes.

b) Diese Ausnahme von Mieterschutz gilt jedoch nicht, d. h. es bleibt bei den Vorschriften der §§ 1 ff. MSchG für Mietverhältnisse über Wohnungen, für die Grundsteuervergünstigung gemäß § 7 des Ersten Wohnungsbaugesetzes gewährt wird (§ 31 Abs. 2a MSchG).

c) Ist durch Gewährung der Grundsteuervergünstigung für ein über eine nach dem 31. 12. 1949 bezugsfertig gewordene Wohnung abgeschlossenes Mietverhältnis der Mieterschutz eingetreten, so kann der Verzicht auf die Grundsteuervergünstigung und die Rückzahlung der Steuerersparnisse das **bestehende** Mietverhältnis nicht vom Mieterschutz freistellen.

— Landgericht M.-Gladbach, Urteil vom 23. März 1955 — 2 a S 59/55 — WM 1955, 73 — MDR 1955, 677 — BBauBl. 1955, 317 —.

Anmerkung:
Ebenso LG Köln: WM 1955, 21; a. A. aber LG Göttingen: MDR 1954, 231; Roquette: Kleine Mietreform Anm. 1 zu § 1 Mieterschutzausnahmeverordnung vom 27. November 1951 (BGBl. I, 1926); vgl. auch Pergande: Der Mieterschutz für steuerbegünstigte Wohnungen: WM 1955, 65; Steinberg: Nachträglicher Verzicht auf die Grundsteuervergünstigung und Mieterschutz: DWW 1955, 105; Burmester: DWW 1955, 137.

§ 7 Abs. 2 WohnBauG; §§ 1, 31a MSchG

133. Nachträglicher Verzicht auf Grundsteuervergünstigung

Wenn der Vermieter eine Grundsteuervergünstigung in Anspruch nimmt, nachträglich aber auf diese verzichtet, so steht das Mietverhältnis gleichwohl weiter unter Mieterschutz.

— Landgericht Bielefeld, Urteil vom 12. Oktober 1955 — 2 S 274/55 — MDR 1956, 35 —.

Anmerkung:
Ebenso LG M.-Gladbach: MDR 1955, 677 — BBauBl. 1955, 317 — WM 1955, 73 — oben Nr. 132; a. A. LG Bielefeld, Urteil vom 18. Mai 1955 — 2 S 119/55 — nachgew. in der Anm. zu dem o. a. Urteil in MDR 1956, 35; vgl. auch LG Kassel: NJW 1954, 112 m. Anm. v. Pergande.

§§ 3, 29 WohnBauG

134. Bewilligung öffentlicher Mittel nach Bezugsfertigkeit der Wohnungen

Eine Wohnung ist auch dann mit öffentlichen Mitteln gefördert, wenn diese Mittel erst nach der Bezugsfertigkeit bewilligt worden sind, vorausgesetzt, daß der Antrag auf Gewährung des Wohnungsbaudarlehns bei der Bewilligungsstelle vor der Bezugsfertigkeit eingegangen ist.

— Oberverwaltungsgericht Münster, Urteil vom 26. Juli 1955 — II A 1201/54 — Blätter 1955, 382 (n. L.) — Glaser Nr. 4/VIII/1956 — BBauBl. 1955, 577 —.

§ 7 WohnBauG

135. Bescheinigung über das Vorliegen der Voraussetzungen der Grundsteuervergünstigung

Der Verwaltungsrechtsweg ist gegeben, wenn die Verwaltungsbehörde die Erteilung einer Bescheinigung über das Vorliegen der Voraussetzungen einer Grundsteuervergünstigung nach § 7 des Ersten Wohnungsbaugesetzes versagt.

— Oberverwaltungsgericht Lüneburg, Urteil vom 20. Oktober 1955 — I A 41/55 — GWW 1956, 212 (n. L.) — DVBl. 1956, 56 —.

§ 22 WohnBauG 1950

136. Aufnahme des Wohnungssuchenden in die Vorschlagsliste

Die Entscheidung über die Aufnahme eines Wohnungssuchenden in die Vorschlagsliste und die Zuweisung eines Wohnungssuchenden an den Verfügungsberechtigten liegt im Ermessen der Wohnungsfinanzierungsbehörde.

— Bundesverwaltungsgericht, Urteil vom 20. Mai 1954 — I C 126/53 — ZMR 1955, 155 —.

§ 40 Abs. 2 WohnBauG

137. Zuteilung einer öffentlich geförderten Wohnung auf Grund der Zahlung eines Finanzierungsbeitrags

a) Der Wohnungssuchende, der einen angemessenen Beitrag für die Finanzierung einer öffentlich geförderten Wohnung geleistet hat, erwirbt den Zuteilungsanspruch auch dann, wenn er die begehrte Wohnung nicht auslastet.

b) Dieser Anspruch besteht im Rahmen der örtlichen Belegungsvorschriften oder Richtlinien.

c) Das Wohnungsamt ist aber auch berechtigt, dem Wohnungssuchenden die gesamte Wohnung zuzuteilen mit der Auflage, in den überschüssigen Wohnraum einen Untermieter aufzunehmen.

— Oberverwaltungsgericht Münster, Bescheid vom 17. Dezember 1954 — I A 194/53 — Blätter 1955, 174 — DWW 1955, 114 —.

Anmerkung:
Vgl. auch Guski: Der „wesentliche" Finanzierungsbeitrag nach § 40 Abs. 2 WohnBauG: HW 1955, 102.

§ 31a Abs. 2 MSchG

138. Mieterschutzfreiheit für ein Mietverhältnis über Neubau- und Altbauwohnraum

Umfaßt ein neubegründetes Mietverhältnis Altbauräume und freifinanzierte Neubauräume dergestalt, daß die Neubauräume überwiegen, so unterliegt das ganze Mietverhältnis nicht dem Mieterschutz.

— Landgericht Hamburg, Urteil vom 10. Februar 1955 — 7 S 111/1954 — NHG 1955, 125 — Glaser Nr. 75/VIII/1955 —.

Anmerkung:
Vgl. auch Beschwerdestellen Hildesheim: NHG 1955, 19 — Glaser Nr. 63/VIII/1955 —.

§ 29 Abs. 2 WohnBauG (§ 17 Abs. 2 a. F.)

139. Begriff des Neuschaffens von Wohnraum — Festsetzung der Miete für eine aus öffentlich geförderten und aus erhalten gebliebenen Wohnräumen bestehende Wohnungseinheit

a) Eine Wiederherstellung eines Wohnraumes ist begrifflich auch möglich, wenn ein beschädigter Raum zwar noch bewohnbar, aber nach seinem Zustand mit an Sicherheit angrenzender Wahrscheinlichkeit anzunehmen ist, daß er in absehbarer Zeit dauernd unbewohnbar wird, wenn die zur Beseitigung der Beschädigung erforderlichen Maßnahmen unterbleiben.

b) Besteht eine Wohnungseinheit aus öffentlich geförderten neugeschaffenen und erhalten gebliebenen Wohnungen, so ist die Bewilligungsstelle zur Festsetzung einer einheitlichen Miete für alle Wohnräume dieser Wohnungseinheit nicht berechtigt.

— Oberverwaltungsgericht Münster, Bescheid vom 31. März 1955 — I A 1095/54 — Glaser Nr. 83/VIII/1955 — Blätter 1955, 286 — ZMR 1956, 65 — DWW 1955, 267 — BBauBl. 1956, 415 —.

§ 25 Abs. 1 WohnBauG

140. Klage gegen Ablehnung der Bewilligung eines öffentlichen Baudarlehens

a) Eine Klage vor dem Verwaltungsgericht auf Bewilligung eines öffentlichen Baudarlehens ist unzulässig, da das Verwaltungsgericht keine Verwaltungsakte erläßt, sondern sie auf ihre Rechtmäßigkeit überprüft und gegebenenfalls aufhebt.

b) Die Bewilligung öffentlicher Baudarlehen ist eine Tätigkeit der öffentlichen Hand, durch die sie öffentliche Gewalt ausübt; sie unterliegt daher der Rechtskontrolle der Verwaltungsgerichte.

c) Obwohl der Bauherr nach § 25 Abs. 1 WohnBauG keinen Rechtsanspruch auf Bewilligung eines öffentlichen Baudarlehens hat, ist gegen die Ablehnung oder Zurückstellung des Antrages die Klage im Verwaltungsstreitverfahren dann zulässig, wenn der Kläger behauptet, die Bewilligungsstelle hätte bei ihrer Entscheidung von ihrem Ermessen nicht im Sinne des Gesetzes Gebrauch gemacht.

— Verwaltungsgericht Kassel, Urteil vom 15. Juni 1955 — VG Nr. I 244/54 — BBauBl. 1955, 427 —.

Anmerkung:
Vgl. auch Urteil des Verwaltungsgerichts Kassel vom 15. Juni 1955 — VG Nr. I 178/54 — BBauBl. 1955, 428.
Zu b): Ebenso Urteil des Landesverwaltungsgerichts Koblenz vom 8. Februar 1954 — BBauBl. 1954, 177.

§§ 41, 50 Abs. 1 WohnBauG 1953

141. Vorzeitige Rückzahlung der öffentlichen Mittel

a) Die Bestimmung des § 41 Abs. 1 WohnBauG (n. F.) sieht vor, daß auf Antrag des Eigentümers Mietwohnungen von der Wohnraumbewirtschaftung freizustellen sind, wenn die zum Aufbau gewährten öffentlichen Darlehen vorzeitig zurückgezahlt worden sind.

b) Diese Vorschrift findet auf Wohnungen, die vor dem 1. Januar 1950 errichtet worden sind, keine Anwendung. Auch eine entsprechende Anwendung dieser Vorschrift auf vor dem 1. Januar 1950 errichtete Wohnungen ist nicht möglich.

c) Die vorzeitige Rückzahlung der öffentlichen Mittel für eine vor dem 1. Januar 1950 bezugsfertig gewordene Wohnung bewirkt daher keine Freistellung von der Wohnraumbewirtschaftung.

— Landesverwaltungsgericht Hamburg, Urteil vom 26. Oktober 1955 — IIIa VG 891/55 — rechtskräftig.

§ 42 WohnBauG

142. Erfaßbarkeit einer Altbauwohnung beim Zusammentreffen mit einer freifinanzierten Neubauwohnung

a) Treffen eine bewirtschaftete Altbauwohnung und eine freifinanzierte Neubauwohnung in der Hand eines Verfügungsberechtigten zusammen und werden beide Wohnungen tatsächlich benutzt, so darf die Neubauwohnung nicht mitgezählt werden; demgemäß kann die Altbauwohnung auch nicht als Doppelwohnung in Anspruch genommen werden.

b) Wird dagegen die Altbauwohnung nicht mehr benutzt, so kann das Wohnungsamt über diese Wohnung verfügen, weil die alte Wohnung durch die Räumung und Aufgabe frei und damit erfaßbar wird.

— Oberverwaltungsgericht Lüneburg, Urteil vom 1. Juli 1954 — VI A 5/54 — BBauBl. 1955, 131 —.

§ 42 WohnBauG (früher § 23 WohnBauG)

143. Schaffung neuen Wohnraums

a) Die Erneuerung vorhandenen, beschädigten Wohnraums kann nur dann als Schaffen von Wohnraum gelten, wenn der Zustand des Raumes bau- und gesundheitspolizeiliche Maßnahmen veranlassen könnte. Ein derartiger Raum ist auch dann nicht auf die Dauer bewohnbar, wenn er der Wohnungsnot wegen tatsächlich bewohnt wird.

b) Ein Wohnraum ist als auf die Dauer unbewohnbar anzusehen, wenn bei dünnen Fachwerkwänden der Innenputz großenteils abgefallen ist und die Füllungen nicht mehr fest und dicht anschließend in den Fächern sitzen, so daß die Mauern durch Ritzen Regenwasser, Schnee, Luft und Kälte eindringen lassen.

— Oberverwaltungsgericht Lüneburg, Urteil vom 20. November 1952 — I A 126/52 — BBauBl. 1955, 237 —.

Anmerkung:
Vgl. auch OVG Lüneburg: ZMR, 295.

§§ 42, 47 WohnBauG (§§ 23, 28 a. F.); § 31a MSchG

144. Schaffung von Wohnraum durch Ausbau des Dachgeschosses

a) Ein ohne Einsatz öffentlicher Mittel und ohne Inanspruchnahme von Steuervergünstigungen durch Ausbau des Dachgeschosses und nach dem 31. Dezember 1949 bezugsfertig gewordener Wohnraum unterliegt grundsätzlich nicht dem Mieterschutz.

b) Die Vorschriften des § 31a MSchG beziehen sich nicht nur auf geschlossene Wohnungen, sondern auch auf einzelne Wohnräume.

c) Um einen durch Ausbau geschaffenen Wohnraum im Sinne § 47 (28 a. F.) WohnBauG handelt es sich auch dann, wenn der Ausbau entgegen den baupolizeilichen Vorschriften und ohne Genehmigung der Bauaufsichtsbehörde erfolgt ist.

— Landgericht Lüneburg, Urteil vom 23. April 1953 — 1 S 99/53 — BBauBl. 1955, 24 —.

VO PR Nr. 71/51; § 2 MietenVO

145. Neuschaffung von Wohnraum

a) Nach den gesetzlichen Vorschriften kommen Neubaumieten nur in Betracht, wenn der Tatbestand des Neubaues, des Ausbaues, der Erweiterung, des Wiederaufbaus oder der Wiederherstellung vorliegt.

b) Die Neuschaffung von Wohnraum kann sich nach den gesetzlichen Vorschriften nicht auf einzelne Raumteile beziehen, für die etwa eine Deckenschräge beseitigt worden ist. Nach dem Gesetz ist erforderlich, daß Wohnungen oder Wohnräume neu gewonnen worden sind. Es genügt nicht die Gewinnung eines Teiles des Raumes.

c) Die Tatbestände des Wiederaufbaues und der Wiederherstellung setzen in gleicher Weise voraus, daß der Wohnraum auf die Dauer unbenutzbar geworden war und daß Schäden von einem gewissen beachtenswerten Umfang vorlagen.

— Amtsgericht Wiesbaden, Beschluß vom 9. Juli 1954 — 15 MPSch 333/53 — ZMR 1955, 88 —.

§ 42 WohnBauG

146. Instandsetzung und Verbesserung einer Dachkammer — kein Schaffen von Wohnraum

a) Eine freifinanzierte Wohnung ist nach § 23 WohnBauG (jetzt § 42 WohnBauG) eine Wohnung, die ohne Einsatz öffentlicher Mittel und ohne Inanspruchnahme gewisser Steuervergünstigungen durch Ausbau oder Erweiterung bestehender Gebäude geschaffen und nach dem 31. Dezember 1949 bezugsfertig geworden ist.

b) Nach dem Zweck des Wohnungsbaugesetzes muß der Wohnraum neu geschaffen sein, um die gesetzlichen Vergünstigungen (Preisfreistellung, Mieterschutzfreiheit) zu genießen.

c) Die Instandsetzung und Verbesserung einer Dachkammer ist kein Schaffen von Wohnraum durch Ausbau im Sinne des § 42 WohnBauG. Die Dachkammer bleibt daher ein preisgebundener Wohnraum.

— Beschwerdebescheid der Regierung von Oberfranken in Bayreuth vom 26. Juli 1954 — III/3 Pr U 2b — 309/54 — BBauBl. 1955, 133 — Württ. HZtg. 1955 Nr. 10 —.

§ 42 WohnBauG

147. Begriff der Wiederherstellung eines beschädigten Gebäudes

a) Eine Beschädigung im Sinne des Wohnungsbaugesetzes liegt dann nicht vor, wenn der Raum oder das Haus durch Abnutzung schadhaft geworden ist, weil die ständige Erhaltung des Gebäudes zu den allgemeinen Pflichten des Hauseigentümers gehört (vgl. VG Ansbach: BBauBl. 1953, 61; Fischer-Dieskau-Pergande, Anm. 10 zu § 16).

b) Ob ein neuer Wohnraum durch Wiederherstellung eines beschädigten Gebäudes geschaffen worden ist, hängt davon ab, ob er infolge der Beschädigung unbewohnbar geworden war (vgl. Rundschreiben des Bundeswohnungsbauministers vom 31. August 1951; Pergande, Rechtsprechung S. 17; OVG Münster: BBauBl. 1953, 222).

— Oberverwaltungsgericht Hamburg, Urteil vom 8. Dezember 1953 — Bf I 325/53 — ZMR 1954, 339 —.

Anmerkung:
Ebenso OVG Lüneburg: NHG 1954, 173.

§ 42 WohnBauG (früher § 23 WohnBauG)

148. Brandversicherungsentschädigungen — keine öffentliche Mittel

a) Brandentschädigungszahlungen sind keine öffentlichen Mittel im Sinne des Wohnungsbaugesetzes.

b) Die Tatsache, daß die Schäden eines Wohnraumes mit Hilfe der von der Feuerversicherung bezahlten Brandentschädigung beseitigt worden sind, ist also für die Anwendbarkeit des § 42 (früher § 23) WohnBauG ohne Bedeutung.

— Oberverwaltungsgericht Münster, Beschluß vom 16. 7. 1954 — I A 1752/52 — ZMR 1954, 317 —.

Anmerkung:

Vgl. auch VGH Stuttgart: ZMR 1954, 189 — BBauBl. 1954, 384; Spruchstelle Pinneberg: ZMR 1952, 56.

§ 43 WohnBauG
149. Begriff des Freibauens

a) Nach § 43 WohnBauG 1953 (§ 24 WohnBauG 1950) haben Vermieter, die eine angemessene Unterbringung ihrer Mieter auf Grund freier Vereinbarung dadurch ermöglichen, daß sie Wohnungen im Sinne des § 42 WohnBauG schaffen oder schaffen lassen, Anspruch auf Zuteilung der dadurch freigewordenen Räume.

b) Nach Sinn und Zweck dieser Vorschrift ist die Neuschaffung von Wohnraum, die dem Mieter dessen, der den Wohnraum schafft oder schaffen läßt, weder unmittelbar noch mittelbar zugute kommt, kein Freibau i. S. des § 24 (vgl. auch BVerwG: ZMR 1955, 92).

— Oberverwaltungsgericht Lüneburg, Urteil vom 1. Dezember 1955 — VI A 91/55 — ZMR 1956, 178 —.

Anmerkung:

Über die Voraussetzungen des Freibauprivilegs vgl. BVerwG: ZMR 1955, 92 — MDR 1955, 184 — NJW 1955, 434 — BBauBl. 1955, 133; OVG Münster: ZMR 1954, 317; OVG Lüneburg: BBauBl. 1955, 135 — unten Nr. 150.

§ 43 WohnBauG (§ 24 a. F.)
150. Freibauen — Finanzierungsbeitrag

a) Der Vermieter hat nur Anspruch auf Zuteilung solcher Räume, die durch Umquartierung seines Mieters in eine von ihm geschaffene Neubauwohnung freigeworden sind.

b) Der Vermieter muß ein wesentliches finanzielles Opfer für den Wohnungsbau erbringen, indem er einen angemessenen Anteil an den Kosten der neuen Wohnung übernimmt.

c) Als angemessen kann nur ein solcher Beitrag angesehen werden, der erforderlich wäre, um unter den jeweils für den einzelnen Fall vorhandenen günstigsten Möglichkeiten Räume herzustellen, die den bisher vom Mieter bewohnten Räumen hinsichtlich Größe, Lage usw. etwa entsprechen (vgl. OVG Lüneburg; Amt. Sammlg. Bd. 5, 503; Fischer-Dieskau-Pergande 1950 Anm. 6 zu § 24 WoBauG; Pergande: Die Rechtsprechung zum Wohnungsbaugesetz, 1955 S. 75 und die dort genannten Entscheidungen).

d) Die Zahlung eines Mietzuschusses auf begrenzte Zeit stellt keinen wesentlichen Finanzierungsbeitrag zum Bau einer Wohnung im Sinne des § 43 WoBauG dar.

— Oberverwaltungsgericht Lüneburg, Urteil vom 23. November 1954 — VI A 193/54 — BBauBl. 1955, 135 —.

§ 43 WohnbauG

151. Freibauen zugunsten von Familienangehörigen

a) Das Schaffen von Wohnraum mit der Folge der Vergünstigung des § 43 ist auch für Familienangehörige möglich in den Fällen, in denen Wohnungsinhaber eine angemessene anderweitige Unterbringung eines Wohnungsbenutzers — Untermieter, Kinder oder sonstige Angehörige — auf Grund freier Vereinbarung dadurch ermöglichen, daß sie Wohnungen schaffen oder schaffen lassen.

b) Eine Begrenzung auf Fälle, in denen ein Mietverhältnis zwischen dem Wohnungsinhaber und dem Mitbenutzer der Wohnung besteht, würde dem durch das WBauG gewollten Anreiz zur Schaffung von Wohnraum zuwiderlaufen und nur zur Schaffung von Scheinmietverhältnissen führen, die nicht dem Wesen der Familie entsprechen.

— Oberverwaltungsgericht Münster, Beschluß vom 16. November 1954 — II A 93/53 — ZMR 1955, 126 —.

Anmerkung:
Über Freibauen vgl. auch OVG Münster: ZMR 1954, 317; OVG Lüneburg: BBauBl. 1955, 135 — Glaser Nr. 80/VIII/1955 m. w. N.
Über Freibauen zugunsten der Kinder des Bauenden vgl. LVG Düsseldorf: BBauBl. 1953, 310; VGH Stuttgart: BBauBl. 1953, 311 — Glaser Nr. 39 g und h/VIII/1955 m. w. N.

§ 43 WohnBauG

152. Vorschlagsrecht hinsichtlich des Nachfolgers im Mietverhältnis

a) Der Mieter einer bewirtschafteten Wohnung, der sich ohne Einsatz öffentlicher Mittel eine Wohnung schafft, hat jedenfalls dann kein Vorschlagsrecht für die Zuteilung der freiwerdenden Altwohnung an einen bestimmten Wohnungsbewerber, wenn sein Neubau nicht von dem Wohnungsbewerber gefördert worden ist.

b) Die Zuerkennung eines solchen Rechts an den bisherigen Mieter würde in untragbarer Weise in das Recht des Hauseigentümers eingreifen, der schon nach der Rechtsprechung des Senats zum WohnG (VGH Bd. 4, 13), erst recht nach § 17 WBewG unter gewissen Voraussetzungen einen Anspruch darauf hat, daß seine Wünsche bei der Vergebung einer Wohnung berücksichtigt werden.

— Bayer. Verwaltungsgerichtshof München, Urteil vom 22. Juli 1954, — Nr. 54 II 54 — BBauBl. 1956, 279 — ZMR 1955, 346 —.

Anmerkung:
Über das Vorschlagsrecht des Verfügungsberechtigten vgl. LVG Düsseldorf: DWW 1954, 273.
Über das Vorschlagsrecht hinsichtlich des Nachfolgers im Mietverhältnis vgl. OVG Hamburg: BBauBl. 1952, 209; OVG Hamburg: MDR 1954, 188; OVG Lüneburg: NJW 1953, 398. Fischer-Dieskau-Pergande (WohnBauG, 2. Aufl. S. 887) befürworten eine großzügige Anwendung des § 43 WohnBauG.

§§ 42, 47 WohnBauG

153. Unterstellung von Neubauwohnraum unter die Wohnraumbewirtschaftung

a) Die Möglichkeit einer Unterstellung von Neubauwohnraum unter die Bewirtschaftung ist uneingeschränkt zu bejahen, weil es sich lediglich um die Erstreckung eines bereits bestehenden Hoheitsrechtes bzw. um einen Verzicht auf eine Ausnahmestellung handelt.

b) Neubauräume unterliegen dann der Bewirtschaftung und sind wie bewirtschaftete Wohnräume zu behandeln, wenn es sich dabei um Ersatzbauten handelt d. h. um Ersatz für durch Zweckentfremdung verloren gegangene bewirtschaftete Wohnräume.

— Oberverwaltungsgericht Lüneburg, Urteil vom 12. Januar 1955 — VI A 156/54 — BBauBl. 1955, 182 —.

Anmerkung:
Zu a): Ebenso OVG Münster: NJW 1953, 1199 — ZMR 1952, 286 — BBauBl. 1955, 130; LVG Hamburg: BBauBl. 1953, 26; VGH Stuttgart: ZMR 1954, 139; Fellner-Fischer (Anhang zu §§ 3, 4 Nr. 2 WBewG). Bedenken äußern Ringe (DVBl. 1952, 460), Wormit (BBauBl. 1953, 26; Anm. 5 zu § 3 WBewG) und Pergande (NJW 1952, 278 und in seiner Rechtsprechung zum Wohnungsbaugesetz S. 66).

§ 45 WohnBauG; §§ 19, 22 BMG

154. Mieterhöhungsgenehmigung für steuerbegünstigte Wohnungen

Für eine Mieterhöhungsgenehmigung ist im Geltungsbereich des § 45 WohnBauG kein Raum.

— Bundesverwaltungsgericht, Urteil vom 17. Dezember 1955 — V C 139/55 — NHG 1956, 62 — Bln. Grundeigentum 1956, 215 — NJW 1956, 319 —.

Gesetz über Gebührenbefreiung im Wohnungsbau vom 30. Mai 1953 (BGBl. I, 273)

155. Gebührenbefreiung für gemeinnützige Wohnungsunternehmen

a) Gemäß § 2 des Gesetzes vom 30. Mai 1953 sind die als gemeinnützig anerkannten Wohnungsunternehmen von der Zahlung der in der Kostenordnung bestimmten Gerichtsgebühren befreit.

b) Wird in dem Grundstückskaufvertrag ausdrücklich auf die Vorschrift des § 2 des Gesetzes über Gebührenbefreiungen beim Wohnungsbau vom 30. Mai 1953 hingewiesen, so ist für den beurkundenden Notar erkennbar, daß die Käuferin (gemeinnütziges Wohnungsunternehmen) Gebührenfreiheit geltend machen und demzufolge die Beurkundung für die nach Art. 1 Abs. 1 der Verordnung über die Anwendung von Gebührenbefreiungsvorschriften auf die Notare vom 15. April 1936 ermäßigte Gebühr durchgeführt wissen will.

c) Will der Notar die Beurkundung nicht mit ermäßigter Gebühr vornehmen, so muß er dies den Parteien vor der Vornahme des Amtsgeschäftes bekanntgeben, andernfalls er nicht nachträglich die volle Gebühr fordern kann.

— Landgericht Fulda, Beschluß vom 16. September 1954 — T 92/54 — BBauBl. 1956, 287 —.

V.

Grundstücksgebühren und -abgaben

Nr. 156—167

§ 15 Preuß. Fluchtliniengesetz

156. Straßenanliegerbeitragsschuld

a) Nach § 15 FluchtG können die Straßenanlieger unter den dort genannten Voraussetzungen verpflichtet werden, einen Beitrag zu den Kosten der Straßenherstellung zu leisten, sobald sie ein Gebäude an einer neuen Straße errichten.

b) Nach § 15 a. a. O. läßt jede Gebäudeerrichtung an einer neuen Straße die Anliegerbeitragsschuld entstehen, und zwar entsteht sie so oft, wie ein Gebäude errichtet wird, und zwar auch dann, wenn bereits vorhandenen Gebäuden nur ein neues hinzugefügt wird.

c) Ist der Anliegerbeitrag einmal bezahlt, dann ist die Pflicht zur Zahlung dieses Beitrages — und damit die Anliegerbeitragspflicht überhaupt — für das in Betracht kommende Grundstück erloschen. In welcher Währung der Anliegerbeitrag bezahlt wurde — ob in alter Mark, in Rentenmark, Reichsmark oder Deutscher Mark — ist gleichgültig; denn jede Währungseinheit kann während ihrer Geltungsdauer als gesetzliches Zahlungsmittel zur Tilgung entstandener Forderungen verwendet werden.

— Oberverwaltungsgericht Münster, Urteil vom 2. März 1955 — III A 75/55 — DWW 1955, 149 — Blätter 1955, 222.

Anmerkung:
Vgl. auch Urteil des OVG Münster vom 8. Juli 1953 — III A 922/51 — NJW 1953, 1527 — DWW 1953, 272 — Amtl. Sg. Bd. 7, 229 mit weiteren Nachweisen; ferner Urteil des Oberverwaltungsgerichts für das Land Rheinland-Pfalz in Koblenz vom 19. November 1953 — I A 33/53 — Kommunale Steuerzeitschrift 1954, 108; OVG Berlin: Amtl. Sg. Bd. 1, 246; Bd. 2, 102; vgl. auch Steinberg: DWW 1953, 42; Fischer: HZtg. (NRW) 1955 Nr. 7.

§§ 15 Preuß. Fluchtliniengesetz

157. Anliegerbeitragspflicht und Währungsreform

a) Die Anliegerbeitragspflicht entsteht, wenn eine neue zur Bebauung bestimmte Straße angelegt ist, deren Kosten berechnet werden können, und wenn auf dem Anliegergrundstück ein Gebäude errichtet ist. Vorher besteht auch kein betagter oder bedingter Anspruch der Gemeinde.

b) Ist die Anlegung der Straße nach der Währungsreform beendet worden, so kann die Gemeinde Ersatz ihrer Aufwendungen in D-Mark verlangen. Etwas anderes dürfte gelten, wenn die Kosten der Straße vor der Währungsreform in entwertetem Geld bezahlt worden sind.

c) Ist vor der Währungsreform für die künftigen Straßenbaukosten Sicherheit geleistet worden, so ist das Guthaben nach § 16 Abs. 1 UG im Verhältnis 10 : 1 umgestellt.

— Oberverwaltungsgericht Hamburg, Urteil vom 11. Juni 1955 — Bf II 70/54 — BBauBl. 1956, 26 —.

158. Weitergeltung des Anliegerbeitragsrechts aus der Vorkriegszeit

a) Bis zur anderweitigen Regelung im Gesetzgebungswege muß an dem Grundsatz der Weitergeltung des gesamten Straßenanliegerbeitragsrechts aus der Vorkriegszeit festgehalten werden.

b) Ob die Sonderbelastung des Grundstückseigentümers noch heute gerechtfertigt ist, darüber hat der Gesetzgeber zu entscheiden.

c) Die Straßenanlieger sind deshalb vor dem allgemeinen Steuerzahler zur Leistung von Straßenbaukosten verpflichtet, weil sie von der Anlegung der Straße und ihren Einrichtungen besondere wirtschaftliche Vorteile haben.

d) Aus der Struktur der Straßenanliegerbeiträge ergibt sich, daß die Mieter zu den Straßenbaulasten nicht beitragspflichtig sind.

e) Örtliche Verschiedenheiten in der Höhe der dem Grundstückseigentümer auferlegten Straßenbaulast sind mit Rücksicht auf das Gesetzgebungsrecht der Gemeinden und ihre unterschiedliche Steuerkraft immer vorhanden gewesen und auch in Zukunft nicht zu vermeiden.

— Oberverwaltungsgericht Lüneburg, Urteil vom 20. Mai 1954 — I A 8/54 — Deutsche Gemeindesteuerzeitung 1955, 105 —.

Anmerkung:
Zu c): Vgl. Urteil des Bundesverwaltungsgerichts vom 14. Juni 1955 — V C 174/54 — DWW 1955, 267 — unten Nr. 161; vgl. ferner Adenauer: Wer bezahlt die städtischen Straßen? im Rhein. Merkur 1955 Nr. 29.

§ 15 Fluchtliniengesetz

159. Anliegerbeitragspflicht — Feststellungsklage

Im Verwaltungsstreitverfahren kann nicht auf Feststellung geklagt werden, daß durch die Errichtung eines Gebäudes an einer bereits fertiggestellten neuen Straße keine Verpflichtung zur Erstattung von Straßenherstellungskosten entstehen.

— Oberverwaltungsgericht Münster, Urteil vom 19. August 1953 — III A 176/52 — HGBR Rspr. 1953/54 Nr. 87 —.

§§ 12, 15 Fluchtliniengesetz

160. Wiederaufbau eines kriegszerstörten Gebäudes

a) Der Zweck des § 12 des Fluchtliniengesetzes ist es, den Gemeinden die Möglichkeit zu geben, ihre kommunalen öffentlichen Interessen schlechthin zur Geltung zu bringen, wenn an einer unfertigen Straße gebaut wird.

b) Auch im Baupolizeirecht sind z. B. Verstöße gegen das materielle Baurecht, die vor der Zerstörung des Hauses hingenommen werden mußten, nach der Zerstörung beim Wiederaufbau eines neuen Hauses von der Genehmigungsbehörde zu berücksichtigen.

c) Im übrigen können sich nach der Zerstörung des Hauses an einer noch nicht fertiggestellten Straße planerisch neue Gesichtspunkte ergeben, die vorher noch keine Rolle gespielt hatten, jetzt aber Berücksichtigung verlangen, auch wenn der Neubau über den Umfang des zerstörten Hauses nicht hinausgehen soll.

d) Auch die Wiedererrichtung eines, gleichviel aus welchen Gründen zerstörten Gebäudes ist als Errichtung im Sinne des § 15 Fluchtliniengesetz anzusehen.

— Oberverwaltungsgericht Münster, Bescheid vom 25. August 1953 — VII A 1249/52 — Blätter 1955, 190 —.

Anmerkung:

Vgl. auch OVG Münster: NJW 1953, 1527 — BBauBl. 1954, 173 — DWW 1953, 272 — DVBl. 1953, 770 — GWW 1954, 26 — Amtl. Sammlg. 7, 229 — NHG 1954, 80 — Städtetag 1954, 120; OVG Münster: MDR 1954, 123 — DVBl. 1953, 772 — NHG 1954, 18 — GWW 1953, 563 — Gemeindesteuerzeitung 1954, 62; OVG Münster: DWW 1955, 149 — Blätter 1955, 222.

Art. 3, 14 GG

161. Belastung von Grundstückseigentümern mit Straßenbaukosten

a) Die Belastung von Grundstückseigentümern mit Straßenbaukosten stellt keinen unzulässigen Eingriff in das nach Art. 14 Abs. 1 GG gewährleistete Eigentum dar; vielmehr hält sie sich in dem Rahmen der allgemeinen sozialen Gebundenheit des Grundeigentums.

b) Dem Gleichheitsgrundsatz widerspricht es nicht, daß die Straßenanlieger entsprechend ihrer Steuerkraft, insbesondere unter Berücksichtigung ihres Grundeigentums, in verschiedenem Maße herangezogen werden.

c) Wegebau- und Unterhaltungspflichten, wozu die Straßenbaukostenpflicht gehört, dürfen sich auf ungeschriebenes Ortsrecht stützen.

— Bundesverwaltungsgericht, Urteil vom 14. Juni 1955 — V C 174/54 — DWW 1955, 267 —.

162. Müllabfuhrgebühren

a) Die Müllabfuhrgebühr ist eine Gemeindegebühr nach § 4 Preuß. Kommunalabgabengesetz. Schon aus diesem Gesetz ergibt sich, daß die Gebühr nicht dinglicher Art ist. Es gibt auch keine andere gesetzliche Vorschrift, die anordnet oder aus der gefolgert werden könnte, daß die Müllabfuhrgebühren eine öffentliche Last darstellen.

b) Für sie haftet nicht das Grundstück, sondern der jeweilige Eigentümer persönlich.

— Landgericht Berlin, Beschluß vom 2. März 1956 — 84 T 396/55 — Bln. Grundeigentum 1956, 244 — JR 1956, 185 —.

163. Maßstab für die Berechnung der Müllabfuhrgebühr

a) Die Müllabfuhrgebühr wird nach der Zahl der bewohnbaren Räume berechnet, also nicht nach dem tatsächlichen Umfange, in dem die Müllabfuhranstalt benutzt worden ist, sondern nur nach der Wahrscheinlichkeit.

b) Man nimmt bewußt in Kauf, daß die Höhe der Gebühr — eben weil es sich nicht um einen Wirklichkeits-, sondern um einen Wahrscheinlichkeitsmaßstab handelt — nur in der Regel den tatsächlichen Verhältnissen gerecht wird.

c) Die Zahl der bewohnbaren Räume ist ein für die Berechnung der Müllabfuhrgebühr geeigneter Maßstab, denn in der Regel ist damit zu rechnen, daß mit der Zahl der Räume auch die Zahl ihrer Bewohner und damit wiederum die Inanspruchnahme der Müllabfuhranstalt steigt.

d) Eine Ortssatzung kann „Badezimmer" zu den „bewohnbaren Räumen" rechnen.

— Oberverwaltungsgericht Münster, Urteil vom 7. Dezember 1955 — III A 1077/55 — Städtetag 1956, 121 —.

164. Befreiung vom Anschluß- und Benutzungszwang der gemeindlichen Müllabfuhr

a) Es besteht ein Anspruch auf Befreiung vom Anschluß- und Benutzungszwang nicht schon bei einem begründeten Interesse an der privaten Verwertung des Mülls.

b) Der Anschlußpflichtige muß vielmehr im Interesse der öffentlichen Gesundheit den Müll ganz beseitigen können. Nur wenn beide Interessen übereinstimmen, erfolgt eine Befreiung vom Anschluß- und Benutzungszwang.

c) Schon das bloße Vorhandensein nicht verwertbarer Teile des Mülls begründet die Pflicht zum Anschluß- und Benutzungszwang.

d) Eine Unterscheidung von Voll- und Teilverpflichtung widerspricht dem Wesen der Einrichtung, wobei aber nicht zu verkennen ist, daß hierdurch im Einzelfall Härten entstehen können.

e) Es kann sein, daß industrielle und gewerbliche Betriebe den gesamten auf ihrem Grundstück anfallenden Müll selbst verwerten. Das alles widerlegt aber nicht den Erfahrungssatz, daß bei Wohngrundstücken diese Voraussetzung in der Regel nicht besteht, sondern daß in jedem Haushalt nicht verwertbarer Müll anfällt.

— Oberverwaltungsgericht Münster, Urteil vom 8. Juni 1955 — III A 87/55 — Deutsche Steuerzeitung — Eildienst — 1955, 462 —.

§§ 4, 6, 9 Preuß. Kommunalabgabengesetz (KAG)

165. Rechtsnatur der Kanalanschlußgebühr

a) Kanalanschlußgebühren sind keine Beiträge im Sinne des § 9 preuß. KAG.

b) Die Kanalanschlußgebühr wird erhoben für das Nehmen oder Behalten eines Anschlusses, sie ist also ein Entgelt für eine besondere, auch im öffentlichen Interesse erbrachte Leistung (§ 4 KAG) und steht im Gegensatz zur Verwaltungsgebühr, die für Handlungen der Gemeindeorgane erhoben werden kann (§ 6 KAG).

c) Daß die Anschlußgebühr nicht ausdrücklich als Benutzungsgebühr bezeichnet ist, ändert an ihrem Charakter nichts.

d) Es ist zulässig, neben der einmaligen Anschlußgebühr eine weitere Benutzungsgebühr als laufendes Entgelt für die Entwässerung zu erheben (so Pr. OVG in ständiger Rechtsprechung vgl. OVG in Pr. VerwBl. 30, 528 und in RuPrVerwBl. 53, 375). Die Gemeinde ist auch nicht darauf beschränkt, sich die Kosten für die Herstellung und Unterhaltung des Kanalnetzes durch die Erhebung von Beiträgen i. S. von § 9 KAG erstatten zu lassen (Pr OVG Bd. 45, S. 50).

— Hess. Verwaltungsgerichtshof, Urteil vom 26. Februar 1954 — OS I 103/53 — GWW 1955, 437 — DVBl. 1955, 507 — Informationsdienst des Volksheimstättenwerks 1956, 11 — Blätter 1956, 31 —.

166. Erhebung einer einmaligen Kanalanschlußgebühr

a) Die einmalige Anschlußgebühr ist eine zulässige Gegenleistung für die Herstellung des Anschlusses, mit der die Benutzung der gemeindlichen Entwässerungsanstalt beginnt.

b) Die laufenden Benutzungsgebühren werden unter Zugrundelegung der Verzinsung und Tilgungslast für den nicht durch eine einmalige Anschlußgebühr getilgten Herstellungsaufwand bemessen.

c) Die Erhebung einer einmaligen Gebühr für den Anschluß eines Grundstücks an die gemeindliche Entwässerungsanlage neben der

Erhebung laufender Benutzungsgebühren oder Realsteuerzuschläge ist zulässig.

— Oberverwaltungsgericht Münster, Urteil vom 25. Mai 1955 — III A 326/53 — Blätter 1956, 15 (n. L.) —.

Anmerkung:
A. A. Urteil des Landesverwaltungsgerichts Düsseldorf vom 23. Januar 1953 — 11 K 738/52 — u. Bescheid des Oberverwaltungsgerichts Münster vom 1. April 1952 — III A 156/52 — KStZ 1953, 52; vgl. aber auch Urteil des Hess. Verwaltungsgerichtshofs vom 26. Februar 1954 — OS I 103/53 — DVBl. 1955, 507 — GWW 1955, 437 — oben Nr. 165.

167. Straßenreinigungsgebühren bei einem zerstörten Gebäude — Ermäßigung oder Erlaß aus Billigkeitsgründen

a) Weder die Tatsache, daß ein Gebäude durch Kriegseinwirkung zerstört ist, noch daß wegen Neuplanung der Baufluchtlinien eine Bausperre eingetreten ist und die Nutzung des Grundstücks dadurch beschränkt wird, rechtfertigen einen Erlaß oder eine Ermäßigung von Straßenreinigungsgebühren aus Billigkeitsgründen.

b) Die Versagung eines Erlasses oder einer Ermäßigung der Straßenreinigungsgebühr verstößt auch nicht gegen das in Artikel 14 Abs. 1 des Grundgesetzes geschützte Grundrecht des Eigentums.

— Oberverwaltungsgericht Münster, Urteil vom 28. September 1955 — III A 698/53 — BB 1956, 22 —.

VI.

Maklerrecht

Nr. 168—210

§ 652 BGB

168. Zur Gültigkeit der Geschäftsbedingungen des Ringes Deutscher Makler

a) Die Bestimmung im Auftragschein des Ringes Deutscher Makler: „Der Gebührenanspruch bleibt auch dann bestehen, wenn der abgeschlossene Vertrag rückgängig gemacht oder infolge Anfechtung oder aus einem sonstigen Rechtsgrund hinfällig wird", ist rechtswirksam.

b) Die Nicht-Durchführung des zustandegekommenen Vertrages hat keinen Einfluß auf den Provisionsanspruch des Maklers.

— Landgericht Braunschweig, Urteil vom 14. Juli 1955 — 9 S 175/55 — Allgem. Immob.Ztg. 1955, 192 —.

§ 652 BGB

169. Gerichtliche Anerkennung der Geschäftsbedingungen des Maklers

a) Die Klausel: „Der Empfänger kann sich nur darauf berufen, bereits von dem Angebot gewußt zu haben, wenn er uns dies schriftlich innerhalb drei Tagen nach Erhalt desselben mitteilt und uns gleichzeitig den Nachweis hierfür erbringt", ist zulässig und verstößt auch nicht gegen die guten Sitten.

b) Gerade beim Maklervertrag besteht für den Makler oft die Gefahr, daß er die Provision nicht erhält, weil der andere Vertragsteil erklärt, er habe von dem vermittelten Objekt schon früher Kenntnis gehabt. In diesen Fällen ist es für den Makler immer schwer, das Gegenteil zu beweisen, um seine Provision zu erhalten. Insofern bildet diese Klausel über die Meldepflicht des Auftraggebers eine zulässige Schutzbestimmung.

c) Das vermittelte Geschäft darf nicht wesentlich von dem gewünschten Geschäft abweichen. Es genügt, wenn das vermittelte Objekt in wirtschaftlicher Hinsicht dem gewünschten Objekt gleichkommt (Palandt, § 652, Anm. 3d).

— Landgericht Koblenz, Urteil vom 4. Januar 1955 — 6 S 383/54 — Allg. Immob.Ztg. 1956, 63 —.

§ 652 BGB

170. Stillschweigende Vereinbarung des Maklerlohnes

Die Zahlung eines Maklerlohns gilt dann als stillschweigend vereinbart, wenn eine Partei die angebotenen Dienste des von der Gegenpartei beauftragten Maklers in Kenntnis des Umstandes entgegennimmt, daß der Makler von ihr eine Vergütung verlangt (RG JW 1921, 1313; 1938, 456; Urteil des Bundesgerichtshofs vom 6. Mai 1933 — II ZR 62/52 — nicht veröffentlicht).

— Bundesgerichtshof, Urteil vom 3. Februar 1955 — II ZR 335/53 — BB 1955, 490 —.

§ 653 Abs. 1 BGB

171. Stillschweigender Abschluß des Maklervertrages

a) Nach § 653 Abs. 1 BGB gilt ein Maklerlohn als stillschweigend vereinbart, wenn die dem Makler übertragene Leistung den Umständen nach nur gegen eine Vergütung zu erwarten ist.

b) Daß der Makler zu den endgültigen Verhandlungen und zu dem Abschluß vor dem Notar nicht mehr zugezogen worden ist, steht seinem Anspruch nicht entgegen, wenn er vorher schon erfolgreich für seinen Auftraggeber gewirkt hat.

— Landgericht Freiburg/Breisgau, Urteil vom 18. Januar 1955 — 2 S 101/54 — Allgem. Imm. Ztg. 1955, 190 —.

c) Selbst wenn kein ausdrücklicher Auftrag vorgelegen hat, entsteht die Verpflichtung zur Zahlung der Maklergebühren durch eine stillschweigende Beauftragung, wenn der Auftraggeber die Maklerdienste ohne Widerspruch entgegengenommen und ausgenutzt hat.

d) Der Makler handelt im Zweifel nicht kostenlos. Wer sich Maklerdienste gefallen läßt, gilt als Auftraggeber.

e) Der Makler braucht nicht darzutun, daß seine Tätigkeit die alleinige oder hauptsächliche Ursache des späteren Abschlusses des Kaufvertrages gewesen sei; es genügt der Nachweis der Mitverursachung.

f) Bei der Vermittlung eines Geschäfts reicht die Tätigkeit des Maklers als mitwirkende Ursache aus, selbst wenn er zu den weiteren Verhandlungen nicht zugezogen worden ist; es kommt nur darauf an, daß der Abschluß des Vertrages auf der vom Makler geschaffenen Grundlage zustandegekommen ist.

— Oberlandesgericht Braunschweig, Urteil vom 8. März 1955 — I U 4/55 — Allgem. Immob.Ztg. 1955, 190 —.

Anmerkung:
Ebenso AG Horn, Urteil vom 10. August 1955 — C 57/55 — Allgem. Immob.Zeitung 1955, 192.

§§ 652, 653 BGB, VO d. Reichswirtschaftsministers vom 21. 2. 1941 (RWMbl. 1941, 58).

172. Stillschweigende Vereinbarung einer Maklerprovision

a) Die Beschaffung eines Darlehns kann von einem Makler nur gegen Zahlung einer Vergütung erwartet werden.

b) Die Gültigkeit des Maklervertrages ist nicht an eine Schriftform gebunden.

c) Das Bestehen eines behördlichen Verbots der Vermittlertätigkeit läßt die zivilrechtliche Gültigkeit des Maklervertrages unberührt.

d) Für die Vermittlung eines Darlehns sind 3 % der Darlehnssumme als der übliche Maklerlohn anzusehen.

— Oberlandesgericht Köln, Urteil vom 29. März 1955 — 9 U 361/54 — Blätter 1955, 190 — Betrieb 1955, 626 — MDR 1955, 414 —.

§ 652 BGB

173. Stillschweigender Abschluß eines Maklervertrages

a) Durch das Gefallenlassen der Maklerdienste kann eine Verpflichtung zur Zahlung der Maklerprovision dann nicht begründet werden, wenn der Makler erkennbar als Beauftragter der Gegenpartei aufgetreten ist.

b) Bei stillschweigendem Abschluß eines Maklervertrages und Duldung der Maklertätigkeit muß der Geschäftsherr erkannt haben oder wenigstens erkennen können, daß der Makler für ihn und nicht etwa für die Gegenseite tätig sein will und auch von ihm eine Provision beanspruchen wird.

c) Das frühere Reichsgericht (RG JW 1921, 1314) hat es dem Makler zur Pflicht gemacht, deutlich zu erkennen zu geben, daß er auch für die Gegenseite als Makler tätig werden und diese Tätigkeit nur gegen Vergütung zur Verfügung stellen will (RG JW 1938, 456).

d) Etwaige Handelsbräuche, wonach beim Grundstücksverkauf, der durch einen Makler vermittelt wird, beide Teile, also Verkäufer und Käufer, provisionspflichtig seien, sind nicht geeignet, ein nicht bewiesenes Vertragsverhältnis zu ersetzen (NJW 1952, 226).

e) Die Berufsverbände der Makler empfehlen ihren Mitgliedern, mit ihrem Auftraggeber eine schriftliche Vereinbarung zu treffen. Zu diesem Zwecke sind auch Formblätter für Antragsscheine ausgegeben, die in der Regel die Höhe der Maklergebühr und auch den erteilten Auftrag im einzelnen festlegen.

— Landgericht Frankenthal, Urteil vom 23. Februar 1955 — 1 S 6/55 — MDR 1955, 290 —.

174. Anspruch auf Maklerlohn im Falle eines Angebots über einen Dritten

a) Wenn die Ehefrau eines Gesellschafters einer Kommanditgesellschaft sich von einem Makler über ein durch ein Verkaufsschild angebotenes Grundstück Angaben machen läßt, so muß auch die Kommanditgesellschaft, wenn sie später das Grundstück erwirbt, das Angebot gegen sich gelten lassen, und zwar auch dann, wenn von der Kommanditgesellschaft bestritten wird, daß sie von dem Angebot Kenntnis erhalten und die Ehefrau des Gesellschafters im Auftrage und in Vollmacht der Kommanditgesellschaft die Erkundigungen eingeholt hat.

b) Wer das Angebot eines berufsmäßigen Maklers benutzt, muß damit rechnen, daß er im Falle des Ankaufs des Grundstücks an diesen eine Provision zahlen muß, selbst dann, wenn er das Angebot über einen Dritten eingeholt hat.

— Landgericht Berlin, Urteil vom 15. April 1955 — 54 S 410/54 — HuW 1955, 389 (n. L.) — Allg. Immob.Ztg. 1955, 143 (n. L.) —.

Zu diesem Zwecke sind auch Formblätter für Antragsscheine ausge-

§ 652 BGB

175. Ursächlichkeit der Maklertätigkeit

a) Wenn 2 Parteien wegen des Verkaufs eines Gegenstandes zunächst unmittelbar miteinander verhandelt, diese Verhandlungen aber abgebrochen haben und wenn danach auf Grund der Tätigkeit eines Maklers die Kaufverhandlungen wieder aufgenommen und in kurzer Frist mit einem Kaufabschluß beendet worden sind, so ist trotz der früheren Verhandlungen der Parteien untereinander ein ursächlicher Zusammenhang zwischen dem Kaufabschluß und der Maklertätigkeit als gegeben anzusehen (Urteil des Bundesgerichtshofs vom 6. Mai 1953 — II ZR 62/52 — unveröffentlicht — RG Recht 1907 S. 1815).

— Bundesgerichtshof, Urteil vom 3. Februar 1955 — II ZR 335/53 — BB 1955, 490 —.

b) Für die Entstehung eines Maklerlohnes genügt es, wenn die Maklerdienste ohne Widerspruch entgegengenommen und ausgenutzt werden. Der Makler braucht nicht darzutun, daß seine Tätigkeit die alleinige Ursache des späteren Abschlusses ist, sondern es reicht bereits die Mitverursachung aus (vgl. Palandt, 12. Aufl. 1954 Anm. 1 zu § 653; Anm. 3c zu § 652 BGB; RG 95, 137 [140]; Deutsche Immobilienzeitung 1937, 132).

— Oberlandesgericht Frankfurt, Urteil vom 12. Mai 1955 — 6 U 3/55 — BB 1955, 490 — MDR 1955, 474 (n. L.) —.

c) Wer bewußt die Hilfe eines Grundstücksmaklers bei einem Grundstückskauf in Anspruch nimmt oder sich auch gefallen läßt, trägt die Beweislast dafür, daß er den Anspruch auf Maklerlohn ausgeschlossen hat.

d) Ist ein Maklervertrag geschlossen und nicht wieder gelöst worden, so ist, da sich der Schluß auf den ursächlichen Zusammenhang von selbst ergibt, der Auftraggeber mit dem Beweis belastet, daß die Tätigkeit des Maklers für den späteren Abschluß des Kaufvertrages nicht — auch nicht teilweise — ursächlich gewesen ist.

e) Die Anwesenheit des Maklers beim Abschluß des Kaufvertrags oder seine Mitwirkung bei seiner Abfassung ist zur Entstehung des Provisionsanspruches nicht erforderlich.

— Oberlandesgericht Celle, Urteil vom 27. April 1954 — 10 U 80/54 — Allgem. Immob.Ztg. 1955, 125 —.

§ 652 BGB

176. Ursächlichkeit der Vermittlungstätigkeit

a) Der Nachweis im Sinne des § 652 BGB umfaßt die Ermittlung und Bezeichnung von Personen, die zu dem in Frage stehenden Vertragsabschluß bereit sind. Er hat zur Voraussetzung, daß dem Auftraggeber dadurch ein Weg gewiesen wird, der ihm nicht ohnehin schon bekannt ist.

b) Daß der Makler bei dem endgültigen Abschluß des Vertrages nicht mehr selbst mitgewirkt hat, sondern daß dieser von den Vertragsparteien allein getätigt worden ist, ist für den Provisionsanspruch nicht von entscheidender Bedeutung.

c) Eine von dem Makler vorher ausgeübte Vermittlungstätigkeit stellt jedenfalls dann eine mitwirkende Verursachung für den späteren Vertragsabschluß dar, wenn dieser Abschluß auf der von dem Makler geschaffenen Grundlage zustande gekommen ist, die ursprüngliche Tätigkeit des Maklers also beim Abschluß noch fortgewirkt hat (vgl. RGR Komm. 10. Aufl. Anm. 2c zu § 652; RG: HRR 1930 Nr. 606 und 1937 Nr. 798).

d) Es ist Sache des Auftraggebers, besondere Umstände darzutun, die den ursächlichen Zusammenhang zwischen der Tätigkeit des Maklers und dem späteren Vertragsabschluß ausschließen (RG: HRR 1930 Nr. 606 und 1937 Nr. 798).

— Landgericht Stade, Urteil vom 17. Dezember 1953 — 3 O 106/53 — Allgem. Immob.Ztg. 1955, 30 —.

§ 652 BGB

177. Maklergebühr für den Nachweis eines Geschäfts

a) Zur Begründung des Anspruchs des Nachweismaklers auf Entrichtung der Maklergebühr genügt der vom Makler zu führende Nachweis, daß er eine auf Förderung des Vertragsabschlusses gerichtete, hierzu auch geeignete Tätigkeit entwickelt hat und daß der Auftraggeber sich diese Dienste hat gefallen lassen. Dies gilt auch dann, wenn der Makler später nicht mehr zugezogen worden ist (Enneccerus-Lehmann, Lehrbuch des Bürgerlichen Rechts, § 158 II 2; Palandt-Gramm, 14. Aufl. Anm. 3c zu § 652 BGB; Sörgel-Erdsiek, 8. Aufl. Anm. 6 zu § 652 BGB; RG JW 1902 Beilage 282; Gruchot 47, 927).

b) Wenn dieser Nachweis geführt ist, so wird vermutet, daß diese Tätigkeit eine Ursache des Vertragsabschlusses war. Es ist Sache des Auftraggebers, das Gegenteil zu beweisen.

— Oberlandesgericht München, Urteil vom 5. Mai 1955 — 6 U 767/54 — Allgem. Immob.Ztg. 1956, 16 —.

§ 652 BGB

178. Fälligkeit des Maklerlohnes

a) Enthält ein Maklervertrag die Vereinbarung, daß die Maklergebühr schon mit dem Tage des Vertragsabschlusses (Tag der notariellen Verbriefung) fällig und zahlbar sein solle, dann wird die Gebühr geschuldet, sofern nur die Partner des vermittelten Vertrages diesen notariell abschließen, ohne daß es darauf ankommt, ob der Vertrag durch Erteilung der notwendigen behördlichen, z. B. bauerngerichtlichen Genehmigung rechtswirksam wird oder nicht.

b) Wenn die Vertragsparteien die Fälligkeit einer Forderung auf den Zeitpunkt eines notariellen Vertragsabschlusses festlegen, so vereinbaren sie damit zugleich, daß die Forderung spätestens mit diesem Zeitpunkt entsteht.

— Oberlandesgericht Nürnberg, Urteil vom 23. März 1955 — 4 U 45/54 — Allgem. Immob.Ztg. 1955, 143 —.

§ 652 BGB

179. Entstehung des Maklerανspruches

Der Anspruch auf Maklerlohn entsteht erst mit der notariellen Annahme des Kaufangebots. Dies gilt auch dann, wenn bereits vorläufig wirtschaftlich über das Grundstück verfügt werden konnte.

— Kammergericht, Beschluß vom 9. Januar 1956 — 4 U 1516/55 — HuW 1956, 129 —.

180. Maklervertrag — Maklerabschlußnote

a) Der Schlußnote kommt zunächst nur die Bedeutung eines Beweismittels zu. Der Vertrag zwischen den Parteien kommt erst dadurch zustande, daß der Schlußnote des Maklers nicht alsbald widersprochen wird (RGZ 90, 168; 105, 205 [206]; 123, 99).

b) Dieser Grundsatz, daß nach § 346 HGB das Stillschweigen auf eine Maklerschlußnote als Einverständnis mit deren Inhalt gilt, gilt auch dann, wenn es sich um Geschäfte handelt, die nicht sofort erfüllt werden sollen (§ 94 Abs. 2 HGB; vgl. RGZ 59, 351).

— Oberlandesgericht Hamburg, Urteil vom 13. August 1955 — 1 U 91/55 — BB 1955, 847 —.

181. Schlußschein des Maklers

a) Der Maklerschlußschein soll nach Abschluß eines Geschäftes — durch unmittelbare Erklärungen der Parteien oder durch solche gegenüber dem Makler — die vereinbarten Bedingungen des Abschlusses als Beweisurkunde niederlegen; dabei kommt dem Schlußschein weder eine formelle Beweiskraft noch die Eigenschaft eines Formerfordernisses zu (Könige, Handelsgesetzbuch, 4. Aufl., § 94 Anm. 2; Reichsgerichtsräte-Kommentar zum Handelsgesetzbuch, § 94 Anm. 1).

b) Aus der vorbehaltlosen Annahme der Schlußscheine durch die Parteien kann gemäß § 346 HGB in der Regel die Genehmigung des Geschäftes gefolgert werden, und zwar auch dann, wenn es vorher noch nicht zum bindenden Abschluß gekommen war (RGZ 105, 205; 123, 97).

c) Enthält der Maklerschlußschein jedoch einen Hinweis darauf, daß der Verkäufer die bis dahin abgegebenen Erklärungen noch nicht als endgültig und ausreichend ansieht, sondern sich Erklärungen durch eigene Bestätigung vorbehält (z. B. „Schlußschein des Verkäufers folgt“), so entfällt damit die Beweisfunktion des Maklerschlußscheines, und auch die unwidersprochene Annahme kann keinen Abschluß zur Folge haben, da es an übereinstimmenden Erklärungen beider Parteien fehlt (RGZ 123, 97).

d) Ein Kaufvertrag kommt dann erst dadurch zustande, daß der Käufer der demnächst übersandten Verkaufsbestätigung des Verkäufers nicht widerspricht. Deren Inhalt ist dann für das Vertragsverhältnis maßgebend.

— Bundesgerichtshof, Urteil vom 20. September 1955 — I ZR 139/54 — BB 1955, 1009 — NJW 1955, 1916 — MDR 1956, 219 m. Anm. v. Reinicke.

§ 652 BGB

182. Inanspruchnahme zweier Makler

Die Inanspruchnahme eines zweiten Maklers bedeutet nicht die Ablehnung des Maklers, dessen Dienste zuerst in Anspruch genommen worden sind.

— Landgericht Frankfurt, Urteil vom 7. April 1954 — 2/3 O. 230/54 — Allgem. Immob.Ztg. 1955, 191 —.

§ 654 BGB

183. Tätigwerden des Maklers für beide Parteien des Grundstückskaufvertrags

a) Im allgemeinen erhält der Makler seinen Auftrag zunächst nur von einem Interessenten, der dann auch dem Makler allein für dessen Provision haftet.

b) Ein Maklervertrag kann aber auch mit dem Vertragsgegner des ursprünglichen Auftraggebers zustandekommen. Dies ist auch stillschweigend möglich. Der Makler muß dann aber dem Vertragsgegner zu erkennen geben, daß er nicht nur für seinen ursprünglichen Auftraggeber tätig wird, sondern nunmehr auch für ihn (RG JW 1921, 1314; 1938, 456).

c) In einem solchen Falle schuldet auch der Vertragsgegner dem Makler eine Provision, weil er den gesamten Umständen nach nicht erwarten kann, daß der Makler für ihn unentgeltlich arbeitet (Erman, 1952, Anm. 1 zu § 653 BGB).

d) Anders ist es jedoch, so lange der Makler nur für seinen ersten Auftraggeber handelt, z. B. für den Verkäufer. Dann wird dadurch, daß ein Kaufinteressent mit dem Makler verhandelt, noch nicht ohne weiteres ein unmittelbares Rechtsverhältnis zwischen dem Makler und diesem Kaufinteressenten begründen, weil der Makler insoweit nur als Beauftragter der einen Seite handelt (RG WarnRspr. 1910 Nr. 318; OLG Frankfurt: NJW 1952, 226 mit einer Anmerkung von Schwarz).

e) Wenn ein Makler in einer Zeitungsanzeige bekanntgegeben hat, daß ein bestimmter Gegenstand zu verkaufen sei, so handelt er im allgemeinen zunächst nur im Interesse des Verkaufsinteressenten, wenn er einem Anfragenden mitteilt, wer den angezeigten Gegenstand zu verkaufen hat und wo dieser besichtigt werden kann. Hierdurch kommt ein zweiter Maklervertrag, nämlich ein solcher zwischen dem Makler und dem auf die Zeitungsanzeige hin Anfragenden ohne weiteres noch nicht zustande (OLG Stuttgart: NJW 1954, 313).

f) In der Regel wird in dem Vertrag, der durch Vermittlung des Maklers zustandekommt, ausdrücklich vereinbart, wer die Provision zu tragen hat oder wie sie zwischen Verkäufer und Käufer zu verteilen ist. Dabei kann der Käufer die Provision ganz oder teilweise auch dann übernehmen, wenn er vorher mit dem Makler noch keinen eigenen Maklervertrag abgeschlossen hatte. Nicht selten macht ein Verkäufer dies von vornherein zur Bedingung.

— Oberlandesgericht Celle, Urteil vom 3. März 1955 — 7 U 129/54 — NJW 1955, 1400 — Blätter 1955, 350 —.

Anmerkung:
Teilweise anderer Ansicht zu e): Urteil des Landgerichts Reutlingen vom 24. September 1952 — 2 S 27/52 — Allgem. Immob.Ztg. 1953, 10; Urteil des Landgerichts Kiel vom 12. November 1951 — 4 S 27/51 — Allgem. Immob.Ztg. 1953, 224; Urteil des Oberlandesgerichts Hamm vom 15. Oktober 1953 — 7 U 162/53 — Allgem. Immob.Ztg. 1954, 63; Urteil des Landgerichts Köln vom 4. November 1952 — 11 S 198/52 — Allgem. Immob.Ztg. 1953, 228.

§ 654 BGB

184. Tätigkeit des Maklers für beide Parteien

a) Dem Nachweismakler ist es gestattet, für beide Parteien tätig zu werden.

b) Die Doppeltätigkeit des Maklers ist vielfach üblich. Daraus erfolgt, daß er seine Provision von beiden Teilen fordern kann.

c) Vorausgesetzt wird bei einer solchen Doppeltätigkeit, daß der Makler für beide Beteiligte unparteiisch vermittelt.

— Landgericht Paderborn, Urteil vom 16 Juni 1955 — 4 S 92/55 — Allgem. Immob.Ztg. 1955, 192 —.

Anmerkung:
Zu a): Ebenso Urteil des Landgerichts Frankfurt/M. vom 7. April 1954 — 2/3 O. 230/54 — Allgem. Immob.Ztg. 1955, 191 —.

§§ 652, 654 BGB

185. Tätigkeit des Maklers für beide Vertragsparteien

a) Ein Makler kann für beide Vertragsteile tätig werden.

b) Der Makler wird nicht ohne weiteres dadurch auch Makler der Gegenpartei, daß diese sich die Vermittlungs- und Abschlußdienste des Maklers gefallen läßt, denn die Vermittlungs- und Abschlußtätigkeit des Maklers liegt fast stets im Interesse beider Parteien.

c) Ansprüche gegen die andere Partei hat der Makler nur, wenn er mit dieser ebenfalls einen Maklervertrag abgeschlossen hat. Ein solcher Vertrag kann auch stillschweigend abgeschlossen werden.

d) Ein Maklervertrag ist stillschweigend abgeschlossen, wenn der Makler zu erkennen gegeben hat, daß er im Interesse der angegangenen Partei nur dann tätig werden will, wenn diese ihn dafür bezahlt, und wenn die angegangene Partei sich daraufhin seine Dienste widerspruchslos hat gefallen lassen.

e) Von einem solchen stillschweigend zustandegekommenen Maklervertrag kann die Partei nicht durch eine spätere einseitige Erklärung zurücktreten.

— Oberlandesgericht Nürnberg, Urteil vom 19. Januar 1954 — 3 U 150/53 — Allgem. Immob.Ztg. 1954, 191 —.

§ 654 BGB

186. Tätigkeit des Maklers für beide Parteien — stillschweigender Vertragsabschluß — Ursächlichkeit der Maklertätigkeit

a) Eine Übernahme der Vermittlung für beide Teile ist durch § 654 BGB keineswegs ausgeschlossen, sondern durchaus möglich und üblich (Palandt § 654 BGB Anm. 2; NJW 1952, 226).

b) Es ist auch hier wie bei jedem nicht formbedürftigen Vertrag ein stillschweigender Vertragsabschluß möglich, zu dessen Annahme es genügen kann, wenn jemand widerspruchslos die durch den Makler angebotene Leistung annimmt und sich seine Dienste gefallen läßt und ausnutzt.

c) Es ist von Fall zu Fall zu entscheiden, ob eine solche stillschweigende Vereinbarung vorliegt.

d) Voraussetzung einer solchen Annahme eines stillschweigenden Vertragsabschlusses ist jedoch, daß mindestens für den Geschäftsherrn erkennbar war, der Makler wolle nicht nur für die Gegenpartei, sondern auch für ihn als Vermittler tätig sein und ihn wegen dieser Tätigkeit auf Zahlung des Maklerlohnes in Anspruch nehmen.

e) Ein dahingehender Wille eines Maklers ist nicht schon dann erkennbar, wenn er lediglich einem sich auf seine Zeitungsanzeige meldenden Interessenten die Anschrift seines Auftraggebers mitteilt und mit ihm verhandelt. In einem solchen Gefallenlassen der Dienste eines von der Gegenpartei beauftragten Maklers allein kann regelmäßig der Abschluß eines Maklervertrages nicht gefunden werden (OLG Frankfurt/M. — 1 U 22/51 — NJW 1952, 226; OLG Stuttgart: NJW 1954, 313; NJW 1955, 1400).

f) Es muß vielmehr hinzukommen, daß der Makler deutlich zu erkennen gibt, auch für die Gegenpartei als Vermittler tätig zu werden und diese Tätigkeit nur gegen eine auch von ihr zu zahlende Vergütung ausüben zu wollen (RG JW 1938, 456).

g) Nach ständiger Rechtssprechung genügt es, wenn die Tätigkeit des Maklers für den späteren Abschluß auch eine nur mitwirkende Ursache bildet, sofern nur der Abschluß auf der von dem Makler geschaffenen Grundlage erfolgt (RGR-Komm. a. a. O.; RG HRR 1937 Nr. 798).

h) Im allgemeinen kann in dem Umstand, daß der Vertrag zu einem niedrigeren Preis abgeschlossen wird, als der Makler ihn zunächst verlangt hatte, eine Unterbrechung des ursächlichen Zusammenhangs nicht gefunden werden (HRR 1937 Nr. 798; JW 1937, 2916).

— Oberlandesgericht Frankfurt, Urteil vom 24. Januar 1956 — 4 U 190/55 — Blätter 1956, 190 mit ausführlichen Entscheidungsnachweisen von Schwarz.

§§ 125, 313, 652 BGB

187. Maklerprovisionsanspruch bei formnichtigem Grundstückskaufvertrag

a) Der Provisionsanspruch, der nach § 652 BGB mit dem Zustandekommen des nachgewiesenen oder vermittelten Vertrages verdient ist, wird von der Ausübung eines gesetzlichen Rücktrittsrechts nicht berührt; denn ein solcher durch das Gesetz zugelassener Rücktritt kann im Gegensatz zu einem vertraglich vorbehaltenen Rücktrittsrecht (Soergel-Erdsiek Anm. 5e zu § 652 BGB m. w. N.) die Tatsache nicht ungeschehen machen, daß der Vertrag zunächst rechtsgültig, vorbehaltlos und bedingungslos zustande gekommen ist.

b) Nach § 652 BGB ist nur das Zustandekommen, nicht der rechtliche Fortbestand des nachgewiesenen oder vermittelten Vertrages Voraussetzung für den Anspruch auf Maklerlohn.

c) Die gegenteilige Auffassung (vgl. insbesondere Rospatt: Gruchot 45, 552 m. w. N.) würde die Interessen des Maklers in unbilliger Weise verletzen und diesen in wirtschaftlich bedenklicher Weise von der Willkür seines Auftraggebers abhängig machen (vgl. KG OLGE 23, 51).

d) Es ist zwar allgemein anerkannt (vgl. insbesondere Palandt-Gramm, 15. Aufl. Anm. 3 zu § 652 BGB; Soergel-Erdsiek, Anm. 5e zu § 652 BGB m. w. N.), daß der Makler seine Provision nicht verdient hat, wenn der Vertrag wegen Nichtigkeit nicht zustande gekommen ist oder später durch eine erfolgreiche Anfechtung rückwirkend wieder beseitigt worden ist (vgl. auch OLG Köln, Urteil vom 13. Januar 1956 — 9 U 297/54 — MDR 1956, 294 [n. L.] — Blätter 1956, 95 — unten Nr. 189).

e) Der Maklerlohn ist bei Nichtigkeit des Grundstückskaufvertrages selbst dann nicht begründet, wenn der Auftraggeber den Grund für die Nichtigkeit, nämlich die unrichtige Angabe des Kaufpreises im notariellen Kaufvertrag zum Zwecke der Hinterziehung der Grunderwerbsteuer selbst veranlaßt hat.

f) Wenn aber die Parteien des Grundstückskaufvertrages diesen Vertrag bis zur Ausübung des Rücktrittsrechts als gültig und rechtsverbindlich behandelt haben, dann verstößt dem Makler gegenüber der Auftraggeber gegen Treu und Glauben, wenn er sich auf die Formnichtigkeit des Grundstückskaufvertrages beruft, um den Anspruch des Klägers auf Maklerlohn zu beseitigen.

— Oberlandesgericht Köln, Urteil vom 27. Juli 1956 — 9 U 62/56 — Blätter 1956, 367 — FrWW 1956, 477 —.

§ 652 BGB

188. Widerruf des Maklerauftrages

a) Wenn der Maklerauftrag widerrufen wird, der Vertragsabschluß dann aber doch auf die bisherige Maklertätigkeit zurückzuführen ist, dann ist der Zusammenhang zwischen der Arbeit des Maklers und dem Zustandekommen des Vertrages zu bejahen.

b) Der Anspruch auf Maklerlohn ist nach § 654 BGB ausgeschlossen, wenn der Makler dem Inhalt des Vertrages zuwider auch für den anderen Teil tätig gewesen ist.

— Landgericht Detmold, Urteil vom 20. Februar 1940 — S 74/35 — Allgem. Immob.Ztg. 1955, 126 —.

§ 652 BGB

189. Umfang und Dauer des Maklerauftrags — Wirkung der Nichtigkeit, Anfechtung, Wandlung oder Minderung des vermittelten Vertrages auf den Provisionsanspruch

a) Der Maklerauftrag beschränkt sich nicht auf ein bestimmtes Objekt, sondern ist ganz allgemein auf den Nachweis oder die Vermittlung eines Objekts der gewünschten Art gerichtet und bleibt, wenn er nicht widerrufen wird, so lange wirksam, bis ein geeignetes Objekt gefunden ist.

b) Nach dem Sinn und dem Wortlaut des § 652 DGB ist die Maklerprovision bereits mit dem Nachweis verdient, ohne daß es einer Mitwirkung des Maklers beim Abschluß des Vertrages bedarf. Anders ist es nur bei einem Vermittlungsmakler.

c) Der Provisionsanspruch ist mit dem Zustandekommen des Vertrages entstanden. Nur Nichtigkeit oder erfolgreiche Anfechtung können später noch einen Einfluß auf den Bestand der Provisionsforderung ausüben.

d) Weder die Ausübung eines Rücktrittsrechts noch die Wandlung des vermittelten Vertrages berühren den Provisionsanspruch.

— Oberlandesgericht Köln, Urteil vom 13. Januar 1956 — 9 U 297/54 — Blätter 1956, 95 — MDR 1956, 294 (n. L.) —.

§ 652 BGB

190. Rücktritt vom Maklervertrag

Der Anspruch auf Maklerlohn für einen vermittelten Mietvertrag bleibt auch dann bestehen, wenn der Mieter den Mietvertrag später im Einverständnis mit dem Vermieter wieder aufhebt.

— Amtsgericht Darmstadt, Urteil vom 2. Dezember 1952 — 3 C 691/52 — Allgem. Immob.Ztg. 1956, 64 —.

§ 652 BGB

191. Ausschaltung des Maklers

Der Makler, der seinen Auftrag erfüllt hat, kann nachträglich nicht einseitig beiseite geschoben werden, weil es dem Auftraggeber gefällt, von weiteren Diensten des Maklers keinen Gebrauch zu machen, um den Erfolg unmittelbar herbeizuführen (vgl. RG JW 1937, 222; RGRKomm. § 652 Anm. 2c).

— Amtsgericht Lippstadt, Urteil vom 24. 6. 1955 — C 675/54 — Allgem. Immob.Ztg. 1956, 16 —.

192. Zur Sorgfaltspflicht des Maklers — Rücktritt vom Kaufvertrag

a) Mangels einer ausdrücklichen Vereinbarung besteht für den Makler keine grundsätzliche Pflicht, vor Abschluß des Kaufvertrages das Grundbuch einzusehen.

b) Der Rücktritt vom Kaufvertrag berührt nicht den Provisionsanspruch des Maklers.

— Landgericht Bielefeld, Urteil vom 28. Februar 1956 — 4 O 51/56 — Blätter 1956, 223 mit einer Anmerkung von Schwarz —.

§ 652 BGB

193. Aufklärungspflicht des Maklers

Der Makler hat nur dann eigene Nachforschungen anzustellen, wenn dies vereinbart worden ist. Zur Entfaltung einer eigenen Aufklärungstätigkeit kann der Makler verpflichtet sein, wenn er seinem Auftraggeber einen diesem bis dahin unbekannten Gegenkontrahenten bringt; hier umfaßt die Verpflichtung zur Auskunftserteilung über alle für den Geschäftsabschluß wesentlichen Umstände vor allem auch die Notwendigkeit zu Mitteilungen darüber, ob und in welchem Umfang der Makler sich nicht zu unterrichten vermocht hat.

— Oberlandesgericht Frankfurt/M., Urteil vom 15. Juni 1954 — 4 U 207/53 — Allgem. Immob.Ztg. 1956, 15 —.

194. Unterscheidung zwischen Maklervertrag und Dienstvertrag

Der Maklervertrag unterscheidet sich vom Dienstvertrag im wesentlichen dadurch, daß der Makler nicht verpflichtet ist, für seinen Auftraggeber tätig zu werden.

— Landgericht Freiburg/Breisgau, Urteil vom 18. Dezember 1951 — 2 S 96/51 — Allgem. Immob.Ztg. 1955, 47 —.

§ 652 BGB

195. Verletzung des Alleinauftrags durch den Auftraggeber

Die Verletzung des dem Makler erteilten „Alleinauftrags" verpflichtet den Auftraggeber, dem Makler in Höhe des Provisionsanspruchs Schadensersatz zu leisten.

— Amtsgericht Grünstadt/Pfalz, Urteil vom 9. Dezember 1953 — Allgem. Immob.Ztg. 1955, 48 —.

§ 652 BGB

196. Zum Begriff des „Fest an Hand geben“ und des „Alleinauftrags“

a) Nach dem Maklerrecht des BGB ist der Maklerlohn nur verdient, wenn der Vertrag infolge des Nachweises oder der Vermittlung des Maklers zustande kommt.

b) Die Parteien können jedoch nach der herrschenden Meinung — innerhalb der Grenzen des redlichen Verkehrs und der guten Sitten — auch anderes vereinbaren, so z. B., daß der Makler die Provision erhalten soll, auch dann, wenn der Verkauf nicht durch seine Mitwirkung zustande gekommen ist (so RG JW 1944, 410).

c) Eine solche Vereinbarung des „Fest an Hand geben“, mit der sich der Makler gegen das Risiko, umsonst tätig zu werden, schützen will, muß jedoch als eine für den Auftraggeber einschneidende Regelung klar zum Ausdruck gebracht sein.

d) Eine Verpflichtung des Auftraggebers, nicht selbst zu verkaufen, ist nur dann anzunehmen, wenn der „Alleinauftrag“ durch einen entsprechenden Zusatz ergänzt worden ist (vgl. Allgemeine Immobilienzeitung 1953, 13, wo für diesen besonderen Fall die Bezeichnung „uneingeschränkter Alleinauftrag“ vorgeschlagen wird).

e) Der Auftraggeber ist in dem gegen ihn vom Makler angestrengten Provisionsprozeß der Tendenz des Bürgerlichen Gesetzbuchs entsprechend grundsätzlich zu schützen (vgl. Erman-Seibert Anm. 19 zu § 652 BGB).

— Oberlandesgericht Karlsruhe, Urteil vom 4. März 1954 — 5 U 4/54 — JR 1954, 341 — Allgem. Immob.Ztg. 1956, 16 —.

Anmerkung:

Vgl. auch Ahr: „Der Provisionsanspruch des Immobilienmaklers“: HW 1954, 324.

197. Maklervertrag-Klausel „Fest an Hand geben“

a) In der Regel hat der Makler nur die Aufgabe, Geschäfte zu vermitteln; er ist ohne besondere Vollmacht nicht befugt, auf Grund des ihm erteilten Auftrags im Namen des Geschäftsherrn Verträge abzuschließen.

b) Der Auftraggeber hat die Möglichkeit, jederzeit den Vermittlungsauftrag zu widerrufen oder das ihm vom Makler angetragene Geschäft ohne Angabe von Gründen zurückzuweisen (vgl. RGZ 101, 209 [211]; 104, 366 [368]; Würdinger Reichsgerichtsräte-Kommentar zum Handelsgesetzbuch, Vorbem. 17 zu § 93; Schlegelberger, Kommentar zum Handelsgesetzbuch 3. Aufl. § 93 Anm. 6 und 10).

c) Das Recht eines Auftraggebers, ein vom Makler angetragenes Geschäft abzulehnen, kann vertraglich eingeschränkt werden. Eine solche Einschränkung liegt unter anderen dann vor, wenn der Auftrag dem Makler „fest an die Hand“ gegeben wird.

d) Die Bedeutung dieser Klausel liegt darin, daß der Auftraggeber den erteilten Vermittlungsauftrag dem Makler gegenüber nicht nach Belieben widerrufen kann und sich für die Zeit, die er dem Makler die „Partie fest an die Hand" gegeben hat, nicht eines andern Maklers zum Abschluß des Geschäfts bedienen darf (RGZ 76, 361; RG JW 1922, 1323 mit zustimmender Anmerkung von Oertmann; Staub, Handelsgesetzbuch, 14. Aufl. Vorbem. zu § 93 Anm. 17; Staudinger, Bürgerliches Gesetzbuch 10. Aufl. § 652 Anm. IIa).

— Oberlandesgericht Hamburg, Urteil vom 24. Juni 1955 — 1 U 81/55 — BB 1955, 847 —.

Anmerkung:
Vgl. auch Kürzel: Vertragsverhältnis des Maklers, insbesondere beim Alleinauftrag, zu seinem Auftraggeber: Berliner Grundeigentum 1956, 70; Schwarz: Treu und Glauben im Immobilien-Geschäftsverkehr HuW 1956, 52; zur Frage des Alleinauftrags vgl. auch Rust: Allgem. Immob.Ztg. 1956, 88.

§ 652 BGB

198. Provisionsanspruch des Untermaklers

Der Untermakler kann sich nicht darauf berufen, daß es unter Maklern üblich sei, die Provision je zur Hälfte zu teilen, wenn eine besondere Vereinbarung nicht getroffen worden ist.

— Landgericht Frankfurt/M., Urteil vom 20. Mai 1953 — 10 O. 59/53 — Allgem. Immob.Ztg. 1956, 16 —.

199. Maklerlohn des Kreditmaklers

a) Die Provision für die Beschaffung eines Darlehens ist schon dann verdient, wenn eine verbindliche Kreditzusage erfolgt ist.

b) Durch den Handelsbrauch wird die Bestimmung des § 652 BGB, daß der Auftraggeber zur Entrichtung des Maklerlohnes nur dann verpflichtet sei, wenn der Vertrag infolge des Nachweises oder der Vermittlung des Maklers zustandegekommen sei, auf dem Gebiet der Finanzierungsgeschäfte dahin abgeändert, daß schon die Herbeiführung eines verbindlichen Angebotes des Darlehensgebers zur Hingabe des Geldes genügt, den Maklerlohn anfallen zu lassen.

c) Ob der Auftraggeber dieses Angebot annimmt oder nicht, hat auf seine Zahlungspflicht keinen Einfluß mehr.

— Landgericht Stuttgart, Urteil vom 24. Mai 1955 — 4/2 O. 149/54 — Allgem. Immob.Ztg. 1956, 45 —.

200. Maklerprovision für die Vermittlung eines Darlehens

a) Die Bestimmung des § 652 BGB, wonach der Makler eine Courtage nur verlangen kann, wenn der Auftrag auf Grund seiner Tätigkeit zustande kommt, kann durch den zwischen den Parteien abgeschlossenen Vertrag für den Fall abgedungen werden, daß der Auftraggeber von der Durchführung des Geschäftes absieht.

b) Es verstößt nicht gegen die guten Sitten, wenn ein Makler sich dagegen sichert, daß er seine Arbeitskraft und seine Beziehungen unentgeltlich einsetzt.

c) Von einem Kaufmann wird man erwarten können, daß er die Bedingungen des Maklers versteht. Wenn er den Auftragsschein des Maklers nicht durchliest, muß er es in Kauf nehmen, daß er später von dem Inhalt der unterzeichneten Auftragsbedingungen unangenehm überrascht wird.

— Landgericht Hamburg, Urteil vom 23. November 1955 — 18 S 22/55 — Allgem. Immob.Ztg. 1956, 46 —.

Anmerkung:
Vgl. Schwarz: Maklerprovision im Hypothekenvermittlungsgeschäft in: „Der langfristige Kredit" 1955, 81.

§§ 653 Abs. 2, 654 BGB

201. Höhe der Maklergebühr

a) Es ist im Grundstücksmaklergewerbe, wie auch die ortsüblichen Gebührensätze der Rheinisch-Westfälischen Makler ausweisen, durchaus üblich, daß für die Vermittlung eines Grundstückes der Käufer sowohl wie der Verkäufer eine Vergütung von je 3 % der Kaufpreissumme zahlen.

b) Dabei handelt es sich nicht etwa um eine verbindliche Gebührenordnung, sondern um Richtlinien, die durch eine anderweitige vertragliche Vereinbarung auch wesentlich überschritten werden können.

c) Die Überschreitung um 1 % der Kaufsumme ist daher als zulässig anzusehen und bewegt sich durchaus in einem hierfür üblichen Rahmen. Sie stellt also keinen wucherischen Verstoß dar, der gem. § 138 Abs. 2 BGB zur Nichtigkeit des Vertrages führen würde.

d) Durch die Maklervergütung sollen auch die erheblichen Generalunkosten eines derartigen Gewerbebetriebes mit abgegolten werden; denn ein Makler erhält nur dann eine Vergütung, wenn seine Vermittlungstätigkeit Erfolg gehabt hat, während in allen anderen Fällen die aufgewendeten Kosten von ihm selbst als Geschäftsrisiko getragen werden müssen.

— Landgericht Paderborn, Urteil vom 5. Februar 1954 — (3) 2 O. 2/53 — Allgem. Immob.Ztg. 1955, 191 —.

§ 652 BGB; § 22 Abs. 2 KostO

202. Höhe der Maklerprovision

a) Die in notariellen Verträgen übliche Klausel „Vermittlungsprovision zahlt der Ankäufer" hat nach der Verkehrsauffassung die Bedeutung, daß der Käufer die von dem Verkäufer geschuldete

Maklerprovision unter Freistellung des Verkäufers von dieser Verpflichtung als Selbstschuldner zu tragen hat.

b) Die Höhe der Maklerprovision richtet sich nicht nach dem Einheitswert des verkauften Grundstücks, sondern nach dem tatsächlich vereinbarten Kaufpreis.

c) Besteht der Grundstückskaufpreis teilweise in einer Rentenverpflichtung, so ist der Kapitalwert dieser Rente nach den Sätzen des § 22 Abs. 2 KostO zu errechnen.

d) Bei dem An- und Verkauf von Haus- und Grundbesitz ist eine Maklergebühr von 3 % üblich und angemessen.

— Landgericht Aachen, Urteil vom 5. Juli 1951 — 7 S 148/51 — BB 1951, 601 (n. L.) —.

Anmerkung:
Zu d): ebenso LG Düsseldorf: Allgem. Immob.Ztg. 1955, 47 unten Nr. 203; vgl. auch Schwarz: Die Angemessenheit der Maklergebühren: Allgem. Immob.Ztg. 1954, 179 —.

§§ 652, 653, 654 BGB

203. Doppelprovision — Höhe der Maklerprovision

a) Der Käufer eines Grundstücks kann die Provisionszahlung an den von ihm beauftragten Nachweismakler nicht deswegen verweigern, weil der Makler des Verkäufers bereits von diesem die ortsübliche Provision erhalten hat; dies gilt auch dann, wenn beide Makler das Objekt gemeinsam bearbeitet haben.

b) Die Vereinbarung, die eine Partei des Kaufvertrages mit ihrem Makler trifft, berührt den selbständigen Maklervertrag der anderen Partei in keiner Weise.

c) Eine Maklergebühr in Höhe von 3 % des Kaufpreises ist beim Ankauf von Haus- und Grundbesitz üblich und angemessen.

— Landgericht Düsseldorf, Urteil vom 17. Dezember 1953 — 3 O 305/52 — Allgem. Immob.Ztg. 1955, 47 —.

Anmerkung:
Zu c): Ebenso LG Aachen: BB 1951, 601 — oben Nr. 202; vgl. auch Schwarz: Die Gebühren der Immobilienmakler: Blätter 1955, 181.

204. Berechnungsgrundlage der Maklerprovision

a) Für die Höhe der Maklerprovision macht es keinen Unterschied, ob der Vertrag infolge eines Nachweises oder einer Vermittlung zustande gekommen ist.

b) Als Berechnungsgrundlage für die Provision ist der Mietwert des Pacht-Objekts im Zeitpunkt des Vertragsabschlusses maßgebend.

— Amtsgericht Lippstadt, Urteil vom 28. Februar 1951 — C 501/50 — Allgem. Immob.Ztg. 1956, 48 —.

§ 652 BGB

205. Gleichstellung von „Nachweis und Vermittlung" eines Vertrags — Höhe der Maklergebühr für den Nachweis eines Mietvertrages

a) Der Nachweis der Gelegenheit zum Abschluß eines Vertrages ist in § 652 BGB der Vermittlung eines Vertrages gleichgestellt.

b) Für beide Tätigkeiten kann die Vergütung nur verlangt werden, wenn der Vertrag auf Grund der Tätigkeit des Maklers zustandekommt.

c) Eine genaue begriffliche Unterscheidung zwischen diesen Tätigkeiten ist auch gar nicht möglich, so daß diese Tätigkeiten allgemein gleich behandelt werden müssen.

d) Eine Vergütung von 2 % der Gesamtmiete für den Nachweis eines auf 10 Jahre abgeschlossenen Wohnungsmietvertrages verstößt nicht gegen die guten Sitten und ist auch nicht wucherisch.

e) Bei der Bemessung des Maklerlohnes ist insbesondere das erhöhte Berufsrisiko des Maklers zu berücksichtigen, der häufig viele Aufwendungen zu machen hat, ohne daß er eine entsprechende Vergütung erhält.

— Amtsgericht Bremen, Urteil vom 7. Januar 1954 — 4 C 120/121/53 — Allgem. Immob.Ztg. 1956, 130 —.

§ 653 BGB

206. Höhe der Vergütung eines nicht organisierten Maklers

a) Wenn die Parteien eines Maklervertrages keine Abrede über die Höhe der Vergütung des Maklers getroffen haben, so gilt gem. § 653 Abs. 2 BGB der ortsübliche Lohn als vereinbart, da für die Makler keine regelrechte Taxen bestehen (vgl. Palandt 12. Aufl. Anm. 2 zu § 653).

b) Als ortsüblicher Maklerlohn sind für die in dem Verband Deutscher Makler e. V. zusammengeschlossenen Makler grundsätzlich die Gebührensätze anzuwenden, die der Verband für seine Mitglieder festgelegt hat.

c) Diese Gebührensätze können aber nicht bei einem Makler zugrundegelegt werden, der dem Maklerverband nicht angehört.

c) Als Vergütung für einen nichtorganisierten Makler kommt ein Betrag in Frage, der zwar einerseits an den Gebührensätzen der organisierten Makler sich anlehnt, andererseits aber die erleichterten Arbeitsbedingungen des nichtorganisierten Maklers berücksichtigt (z. B. daß er kein eigenes Geschäftslokal unterhält, daß er keine Schreibkraft beschäftigt und daß er keinen Verbandsbeitrag entrichtet). Diese Vergütung ist daher grundsätzlich geringer als die des organisierten Maklers.

— Oberlandesgericht Frankfurt/M., Urteil vom 12. Mai 1955 — 6 U 3/55 — BB 1955, 490 — MDR 1955, 474 (n. L.) —.

§ 653 Abs. 2 BGB

207. Ortsübliche Maklergebühr bei Grundstückskaufverträgen

a) Wenn der Verkäufer eines Grundstücks die Erfüllung des Kaufvertrags verweigert, so wird dadurch die Existenz des Kaufvertrages und damit der Provisionsanspruch des Maklers nicht berührt.

b) 5 % des Grundstückskaufpreises gilt als ortsübliche Maklergebühr für Berlin.

— Amtsgericht Berlin-Schöneberg, Urteil vom 25. Februar 1955 — 2 C 1124/54 — Allgem. Immob.Ztg. 1956, 16 —.

§ 652 BGB

208. Erwerb eines im Wege der Zwangsversteigerung vermittelten Grundstücks — Zur Höhe der Maklerprovision

a) Auf die Art des Grundstückserwerbs — Kauf oder Zuschlag im Zwangsversteigerungsverfahren — kann es für die Entstehung des Maklerlohns nicht ankommen.

b) Wenn die Parteien einen Maklerlohn von 5 % vereinbart haben, kommt es auf die Üblichkeit eines solchen Provisionssatzes nicht an. Die Höhe dieser Gebühr widerspricht weder den guten Sitten noch ist sie wucherisch.

— Landgericht Darmstadt, Urteil vom 1. Oktober 1954 — 1 O. 21/54 — Allgem. Immob.Ztg. 1956, 47 —.

§§ 652, 653 BGB

209. Verzicht auf Maklergebühren

a) Wenn der Makler die Verpflichtung übernimmt, sich nach Möglichkeit darum zu bemühen, daß der Käufer die Gebühren übernimmt, dann kann von einem unbedingten Verzicht des Maklers auf seine Gebührenforderung gegenüber seinem Auftraggeber, dem Verkäufer, keine Rede sein.

b) Es wäre höchst unbillig, wenn der Makler in einem solchen Fall für seine Tätigkeit im Interesse des Verkäufers von diesem keine Entschädigung erhalten sollte.

— Landgericht Dortmund, Urteil vom 19. Januar 1954 — 4 O 57/53 — Allgem. Immob.Ztg. 1954, 124 —.

210. Keine preisrechtliche Bindung der Maklergebühren

a) Mit der Preisfreigabeanordnung vom 25. Juni 1948 sind grundsätzlich alle Preise freigegeben worden.

b) Davon unberührt bleiben gemäß § 7 Nr. 8 dieser Anordnung die Vorschriften über die öffentlich-rechtlichen Gebühren und Beiträge sowie die Entgelte der Ärzte, Zahnärzte, Dentisten, Architekten, Rechtsanwälte und Notare, Wirtschaftsprüfer, Steuerberater, Ingenieure sowie sonstiger Berufsgruppen, die Gebühren erheben.

c) Die Makler sind nicht als eine sonstige Berufsgruppe im Sinne des § 7 Nr. 8 dieser Anordnung anzusehen. Es fehlt ihnen an einer durch eine besondere Ausbildung und Prüfung erlangten Qualifikation.

d) Eine preisrechtliche Bindung besteht somit nicht für Maklergebühren, so daß die Höhe dieser Gebühren im Einzelfall frei vereinbart werden kann.

— Amtsgericht Lemgo, Urteil vom 27. Oktober 1954 — 3 C 219/53 — Blätter 1955, 143 —.

Anmerkung:
Vgl. auch Schwarz: Blätter 1955, 181.

VII.

Kleingartenrecht

Nr. 211—218

§ 1 Abs. 2 e VO über Kündigungsschutz und andere kleingartenrechtliche Vorschriften vom 15. Dezember 1944 (RGBl. 1944, 347)

211. Kündigung von Kleingartenpachtland zwecks Errichtung von Wohnungsbauten

a) Überwiegende Gründe des Gemeinwohls, die eine Kündigung des kleingärtnerisch genutzten Pachtlandes durch den Verpächter rechtfertigen, liegen vor, wenn der Verpächter das Land mit Wohnhäusern zu bebauen beabsichtigt.

b) An den Nachweis dieser Voraussetzungen dürfen keine übertriebenen Anforderungen gestellt werden, weil sonst die Durchführung größerer Bauvorhaben auf unüberwindliche Schwierigkeiten stoßen würde.

— Landesverwaltungsgericht Düsseldorf, Urteil vom 14. Dezember 1954 — 4 K 29/54 — Düsseldorfer HZtg. 1955 Nr. 5 — Betrieb 1955, 628 (n. L.) — Zeitschrift für GWW in Bayern 1955, 220 —.

212. Kündigung von Kleingartenland für Zwecke des sozialen Wohnungsbaues

a) Das Interesse an der Schaffung von Wohnraum überwiegt grundsätzlich gegenüber dem Schutzbedürfnis der Kleingärtner.

b) Einer Stadt kann nicht zugemutet werden, wenn sie eigenen Grund und Boden besitzt, der als Kleingartenland verpachtet ist, und auf dessen Grund und Boden sie Bauvorhaben durchführen will, erst von privaten Grundbesitzern Land zu erwerben und dieses entweder erst erschließen oder mit erheblichem Kostenaufwand enttrümmern zu lassen.

c) Wer Kleingartenpachtland für andere Zwecke in Anspruch nimmt, muß grundsätzlich dem Pächter eine geeignete Ersatzfläche auf einem zur dauernden kleingärtnerischen Nutzung vorgesehenen Gelände gewähren (§ 3 Abs. 1 Satz 1 der Kleingartenkündigungsschutzverordnung).

d) Als geeignet kann eine Landfläche nur dann angesehen werden, wenn sie zur kleingärtnerischen Nutzung geeignet ist, d. h. es muß sich um ein brauchbares und abgeräumtes Grundstück handeln.

Darüberhinaus muß es auch gerade für den Kleingärtner geeignet sein, der jetzt räumen muß. Das ist nicht der Fall, wenn es von der Wohnung oder der Arbeitsstätte des Kleingärtners zu weit abliegt.

e) Auch wenn der Grundstückseigentümer kein geeignetes Ersatzland zur Verfügung hat, muß er es doch beschaffen, wenn er es im Wege des Landaustausches erwerben kann oder wenn ihm der Erwerb von Ersatzland möglich und zumutbar ist.

f) Der Ankauf von privatem Baugelände durch eine Stadtgemeinde zum Zwecke der Zurverfügungstellung an Kleingärtner ist für die Stadtgemeinde nicht zumutbar. Es kann nicht verantwortet werden, daß die Stadt wertvolles Baugelände zu teueren Preisen erwirbt, um es Kleingärtnern als Dauerkleingartenland zur Verfügung zu stellen.

— Oberverwaltungsgericht Berlin, Urteil vom 5. März 1954 — II B 111/53 — HGBR Rspr. 1954 Nr. 97 —.

Anmerkung:

Ebenso Urteil des Landesverwaltungsgerichts Düsseldorf vom 14. Dezember 1954 — 4 K 29/54 — Düsseldorfer Hausbesitzerzeitung 1955 Nr. 5 — oben Nr. 211.

§ 1 Kleingartenkündigungsschutzverordnung

213. Kein Kündigungsschutz für Grabeland

a) Der Pächter eines Kleingartens hat ein Interesse an einer möglichst langen Pachtdauer und richtet die Kultur des Landes auf lange Sicht ein, indem er es z. B. mit Obstbäumen und Gartensträuchern bepflanzt und eine Laube errichtet. Bei Grabeland ist dagegen eine längere Nutzung im allgemeinen nicht vorgesehen, vielmehr wird das Land nur vorübergehend seiner eigentlichen Bestimmung entzogen.

b) Die Anwendung der VO vom 15. 12. 1944 auch auf Grabeland, das bestimmungsgemäß nur zur vorübergehenden Nutzung überlassen wird, ist daher wirtschaftlich untragbar. Es würde dazu führen, daß sich kein Grundeigentümer mehr dazu herbeilassen würde, vorübergehend freigewordenes Land an Kleingärtner zu verpachten.

— Landgericht Oldenburg i. Oldenburg, Urteil vom 4. Februar 1955 — 7 S 130/53 — MDR 1955, 420 —.

Anmerkung:

Ebenso OLG Hamm: JMBl. (NRW) 1953, 176; a. A. LG Berlin: NJW 1954, 115 (n. L.); LG Aachen: MDR 1954, 550.

§ 1 Abs. 2 Kleingartenkündigungsschutzverordnung (KSchVO)

214. Kündigungsgenehmigung

a) Auch eine Parzelle über 1000 qm kann kleingärtnerisch genutzt werden.

b) Bei Versagung einer Kündigungsgenehmigung ist in allen Fällen des § 1 Abs. 2 KSchVO der Verwaltungsrechtsweg gegeben.

c) Es ist daran festzuhalten, daß die Kündigungsgenehmigung nach § 1 Abs. 2 a—c KSchVO ein gebundener Verwaltungsakt ist, der beim Vorliegen der gesetzlichen Tatbestände ergehen muß und bei deren Nichtvorliegen nicht ergehen darf. Auf öffentliche Interessen kommt es hierbei nicht an. Es ist hierbei kein Raum für behördliches Ermessen.

— Oberverwaltungsgericht Hamburg, Urteil vom 30. 6. 1955 — Bf II 366/53 — DVBl. 1955, 714 —.

Anmerkung:
Zu a): A. A. LG Hagen: JMBl. (NRW) 1947, 82; Reinecke S. 157.
Zu b): Ebenso OVG Hamburg: MDR 1951, 505; Württ. Bad. VGH: DÖV 1949, 660; Bayer. VGH: Verwaltungsrechtsprechung 6, 166.
Zu c): Ebenso Württ. Bad. VGH: DÖV 1948, 123; 1949, 660; Jellineck: Festschrift für Thoma S. 105; a. A. Bayer. Verw.GH. VerwRspr. 6, 166; Hess. VGH: Recht der Landwirtschaft 1952, 44.

215. Zuständigkeit der ordentlichen Gerichte für Kleingartenprozesse

a) Nach § 1 Abs. 2 der Kleingartenkündigungsschutzverordnung kann ein Kleingartenpachtverhältnis durch den Verpächter nur unter den dort bezeichneten Voraussetzungen gekündigt werden.

b) Nach § 1 Abs. 3 a. a. O. bedarf die Kündigung der Genehmigung der Verwaltungsbehörde. Die Mitwirkung der Verwaltungsbehörde ist auf diese Genehmigung der zivilrechtlichen Kündigung beschränkt.

c) Die Entscheidung über den Rechtsbestand der Kündigung obliegt dagegen nicht dem Verwaltungsgericht, sondern dem Zivilgericht, das entgegen der von Baumbach/Lauterbach (22. Auflage, Anm. 4 D zu § 23 GVG) vertretenen Auffassung durch die behördliche Kündigungsgenehmigung insoweit nicht gebunden ist, als diese feststellt, daß die Voraussetzungen der Kündigung gem. § 1 Abs. 2 der KleingartenkündigungsschutzVO gegeben sind.

— Bundesverwaltungsgericht, Urteil vom 7. Mai 1954 — II C 26/53 —, HGBR Rspr. 1953/54 Nr. 99 —.

216. Zuständigkeit der ordentlichen Gerichte für Streitigkeiten aus Kleingartennutzungsverträgen

a) Streitigkeiten aus Kleingartennutzungsverträgen — mag es sich um Pacht- oder um andere Verträge handeln — sind bürgerliche Rechtsstreitigkeiten, die nach § 13 des Gerichtsverfassungsgesetzes vor die ordentlichen Gerichte, d. h. die Zivilgerichte, gehören.

b) Diese Regelung begründet aber für die Verwaltungsgerichte keine Prüfungs- und Entscheidungskompetenz in zivilrechtlichen Fragen, die unter den Beteiligten streitig sind. Zu diesen Fragen gehört zum Beispiel die Frage, ob überhaupt ein Vertragsverhältnis zwischen dem Eigentümer des Grundstücks und dem dasselbe nutzenden Besitzer besteht, ferner die Frage, ob es sich bei dem Gegenstand eines zwischen dem Eigentümer und dem Besitzer bestehenden Vertragsverhältnisses um einen „Kleingarten" im Sinne der Kündigungsschutzverordnung handelt.

c) Bei der Genehmigungserteilung und ebenso bei der Genehmigungsversagung handelt es sich um Verwaltungsakte, die gemäß § 23 MRVO 165 mit der Klage vor dem Landesverwaltungsgericht angefochten werden können.

— Oberverwaltungsgericht Münster, Urteil vom 11. Februar 1954 — IV A 709/53 — HGBR Rspr. 1953/54 Nr. 98 —.

§ 5 Kleingarten- und Kleinpachtlandordnung vom 31. Juli 1919 (RGBl. I, 1371)

217. Anerkennung eines gemeinnützigen Unternehmens zur Förderung des Kleingartenwesens

a) § 5 Abs. 1 KGO beseitigt die aus sozialen Gründen mißbilligte Erscheinung der gewerbsmäßigen Zwischenpächter und ersetzt sie durch Unternehmen, die als gemeinnützig zur Förderung des Kleingartenwesens anerkannt sind, wobei hier von den daneben zugelassenen „Körperschaften oder Anstalten des öffentlichen Rechts" abgesehen werden kann. Ihnen allein bleibt das Recht erhalten, „Grundstücke zum Zwecke der Weiterverpachtung als Kleingärten" zu pachten. Umgekehrt ist den Grundstückseigentümern auch nur das Recht verblieben, allein ihnen „Grundstücke zum Zwecke der Weiterverpachtung als Kleingärten" zu verpachten.

b) Ein Verein, der die Voraussetzungen der Gemeinnützigkeit im Sinne des § 5 Abs. 1 der Kleingarten- und Kleinpachtlandordnung vom 31. 7. 1919 (RGBl. S. 1371) — KGO — erfüllt, hat einen Rechtsanspruch darauf, als gemeinnütziges Unternehmen zur Förderung des Kleingartenwesens anerkannt zu werden; von der Zugehörigkeit zu einem Verband darf die Anerkennung nicht abhängig gemacht werden.

— Bundesverwaltungsgericht, Urteil vom 18. Februar 1955 — V C 225/54 — JR 1955, 352 —.

Anmerkung:
Vgl. auch AG Düsseldorf, Urteil vom 29. April 1955 — 22 C 593/54 — Blätter 1955, 255 — Glaser Nr. 322/IX/1955.

§ 5 Kleingartenpachtlandordnung

218. Bereitstellung von Kleingartenland im Wege der Zwangspacht

a) Nach § 5 Abs. 2 KGO kann die untere Verwaltungsbehörde, wenn eine Körperschaft oder Anstalt des öffentlichen Rechts oder ein als gemeinnützig anerkanntes Unternehmen zur Förderung des

Kleingartenwesens (§ 5 Abs. 1) zur Kleingartennutzung geeignete Grundstücke nicht in dem von der höheren Verwaltungsbehörde für erforderlich erachteten Umfang beschaffen kann, nach näherer Anweisung der Landeszentralbehörde die Eigentümer oder Nutzungsberechtigten solcher Grundstücke auffordern, sie einer Körperschaft, einer Anstalt oder einem Unternehmen der im § 5 Abs. 1 bezeichneten Art bis zur Dauer von 10 Jahren gegen Zahlung eines angemessenen jährlichen Pachtzinses zur Nutzung durch Kleingärtner zu überlassen.

b) Wenn auf Grund der Aufforderung eine Einigung zwischen den Beteiligten nicht zu Stande kommt, setzt die untere Verwaltungsbehörde die Bedingungen des Pachtverhältnisses fest.

c) Die Kleingarten- und Kleinpachtlandordnung enthält keine näheren Bestimmungen darüber, nach welchen Gesichtspunkten der Landbedarf festzustellen und zu befriedigen ist.

d) Zur Bereitstellung von Kleingartenland im Wege der Zwangspacht bedarf es eines von der höheren Verwaltungsbehörde durchzuführenden Vorverfahrens und eines von der unteren Verwaltungsbehörde durchzuführenden Hauptverfahrens.

e) Wenn das in Anspruch genommene Grundstück verpachtet ist, muß die untere Verwaltungsbehörde dieser Tatsache bei Festsetzung der Zwangspachtbedingungen dadurch Rechnung tragen, daß sie klarstellt, wie ihre Verfügung auf den ursprünglichen Pachtvertrag einwirkt.

f) Die Verfügung der unteren Verwaltungsbehörde muß auch hinsichtlich der Entschädigungsfestsetzung bestimmt sein (Bezeichnung des Betrages des Verpflichteten und des Berechtigten).

— Oberverwaltungsgericht Münster, Urteil vom 27. Oktober 1954 — IV A 41/53 — Städtetag 1955, 367 —.

VIII.

Verkehrssicherungspflicht

a) des Grundstückseigentümers
b) der Gemeinde
c) des Bauunternehmers

Nr. 219—273

§§ 823, 254 BGB

219. Verkehrssicherungspflicht des Grundstückseigentümers

Wer in der Nacht ein fremdes Grundstück betritt, trotz fehlender Beleuchtung sein Vorhaben nicht aufgibt und dabei in einen nicht eingefriedigten Treppenschacht stürzt, handelt so überwiegend schuldhaft, daß die Haftung des Grundstückseigentümers entfällt.

— Oberlandesgericht Braunschweig, Urteil vom 8. Oktober 1953 — 2 U 58/53 — VersR 1954, 357 —.

§ 836 BGB

220. Verkehrsssicherungspflicht des Grundeigentümers — Einsturz eines Kamins

Ein Grundstückseigentümer kann für einen Schaden, der beim Einsturz seines Kamins entstanden ist, dann nicht in Anspruch genommen werden, wenn Bauunternehmer und Architekt den Kamin untersucht und nichts zu beanstanden gefunden haben, und wenn der Hauseigentümer den Kamin durch den Kaminfeger laufend hat reinigen und dabei hat untersuchen lassen.

— Oberlandesgericht Karlsruhe, Urteil vom 16. 6. 1954 — 1 U 67/54 — VersR 1954, 562 —.

§ 836 BGB

221. Haftung des Hauseigentümers für Schäden infolge Einsturzes eines Kamins

a) Wird ein kriegszerstörtes Gebäude wieder hergestellt, so kann es hinsichtlich der Haftung des Hauseigentümers keiner anderen Beurteilung unterliegen als andere ordnungsgemäß errichtete Gebäude.

b) Wird durch die Ablösung von Teilen eines Hochkamins, die ursächlich auf mangelhafter Errichtung oder Unterhaltung beruht, ein Schaden angerichtet, so muß der Besitzer des Kamins für den Schaden einstehen, wenn er nicht beweist, daß er zur Abwendung der von dem Kamin ausgehenden Gefahr die im Verkehr erforderliche Sorgfalt angewendet hat (§ 836 Abs. 1 Satz 2 BGB).

c) Die ordnungsgemäße Unterhaltung erfordert, daß der Besitzer sich selbst oder durch eine von ihm beauftragte sachkundige, zuverlässige Person um den Zustand des Gebäudes kümmert. Die Häufigkeit richtet sich hierbei nach den Umständen des Falles (vgl. RG JW 1916, 190; RG JW 1931, 194).

d) Ein Besitzer kann sich nicht generell darauf berufen, daß eine staatliche Kontrolle des Gebäudes die eigene Überwachung ersetze.

e) Es gehört nicht zu den Aufgaben des Bezirksschornsteinfegermeisters, dem Eigentümer generell Mängel anzuzeigen. Vielmehr dient seine Tätigkeit der Feuersicherheit und der Brandverhütung. Die vom Bezirksschornsteinfeger vorzunehmende Prüfung der Schornsteine auf ihre Feuersicherheit und die auch dem Grundstückseigentümer zu erstattende Meldung von Mängeln wird zwar oft, muß aber nicht notwendig mit der Unterhaltungspflicht des Besitzers übereinstimmen.

f) Ein nicht fachkundiger Besitzer wird sich zwar oft durch die Bestellung einer zuverlässigen Person oder die Erteilung eines Auftrages zur regelmäßigen Prüfung durch einen Sachverständigen entlasten können.

g) Der Besitzer eines zu einer Bäckerei gehörenden neu errichteten Hochkamins kann sich nicht darauf berufen, er habe die im Verkehr erforderliche Sorgfalt beobachtet, wenn er mehr als vier Jahre keinen Auftrag zur Überprüfung des Wind und Wetter ausgesetzten Kamins durch einen Fachmann gegeben hat.

— Bundesgerichtshof, Urteil vom 10. Januar 1956 — VI ZR 216/54 — Berliner Grundeigentum 1956, 186 — Betrieb 1956, 182 — HuW 1956, 188 — NJW 1956, 506 — VersR 1956, 175 —.

Anmerkung:
Zu e): Vgl. LG Waldshut: VersR 1956, 296 — unten Nr. 371.

222. Haftung des Grundstückseigentümers für einen Unfall infolge unbefugten Abhebens eines Kellerrostes

a) Es gibt keine polizeiliche Vorschrift darüber, daß unbefestigte Kellerroste verboten sind.

b) Durch die Schwere des Rostes ist hinreichend Vorsorge getroffen, daß im allgemeinen der Rost durch Unbefugte, insbesondere durch spielende Kinder nicht abgehoben werden kann.

c) Der Hauseigentümer haftet daher nicht für die Folgen eines Unfalles, der durch ein unbefugtes Abheben des Kellerrostes verursacht worden ist.

— Oberlandesgericht Celle, Beschluß vom 2. September 1954 — 9 W 129/54 — Nieders. Haus- und Grundbesitz 1955, 39 —.

§ 836 BGB

223. Unfall infolge eines Bauzaunes

a) Der vor einem Grundstück aufgestellte und an einigen Pfeilern mit Draht befestigte Bauzaun dient dazu, das Betreten der vor dem Gebäude befindlichen Fläche zu verhüten, um der Bauausführung und den Arbeitern eine ungestörte Arbeit zu ermöglichen.

b) Die Errichtung des Zaunes liegt ganz überwiegend im Interesse der Bauausführung. Der Zaun ist daher kein mit dem Grundstück verbundenes Werk, so daß eine Haftung des Grundstückseigentümers aus § 836 BGB nicht in Frage kommt.

— Oberlandesgericht Karlsruhe, Beschluß vom 27. September 1955 — 2 W 58/55 — VersR 1955, 718 —.

Anmerkung:
Ebenso RG LZ 1921, 268.

§ 823 BGB

224. Absperrung einer Baugrube

Neben der Siedlungsbaugenossenschaft trifft den einzelnen Siedler keine Pflicht, für die Absperrung der Baugrube für sein Genossenschaftshaus zu sorgen.

— Oberlandesgericht Hamm, Beschluß vom 8. Juni 1955 — 9 UH 34/55 — VersR 1955, 508 —.

§ 823 BGB

225. Verletzung der Verkehrssicherungspflicht beim Lagern von Trümmersteinen am Straßenrand

Gerade bei kriegszerstörten oder -beschädigten Bauwerken ist es nicht ungewöhnlich, daß am Rande öffentlicher Straßen und Wege Trümmersteine gelagert werden, die zur Wiederverwendung beim Aufbau vorgesehen sind. Diese Lagerung allein wird in der Regel noch nicht zu beanstanden sein. Wenn sich allerdings herausstellt, daß Kinder das Baumaterial auf die Verkehrswege schaffen, so werden von dem Verfügungsberechtigten Abhilfe- und Sicherungsmaßnahmen zu fordern sein, ebenso wie er dafür sorgen muß, daß bei der Vornahme von Bauarbeiten die Verkehrswege von Steinen und Baumaterial freibleiben. Endlich wird eine Kontrolle zu fordern sein, daß lose Trümmerstücke nicht auf irgendeine Weise auf die Straße gelangen. Wird aber trotz solcher Kontrolle gelegentlich — etwa von Kindern — ein Stein auf den Gehsteig gelegt, so kann dem Verfügungsberechtigten noch nicht zur Last gelegt werden, er habe diese Möglichkeit voraussehen und verhindern müssen.

— Bundesgerichtshof, Urteil vom 10. November 1954 — VI ZR 217/53 — DRspr. 1955 I (148) Bl. 120 —.

§ 823 BGB

226. Verkehrssicherungspflicht des Trümmergrundstückseigentümers

a) Jeder Grundstückseigentümer hat die Pflicht, sich in regelmäßigen Abständen darum zu kümmern, in welchem Zustande sich sein Grundstück befindet und ob eine Gefahrenquelle für andere sich bildet, insbesondere auch, ob fremde Personen, insbes. Kinder ein offen liegendes Grundstück regelmäßig betreten.

b) Es kann vom Hauseigentümer nicht verlangt werden, daß er sein Grundstück einzäunt. Er muß aber eine Verbotstafel anbringen oder auf eine sonstige Weise jedem Benutzer klarmachen, daß das Betreten des Grundstücks verboten ist, also auf eigene Gefahr geschieht.

c) Ein unabgedeckter Kellerschacht in der Nähe eines Durchgangswegs über ein Trümmergrundstück sowie sonstige gefährliche Anlagen sind mit Warnungs-Schildern zu versehen.

d) Ein besonders gefährlicher Kellerschacht ist abzudecken.

— Oberlandesgericht Celle, Urteil vom 26. Mai 1954 — 9 U 56/53 — VersR 1955, 396 —.

Anmerkung:

Über die Verkehrssicherungspflicht des Grundstückseigentümers vgl. OLG Celle: NHG 1955, 39; OLG Nürnberg: VersR 1955, 317; OLG Braunschweig: VersR 1954, 357.

Über Einfriedung von Trümmergrundstücken vgl. OVG Berlin: BBauBl. 1955, 141 — unten Nr. 227.

§ 14 PVG

227. Einfriedung von Ruinengrundstücken

a) Die Baupolizei ist dafür zuständig, die Ausführung und Beachtung der Vorschriften der Bauordnung zu überwachen; denn die Gefahren zu beheben, die mit der Errichtung und Benutzung einer baulichen Anlage verbunden sind, ist die eigentliche Aufgabe der Baupolizei.

b) Wenn es schon zur Aufgabe der Polizei gehört, zur Einfriedung von Bauplätzen an der Straße Maßnahmen zu treffen (Preuß. OVG Bd. 41 S. 362; Baltz-Fischer, Preuß. Baupolizeirecht, 6. Auflage, S. 3), muß das um so mehr für Ruinengrundstücke gelten, die zum Wiederaufbau bestimmt sind.

c) Polizeiverordnungen sollen begriffsnotwendig einer abstrakten Gefahr vorbeugen, d. h. einer solchen, die nach den Erfahrungen des täglichen Lebens eintreten kann.

d) Eine Gefahrenquelle nicht eingefriedeter Grundstücke ist darin zu erblicken, daß erfahrungsgemäß Kinder sie mit Vorliebe als Spielplatz aufsuchen und dort Schäden erleiden können.

e) Billigkeitserwägungen können die klaren Bestimmungen der Bauordnung nicht außer Kraft setzen. Wenn auch bei Abfassung dieser Bestimmungen Art und Ausmaß der Zerstörungen aus dem letzten Kriege nicht vorhergesehen werden konnten, so ermächtigt dieser Umstand allein noch nicht den Richter, das Gesetz insoweit für unanwendbar zu erklären und die dadurch entstandene Lücke des Gesetzes im Wege der abändernden Rechtsfindung zu schließen, es sei denn, daß sicher festgestellt werden kann, daß der Gesetzgeber für die neuen Sachverhalte eine andere als die im Gesetz enthaltene Regelung getroffen hätte oder wenn ein gesetzlicher Tatbestand durch die Zeitverhältnisse völlig überholt und das Gesetz damit erledigt ist (vgl. OVG Münster: DÖV 1953, 607, 608; Baldauf: DÖV 1952, 246).

f) Dasselbe gilt auch für die Befreiung von der Pflicht, Ruinen-Grundstücke einzuzäunen. Es muß dem Gesetzgeber überlassen werden, durch entsprechende Maßnahmen eine Änderung der Rechtslage herbeizuführen.

— Oberverwaltungsgericht Berlin, Urteil vom 4. Juni 1954 — II B 54/53 — BBauBl. 1955, 141 —.

§ 823 BGB

228. Unebenheiten auf dem Bürgersteig vor dem Hause

a) Der Grundstückseigentümer darf an den an die Gehbahn anschließenden Teilen seines Bauwerks keine Hindernisse anbringen oder die Entstehung solcher Hindernisse dulden, durch welche Straßenbenutzer zu Schaden kommen können.

b) Indessen darf diese Pflicht zur Sicherung des Verkehrs nicht überspannt werden.

c) Die Beseitigung jeglicher noch so unbedeutender Unebenheiten in der Pflasterung der Gehbahn wird von dem Wegeunterhaltungspflichtigen nicht verlangt.

d) Die Kriegszerstörungen sind in den Städten heute noch nicht restlos überwunden. Die damit zusammenhängende Bautätigkeit bringt Unebenheiten und Hindernisse in das Straßenbild.

e) Es ist allgemein üblich, daß das Straßenpflaster an den Hauswänden Öffnungen aufweist, die den Kellerfenstern das nötige Licht gewähren sollen. Die Einfassung oder Abdeckung dieser Öffnungen kann vielfach mit dem umgebenden Pflaster nicht völlig in gleicher Ebene liegen. Jeder Straßenbenutzer, der sich einer Hauswand nähert, muß auf solche Unebenheiten gefaßt sein.

— Kammergericht, Beschluß vom 15. März 1955 — 4 W 727/55 — VersR 1955, 407 —.

f) Auch wenn der Grundstückseigentümer auf Grund einer Polizeiverordnung den Gehweg in Ordnung zu halten und Hindernisse zu beseitigen hat, so ist ihm doch nicht zuzumuten, daß er die Gehbahn sorgfältig nach Unregelmäßigkeiten absucht. Dies würde eine Überspannung der Sorgfaltspflicht bedeuten.

— Oberlandesgericht Nürnberg, Urteil vom 21. Dezember 1954 — 3 U 162/54 — VersR 1955, 317 —.

§ 823 BGB

229. Verkehrssicherungspflicht des Hauseigentümers auf dem Vorgartenweg

a) Es würde eine Überspannung der Sorgfaltspflicht bedeuten, wollte man von dem Hauseigentümer verlangen, den Vorgartenweg, der zu seinem Wohnhaus führt, während der Dunkelheit zu beleuchten.

b) Eine Stufe zwischen zwei Platten auf einem Vorgartenweg bedeutet keine besondere Gefahrenlage; sie findet sich häufig auf einem Zugangsweg zu einem Wohnhaus.

c) Der Hauseigentümer darf sich darauf verlassen, daß niemand blindlings den Vorgartenweg benutzt, sondern ihn mit der notwendigen Sorgfalt betritt, wenn ihm die Örtlichkeit nicht bekannt ist.

— Oberlandesgericht Köln, Beschluß vom 12. Dezember 1955 — 9 W 138/55 — HGBR Rspr. 1956 Nr. 26 —.

§ 823 BGB

230. Haftung des Eigentümers eines Privatwegs für Unfallschäden

a) Öffentlich ist ein Privatweg nur dann, wenn er von seinem Eigentümer zum Gemeingebrauch bestimmt, dem allgemeinen Verkehr oder einer bestimmten Art desselben gewidmet ist. Das ist nicht schon der Fall, wenn der Eigentümer die Benutzung des Weges durch die Allgemeinheit nur duldet.

b) Hat der Eigentümer dadurch einen öffentlichen Verkehr — sei es allgemein, sei es nur beschränkt — auf seinem Grundstück eröffnet, so wird der Weg infolge dieser seiner tatsächlichen Öffentlichkeit, u. z. insoweit, als der allgemeine Verkehr zugelassen wurde, in den Bereich der Straßenpolizei einbezogen, so daß alle straßen- und sicherheitspolizeilichen Vorschriften sich dann auch auf diesen Weg erstrecken, mit der Folge, daß einerseits das Publikum, das den Weg benutzt, andererseits aber auch der Eigentümer des Weges selbst an die zur Aufrechterhaltung der Ordnung und Sicherheit des Verkehrs erlassenen polizeilichen Vorschriften gebunden sind.

c) Soweit die Benutzung des Weges nur geduldet wird, hat das Publikum den Weg zu nehmen, wie er ist, insbesondere mit den Gefahren, die aus seiner zeitweiligen schlechten Beschaffenheit entstehen. Der Wegeeigentümer braucht nur Vorsorge für den Verkehr zu treffen, den er selbst veranlaßt hat. Gegenüber den Personen, die er auf seinem Weg nur duldet, obliegt ihm keine Sorgfaltspflicht. Diese Personen benutzen den Weg auf eigene Gefahr.

— Oberlandesgericht München, Urteil vom 11. Juni 1953 — 4 U 36/53 — NJW 1954, 1452 — GWW 1955, 208 —.

§§ 823, 254 BGB

231. Verkehrssicherungspflicht eines Kaufhauses

a) Ein Kaufhaus ist seinen Kunden gegenüber nicht nur aus dem allgemeinen Gesichtspunkt der Eröffnung eines Verkehrs, sondern auch aus dem Vertragsverhältnis selbst verpflichtet, für eine gefahrlose Begehbarkeit seiner Geschäftsräume zu sorgen. Die Begehbarkeit muß so beschaffen sein, daß auch der eilige Kunde — und sehr viele der Kunden großer Geschäftshäuser haben es bekanntlich sehr eilig — ungefährdet gehen und sich bewegen kann. Gerade weil die Augen des Kunden durch die ausgestellten Waren abgelenkt werden, kann er sein Augenmerk nicht in erforderlichem Maße dem Fußboden zuwenden. Der Fußboden muß deshalb absolut einwandfrei und die an ihn zu stellenden Anforderungen müssen streng sein.

b) Aber auch der Kunde muß sich bei einem Fußbodenunfall ein Mitverschulden anrechnen lassen.

— Landgericht Hildesheim, Urteil vom 9. Dezember 1954 — 4 O 81/54 — MDR 1956, 33 —.

232. Verkehrssicherungspflicht bei Nebeneingängen

Der Eigentümer eines Gebäudes mit mehreren unverschlossenen und nicht verbotenen Eingängen hat sämtliche offenen Zugänge seines Hauses ausreichend zu beleuchten.

— Bundesgerichtshof, Urteil vom 20. März 1956 — VI ZR 152/55 — Betrieb 1956, 475 — VersR 1956, 321 —.

Anmerkung:
Über die Verkehrssicherungspflicht einer Bank vgl. BGH: ZMR 1956, 191.

§§ 823, 677, 812 BGB

233. Haftung des Grundstückseigentümers für einen Treppenhausunfall

Die baupolizeiliche Genehmigung und Abnahme einer Treppe befreit den Grundstückseigentümer nicht von der Verpflichtung, über den baupolizeilich genehmigten Zustand hinaus alle Maßnahmen zu treffen, die sich als erforderlich herausstellen sollten, um die Sicherheit der Treppenbenutzer zu gewährleisten.

— Oberlandesgericht Köln, Urteil vom 12. Juli 1955 — 9 U 41/55 — Zeitschrift für Versicherungswesen 1955, 636 — Blätter 1955, 350 (n. L.) —.

§§ 823, 536 BGB

234. Treppenhausunfall

a) Der Vermieter ist nach § 536 BGB verpflichtet, auch die nicht den Mietern zum ausschließlichen Gebrauch überlassenen Hausteile, wie die Treppenaufgänge, im vertragsgemäßen Zustand zu erhalten (Palandt, 13. Aufl., § 536, Anm. 3).

b) Zum Mitverschulden des Treppenbenutzers beim Passieren schadhafter Stufen.

— Landgericht Berlin, Urteil vom 30. April 1955 — 13 O 3/55 — VersR 1955, 653 —.

235. Treppenhausunfall — Anschlagschiene an der Haustürschwelle

a) Das Hervorragen einer Anschlagschiene ist nicht verkehrswidrig, vielmehr üblich. Die Schiene steht deshalb hervor, weil sie einen Anschlag für die Haustür bildet. Durch ihn wird der Hausflur gegen das Eindringen von Feuchtigkeit und Zugluft geschützt. Derartige Anschlagschienen sind — vor allem in Neubauten — vielfach üblich. Durch sie wird eine besondere Gefährdung der Mieter und der Besucher des Hauses nicht hervorgerufen.

b) Bei einer Treppe mit nur wenigen Stufen ist ein Geländer weder üblich noch für die Sicherheit der Treppenbenutzer erforderlich.

c) Ein Schadenersatzanspruch des Mieters gemäß § 538 BGB scheidet dann aus, wenn dieser bereits seit zwei Jahren im Hause wohnt und beim Abschluß des Mietvertrags von dem Vorhandensein der Türschwelle Kenntnis genommen hat (§ 539 BGB).

— Oberlandesgericht Karlsruhe, Beschluß vom 8. Februar 1956 — 7 W 131/55 — VersR 1956, 243 —.

§ 823 BGB

236. Unfall auf einer Treppe

a) Ein Unfall auf der Treppe spricht noch nicht dafür, daß die Treppe sich in einem mit den Anforderungen der Verkehrssicherheit unvereinbaren Zustand befunden hat.

b) Die Möglichkeit, daß der Verletzte durch Unachtsamkeit oder Ungeschicklichkeit zu Fall gekommen ist, ist nach allgemeiner Lebenserfahrung nicht von der Hand zu weisen.

— Oberlandesgericht Karlsruhe, Beschluß vom 16. Dezember 1955 — 7 W 82/55 — VersR 1956, 228 —.

§ 823 BGB

237. Treppenhausunfall — Ursächlichkeit

a) Das Unterlassen des Anbringens eines Geländers an einer Ladentreppe ist ein Verstoß gegen ein Schutzgesetz im Sinne des § 823 Abs. 2 BGB.

b) Eine Haftung des Grundstückeigentümers ist aber nur dann gegeben, wenn der Unfall auf das Fehlen des Treppengeländers zurückzuführen ist.

— Landgericht Paderborn, Urteil vom 21. April 1955 — 4 S 42/55 — VersR 1955, 431 —.

§ 823 BGB

238. Unfall auf einer alten Treppe

a) Das Bestehenlassen von Treppen, die den heute zu stellenden Anforderungen für einen Neubau nicht mehr entsprechen, in noch benutzten alten Häusern begründet für sich allein im Regelfalle noch keine Haftung (vgl. OLG Karlsruhe JZ 54, 512). Die gegenteilige Auffassung würde zu unannehmbaren Folgen führen, nämlich dazu, daß die Mehrzahl der alten Häuser entweder umgebaut werden müßte oder nur noch von den Eigentümern bewohnt werden dürfte.

b) Die Verkehrsauffassung, die zur Verkehrssicherungspflicht und der daraus entspringenden Haftung für Verkehrssicherheit geführt hat, verlangt nicht nur Pflichten von demjenigen, der eine zu seinem Geschäftslokal führende Treppe unterhält; sie mutet auch dem Benutzer einer solchen Treppe zu, die nötige Vorsicht walten zu lassen und sich insoweit den Lebensgewohnheiten früherer, weniger anspruchsvoller Generationen anzupassen.

— Landgericht Hamburg, Urteil vom 4. Januar 1956 — 17 S 263/55 — VersR 1956, 166 —.

§§ 536, 823, 276 BGB

239. Haftung für einen Treppenhausunfall — Mitverschulden des Mieters

a) Durch Säcke, die zusammengefaltet oder ausgebreitet lose auf einer Treppe liegen, wird ein gefahrdrohender Zustand herbeigeführt.

b) Der Hauseigentümer, der auf diese Weise Säcke lose auf die Treppe legt, handelt grob fahrlässig.

c) Ein Mitverschulden des Mieters ist aber gegeben, wenn ihm bekannt ist, daß der Vermieter die Gepflogenheit hat, auf die untersten Stufen der Treppe Säcke lose hinzulegen, wenn er also den gefahrdrohenden Zustand der Treppe genau kennt.

d) Der Mieter ist verpflichtet, beim Begehen der Treppe jede nur mögliche und zumutbare Maßregel zu ergreifen, um ein Ausrutschen auf den mit losen Säcken belegten Treppenstufen zu vermeiden.

— Landgericht Mannheim, Urteil vom 30. Juli 1954 — 1 O 69/53 — VersR 1955, 319 —.

240. Unfall auf nassen Fliesen eines Treppenaufgangs

a) Steinfliesen werden üblicherweise bei Treppenaufgängen verwendet. Es ist auch allgemein bekannt, daß Steinfliesen bei Regen glatt werden.

b) Jeder Passant muß sich darauf einstellen und muß auf seine Sicherheit achten.

c) Jedem Verkehrsteilnehmer ist zuzumuten, seine Aufmerksamkeit einer Gefahrenstelle im besonderen Maße zu widmen.

— Landgericht Siegen, Beschluß vom 4. März 1955 — 3 O 11/55 — VersR 1955, 272 —.

§ 823 BGB

241. Selbstverschulden bei einem Treppenunfall im Theater oder Konzerthaus

a) Der Eigentümer eines Theaters oder Konzertsaales kann nicht während des Zustromes der Besucher die Treppe fortgesetzt vom Schmutz reinigen.

b) Er kann nicht verhindern, daß die Besucher des Theaters oder des Konzerts auf ihrem Weg durch einen öffentlichen Park oder Garten infolge Regenwetters Blätter mit ins Theater oder in den Konzertsaal hineintragen.

c) Der Treppenbenutzer muß sich des zur Sicherung des Verkehrs angebrachten Treppengeländers bedienen.

— Landgericht Fulda, Beschluß vom 24. Dezember 1954 — 2 O 237/54 — VersR 1955, 352 —.

§ 823 BGB

242. Verkehrssicherungspflicht des Hauseigentümers — Treppenhausunfall

a) Ein Hauseigentümer ist auch dann für den verkehrswidrigen Allgemeinzustand einer Treppe verantwortlich, wenn er das Hausgrundstück im ganzen vermietet hat.

b) Der Eigentümer, der sein Haus im ganzen vermietet, haftet neben dem Mieter, wenn die Mietsache schlechthin gefährlich oder der Mieter unzuverlässig oder der gefährliche Zustand dem Eigentümer bekannt geworden ist.

c) Verkehrswidrig ist der Allgemeinzustand der Treppe dann, wenn der Linoleumbelag abgelaufen ist, die Schienen höher stehen als das Linoleum und die Schienen sich dadurch gelöst haben, daß die Schraubenköpfe abgetreten sind.

— Oberlandesgericht Celle, Urteil vom 6. Januar 1954 — 9 U 276/52 — VersR 1955, 286 —.

Anmerkung:
Zu a): Vgl. auch OLG Stuttgart: MDR 1955, 225 — unten Nr. 243.
Über die Haftung des Hauseigentümers für Treppenhausunfälle vgl. LG Hamburg: HW 1954, 390; LG Bamberg: VersR 1953, 289; LG Braunschweig: HW 1953, 93; LG Kempten: VersR 1954, 311.

§§ 95, 946, 828, 836, 823 Abs. 1 BGB

243. Verkehrssicherungspflicht des Vermieters eines Grundstücks

a) Was der Mieter oder Pächter für seine Zwecke baut, ist zu einem vorübergehenden Zweck errichtet. Ein von einem Mieter oder Pächter zu einem vorübergehenden Zweck errichtetes Bauwerk wird weder Eigentum des Grundstückseigentümers, noch wird der Vermieter oder Verpächter mittelbarer Besitzer des Bauwerkes. Der Vermieter oder Verpächter haftet daher auch nicht aus § 836 BGB.

b) Wenn ein Grundstück im Ganzen oder ein der Benutzung der übrigen Mieter entzogener Teil des Grundstücks vermietet ist, so trifft die Verkehrssicherungspflicht den Vermieter nur dann, wenn der Mieter ihm von dem Mangel Kenntnis gegeben hatte oder wenn der Mangel auf sonstige Weise ersichtlich war oder wenn der Vermieter nach Art des Vertrages tatsächlich der Inhaber des Betriebes des Mieters ist.

— Oberlandesgericht Stuttgart, Urteil vom 21. Dezember 1954 — 2 U 55/54 — MDR 1955, 225 —.

Anmerkung:
Vgl. Weimar, Die Verkehrssicherungspflicht des Vermieters WM 1955, 53.

§§ 823, 254 BGB

244. Verkehrssicherungspflicht des Hauseigentümers für das Treppenhaus (Beleuchtungspflicht)

a) Der Eigentümer eines Etagenmiethauses ist verpflichtet, dafür zu sorgen, daß die Stufen im Treppenhaus gefahrlos betreten werden können (vgl. Geigel, Haftpflichtprozeß, 6. Aufl. S. 115, 118; Staudinger Anm. C 1 zu § 823 BGB).

b) Die Beleuchtungspflicht beginnt allgemein mit dem Eintritt der Dunkelheit und endet mit dem Aufhören des Verkehrs (vgl. Geigel Haftpflichtprozeß, S. 119; SchlHA 1915, 251; 1925, 249).

c) In einem Treppenhaus endet der allgemeine Verkehr, wenn die Haustür verschlossen wird; denn von diesem Zeitpunkt an ist der allgemeine Zutritt verwehrt; dritte Personen können nur in Begleitung der Mieter des Hauses das Haus betreten oder verlassen. Endet aber der allgemeine Verkehr in diesem Zeitpunkt, so ergibt sich daraus, daß der Hauseigentümer für die Beleuchtung des Treppenhauses bis zum Verschließen der Haustür zu sorgen hat (RG WarnRspr. 1935, 10).

d) Auch in einer Großstadt pflegt der allgemeine Verkehr in einem Etagenmiethaus um 21 Uhr aufzuhören. Der Hauseigentümer darf daher die Haustür um 21 Uhr verschließen.

e) Schuldhaft handelt, wer bei fehlender Treppenbeleuchtung sich weder ein Licht noch eine Notbeleuchtung beschafft oder nicht wenigstens mit aller Vorsicht die Treppen benutzt (RG HRR 1935, 927; RGRKom. Anm. 1a zu § 254 BGB).

— Oberlandesgericht Hamburg, Urteil vom 16. November 1954 — 1 U 59/54 — VersR 1955, 85 —.

Anmerkung:
Zur Treppenhaus- und Flurbeleuchtungspflicht des Hauseigentümers vgl. OLG Celle: NHG 1954, 12; OLG Düsseldorf: VersR 1952, 70.

§§ 254, 823 BGB

245. Verkehrssicherungspflicht des Hauseigentümers (Treppenhausbeleuchtungspflicht)

a) Nach der aus § 823 BGB abgeleiteten Verkehrssicherungspflicht ist der Hauseigentümer, der durch Vermieten von Wohnungen in seinem Hause einen Verkehr für andere eröffnet, verpflichtet, die Zugänge, insbesondere aber auch die Treppen, in verkehrssicherem Zustande zu erhalten. Es ist hierbei nicht erforderlich, daß der Verkehr für die Allgemeinheit freigegeben ist; es genügt vielmehr bereits die Eröffnung eines nur beschränkten Verkehrs.

b) Zum verkehrssicheren Zustand gehört u. a. eine ausreichende Beleuchtung während der Verkehrsstunden am Abend. Die Beleuchtungspflicht beginnt mit dem Eintreten der Dunkelheit und endet mit dem Aufhören des Verkehrs (vgl. JW 1911, 759; Geigel: „Der Haftpflichtprozeß“, 7. Aufl., S. 142).

c) In einem Treppenhaus endet der allgemeine Verkehr, wenn die Haustüre verschlossen wird; denn von diesem Zeitpunkt an ist der allgemeine Verkehr verwehrt, und Dritte können nur in Begleitung der Mieter des Hauses dieses betreten.

d) Auch nach der Rechtsprechung des früheren RG muß die Treppe in einem Mietshaus während der Dunkelheit, solange das Haus offen und damit dem allgemeinen Verkehr zugänglich ist, dauernd beleuchtet sein (vgl. RG DR 1941, 454). Hierbei kann es dahingestellt bleiben, ob der Hauseigentümer im Hause wohnt oder nicht.

e) Andererseits hat aber jeder, der in der Dunkelheit bzw. Dämmerung ein ihm unbekanntes Haus betritt, die Pflicht, sich langsam und mit Vorsicht vorwärts zu bewegen.

f) Wenn das Treppenhaus vorübergehend wegen Instandsetzungsarbeiten schon am Tage verdunkelt ist, muß der Grundstückseigentümer wirksame Vorkehrungen treffen, um seiner allgemeinen Verkehrssicherungspflicht gegenüber Dritten wirksam nachkommen zu können, d. h. er muß dafür sorgen, daß das Tageslicht durch ausreichende künstliche Beleuchtung ersetzt wird.

g) Es genügt, wenn die Treppenhausbeleuchtung am Tage durch Drücken auf einen Lichtknopf jederzeit betätigt werden kann.

h) Wenn dagegen die Haustür offensteht, somit das Haus jedermann zugänglich ist, dann ist eine ständige künstliche Beleuchtung erforderlich, wenn der allgemeine Hausverkehr, z. B. durch abgestelltes Handwerksgerät noch besonders gefährdet ist.

i) Ein eigenes Verschulden des Treppenbenutzers liegt dann vor, wenn er sich bei fehlender Treppenhausbeleuchtung kein Licht verschafft oder nicht wenigstens mit aller Sorgfalt die Treppe benutzt (vgl. RG HRR 1935, 927).

— Landgericht Stuttgart, Urteil vom 5. Mai 1955 — 7 O 270/54 — VersR 1955, 559 —.

Anmerkung:
Vgl. auch Glaser: Treppen- und Flurbeleuchtungspflicht des Hauseigentümers: Blätter 1955, 359.

§ 823 BGB

246. Streupflicht des Grundstückseigentümers bei Glatteis

a) Eine Überspannung der Anforderungen würde es bedeuten, wenn man verlangen würde, daß der Streupflichtige gleich nach dem Beginn der Glatteisbildung mit dem Streuen beginnen müsse.

b) Es ist in der Rechtsprechung anerkannt, daß dem Verpflichteten ein angemessener Zeitraum zur Verfügung stehen muß, wobei die Umstände des Einzelfalles dafür entscheidend sind, welcher Zeitraum noch als angemessen gelten kann (RG JW 1911, 980; Recht 1911, 3462 u. 3648; JW 1934, 3126).

c) Es entspricht der ständigen Rechtsprechung des RG, daß bei feststehender objektiver Verletzung eines Schutzgesetzes, das ein bestimmtes Verhalten zum Schutze anderer verlangt, dem Bekl. der Beweis dafür zufällt, daß er alles getan hat, um die Ausführung des Schutzgesetzes zu sichern. Das RG hat diesen Grundsatz insbes. bei Verletzung der Streupflicht immer angewandt und an die Darlegungspflicht und den Entlastungsbeweis des Streupflichtigen sehr strenge Anforderungen gestellt (RGZ 91, 72 [76]; 113, 293 [294]; WarnRspr. 1918, 106; JW 1928, 1046; 1930, 3213; 1931, 1690). Der BGH hat sich dieser Rechtsprechung angeschlossen und dem Umstand, daß der zum Streuen Verpflichtete im Hause selbst wohnt, besondere Bedeutung für die Führung des Entlastungsbeweises beigemessen (BGH VersR 1952, 23 — NJW 1952, 61 — JZ 1952, 45 — LM Nr. 2 zu § 823 BGB; vgl. RGZ 95, 60 [63]).

— Bundesgerichtshof, Urteil vom 18. Mai 1955 — VI ZR 104/54 — VersR 1955, 456 — HGBR Rspr. 1955, Nr. 61 — BB 1955, 592 —.

Anmerkung:
Zur Räum- und Streupflicht vgl. Cremerius: NJW 1956, 738.

§ 823 BGB

247. Streupflicht bei Winterglätte

a) Nach §§ 1, 2 der Hamburg. WegereinigungsVO vom 11. Oktober 1940 (Hbg. VOBl., S. 143) in Verbindung mit §§ 1—4 Wegereinigungssatzung vom 1. Oktober 1940 (Hbg. VOBl., S. 144) ist der Hauseigentümer als Anlieger zur Wegereinigung und damit auch zum Streuen bei Winterglätte öffentlich-rechtlich verpflichtet.

b) Von dieser öffentlich-rechtlichen Verpflichtung, deren Nichteinhaltung mit Geldbuße bedroht ist, wird der Eigentümer nur befreit, wenn ein anderer — etwa der Erdgeschoßmieter — für ihn nach § 2 Abs. 3 WegereinigungsVO dem Polizeipräsidenten gegenüber mit dessen Zustimmung durch schriftliche Erklärung die Reinigung übernimmt.

c) Die zivilrechtliche Übernahme der Streupflicht durch den Mieter schützt den Hauseigentümer nicht vor Bestrafung (Auferlegung einer Geldbuße), wenn der Mieter diese Pflicht nicht auch der Polizei gegenüber durch eine schriftliche Erklärung übernommen hat.

— Oberlandesgericht Hamburg, Beschluß vom 30. September 1955 — Ws 585/55 — HGBR Rspr. 1956 Nr. 27 — Hamburg. Grundeigentum 1955, 277 — Bln. Grundeigentum 1956, 73 (n. L.).

Anmerkung:
Die Hamburgische Wegereinigungsverordnung vom 11. Oktober 1940 (Hbg. VOBl. S. 143) entspricht dem Preußischen Wegereinigungsgesetz vom 1. Juli 1912, das in den früheren preußischen Provinzen auch heute noch gilt.
Über Schneeräumung und Streupflicht vgl. Kersken: GWW 1956, 59.

§ 823 BGB

248. Umfang der Streupflicht des Grundstückseigentümers

Grundsätzlich haben die Straßenanlieger bei Schnee oder Eisglätte nur die Pflicht zum Streuen der Fußwege, es sei denn, daß ihnen durch Ortsstatut ausdrücklich auch das Streuen der Straßenrinne und der Fahrbahn auferlegt worden ist.

— Oberlandesgericht Neustadt, Urteil vom 30. März 1955 — 1 U 174/54 — VersR 1955, 315 —.

Anmerkung:
Vgl. auch BGH: VersR 1952, 287 — NJW 1952, 1087 — VRS 4, 333.

249. Umfang der Streupflicht bei Winterglätte

a) Ein Hauseigentümer ist nicht verpflichtet, die ganze — 12 m betragende — Breite eines Gehweges zwischen Hauswand und Bordstein bei Glatteis zu bestreuen.

b) Bei ungewöhnlich breiten Bürgersteigen mit einem Plattenstreifen ist nur diejenige Fläche zu bestreuen, die mit Platten belegt ist.

c) Teile des Bürgersteiges, die zu Ladengeschäften führen oder den Zugang von Schaufenstern ermöglichen, unterliegen, auch wenn sie unter sich eine plattierte Verbindung haben, nicht der öffentlichrechtlichen Streupflicht.

— Oberlandesgericht Hamburg, Urteil vom 25. Februar 1954 — 3 U 312/53 — VersR 54, 358 — GWW 1955, 206 —.

d) Die Streupflicht erstreckt sich nicht auf den Bürgersteig in seiner ganzen Breite, sondern nur auf einen für den Fußgängerverkehr notwendigen schmalen Gehweg auf dem Bürgersteig. —

— Landgericht Augsburg, Urteil vom 15. Februar 1954 — 1 O 193/52 — VersR 1954, 374 —.

e) Die Streupflicht in einer kleinen Stadt beginnt erst mit dem Beginn des allgemeinen Tagesverkehrs oder Hauptberufsverkehrs, etwa um die 8. Stunde.

— Oberlandesgericht Karlsruhe, Beschluß vom 17. Dezember 1954 — 5 W 99/54 — MDR 1955, 163 —.

f) Der Bürgersteig braucht nicht in seiner ganzen Breite gestreut zu werden. Es reicht aus, wenn der gepflasterte Teil oder ein Streifen in Breite dieses Teiles (etwa 1 m bis 1,20 m) bestreut wird.

— Oberlandesgericht Celle, Urteil vom 17. März 1954 — 9 U 78/53 — VersR 1955, 286.

Anmerkung:
Zu e): Vgl. auch OVG Berlin: HW 1954, 274.
Über den Umfang der Streupflicht vgl. auch OLG Köln: Blätter 1954, 79 — BB 1954, 82 — VersR 1954, 67 — MDR 1954, 228 — Württ. Hztg. 1954 Nr. 6.

§ 823 BGB

250. Zeitliche und örtliche Grenzen der Streupflicht

a) Der Streupflicht sind zeitliche und auch örtliche Grenzen gesetzt. Im allgemeinen ergeben sich diese Grenzen aus den einschlägigen Ortspolizeivorschriften.

b) Der Bürgersteig ist im allgemeinen in einer Breite von mindestens 1,50 m mit Asche, Sand oder anderen abstumpfenden Stoffen zu bestreuen.

c) Das Streuen muß so oft geschehen, als es nötig ist, um den Bürgersteig begehbar zu erhalten.

d) Der Verkehrsteilnehmer, der morgens um 5,30 Uhr die Straße benutzt, pflegt nicht damit zu rechnen, daß bereits gestreut ist. Auf keinen Fall kann er sich darauf verlassen. Er hat vielmehr selbst die erforderliche Vorsicht anzuwenden, um einen Unfall zu vermeiden.

— Amtsgericht Mellrichstadt, Beschluß vom 4. Juli 1955 — H 5/55 — VersR 1955, 607 —.

§ 823 BGB

251. Streupflicht bei andauerndem Schneefall

a) Bei andauerndem Schneefall entfällt die Streupflicht jedenfalls dann, wenn die Witterungsverhältnisse die Streumittel sehr bald wirkungslos machen würden.

b) Der Unfall ist dann nicht auf eine Verletzung der Streupflicht zurückzuführen, wenn selbst bei Beachtung derselben die Wirkung der Streumittel durch neuen Schneefall inzwischen wieder beseitigt wäre.

— Oberlandesgericht Celle, Urteil vom 16. Juni 1954 — 9 U 221/53 — VersR 1955, 408 —.

§ 823 BGB

252. Streupflicht bei fortgesetztem Schneefall

a) Die Streupflicht beginnt erst angemessene Zeit nach dem Aufhören des Schneefalles, weil bei fortgesetztem Schneefall das Streuen eine zwecklose Maßnahme darstellt, durch die Unfälle entweder überhaupt nicht oder nur für eine kurze Zeit verhindert werden, so daß die häufige Wiederholung dem Streupflichtigen nicht zuzumuten ist (vgl. Soergel BGB § 823 Anm. 23b, Palandt BGB § 823 Anm. 14 „Straßen, Streupflicht" b, bb).

b) Wer bei fortgesetztem Schneefall die Straße betritt, muß die dadurch bedingte Erhöhung der Gefahr in Kauf nehmen und sich durch Anwendung besonderer Vorsicht danach richten, wenn er nicht zu Schaden kommen will.

— Oberlandesgericht Karlsruhe, Beschluß vom 11. November 1955 — 1 W 77/55 — VersR 1956, 70 —.

§§ 823, 254 BGB

253. Streupflicht bei schwankender Witterung um den Gefrierpunkt — Mitverschulden des Verletzten

a) Der Hauseigentümer ist verpflichtet, den öffentlichen Gehweg vor seinem Hause bei Straßenglätte durch Aufhacken des Eises oder durch Streuen in einem verkehrssicheren Zustand zu halten. Diese Verpflichtung bezieht sich auch auf einzelne vereiste Stellen, die oft gefährlicher sind, als eine allgemeine Straßenglätte, da ein Fußgänger auf dem sonst gut begehbaren Weg mit einzelnen glatten Stellen nicht immer zu rechnen pflegt.

b) Es ist allgemein bekannt, daß bei einem Schwanken der Witterung um den Gefrierpunkt die Gefahr unerwarteter stellenweiser Eisbildung am Boden besonders groß ist. Diesem Umstand muß der Hauseigentümer Rechnung tragen.

c) Der Fußgänger muß damit rechnen, daß nicht alle glatten Stellen des Gehweges bestreut sind. Wenn er nicht aufpaßt, trifft ihn ein hälftiges Mitverschulden.

— Oberlandesgericht Stuttgart, Urteil vom 14. Juni 1955 — 2 U 7/55 — VersR 1955, 463 —.

254. Streupflicht des Grundstückseigentümers an einer unbebauten Straße.

Die Eigentümer unbebauter Grundstücke sind genau wie diejenigen bebauter Grundstücke verpflichtet, bei Winterglätte einen dem tatsächlichen Fußgängerverkehr entsprechenden Streifen (Hausstreifen) entlang ihrem Anwesen mit Sand zu bestreuen.

— Oberlandesgericht Nürnberg, Urteil vom 16. Dezember 1954 — 2 U 319/53 — VersR 1955, 361 —.

Anmerkung:
Ebenso für bebaute Grundstücke: OLG Köln: VersR 1954, 67; LG Augsburg: VersR 54, 374; vgl. auch oben Nr. 249.

§§ 823, 276 BGB

255. Streupflicht vor Ruinengrundstücken

a) Auch der Eigentümer eines Trümmergrundstücks ist für dessen polizeilichen Zustand verantwortlich (BGHZ 16, 12 [15] — NJW 55, 257).

b) Eine von der ortsstatutarischen Regelung der Reinigungspflicht abweichende Übung des Inhalts, daß vor Ruinengrundstücken weder durch den Eigentümer noch durch die Gemeinde gereinigt bzw. gestreut wird, kann, weil sie der allgemeinen Rechtsauffassung widerspricht, nicht zur Observanz werden.

c) Die durch PolizeiVO den Anliegern auferlegte Reinigungs- und Streupflicht traf für ein zum eingebrachten Gut gehörendes Grundstück grundsätzlich — auch — die Ehefrau.

— Oberlandesgericht Bremen, Urteil vom 17. Februar 1955 — 2 U 196/53 — NJW 1956, 27 —.

256. Streupflicht des Eigentümers eines beschlagnahmten Grundstücks

a) Auch der Eigentümer eines Grundstückes, das von der ehemaligen Besatzungsmacht beschlagnahmt ist, hat während der Zeit der Beschlagnahme vor dem Grundstück bei Schnee und Glatteis zu streuen.

b) Der besatzungsverdrängte Eigentümer muß zwar insofern ein Sonderopfer bringen, als er sein Grundstück nicht mehr wie zuvor nutzen kann; hinsichtlich der Streupflicht steht er aber weiterhin allen anderen Grundstückseigentümern gleich.

— Bundesgerichtshof, Urteil vom 27. April 1955 — VI ZR 230/54 — BB 1955, 433 —.

Anmerkung:

Demgegenüber hat das Oberlandesgericht Kassel in seinem Beschluß vom 9. Dezember 1954 — 1 W 100/54 — VersR 1955, 154 — die Streupflicht bei Glatteis für den Eigentümer eines von der Besatzungsmacht beschlagnahmten und bewohnten Grundstücks verneint.

Das LG Darmstadt hat in seinem nicht veröffentlichten Urteil vom 30. 6. 1955 — 3 S 11/55 — ausgeführt, daß die von der Gemeinde durch Polizeiverordnung auf die Straßenanlieger abgewälzte Streupflicht nicht deshalb auf die Gemeinde zurückfällt, weil das Haus von der früheren Besatzungsmacht beschlagnahmt worden ist; vgl. auch LG Marburg, Urteil vom 4. Mai 1955 — 3 O 68/54 — NJW 1956, 29 —.

§ 823 BGB

257. Übertragung der Streupflicht auf einen Dritten

a) Wenn der Grundstückseigentümer die Reinigungs- und Streupflicht mit Zustimmung der Polizeiverwaltung einem Dritten (Hausverwalter oder Mieter des Erdgeschosses) übertragen hat, so ist er einem Geschädigten gegenüber von jeder Haftung befreit.

b) Für die Zustimmung der Polizeibehörde nach § 6 des Preuß. Wegereinigungsgesetzes vom 1. Juli 1912 über die Reinigung öffentlicher Wege ist allein maßgeblich, ob der andere, „der die Streupflicht übernommen hat“, zur Ausführung der Reinigung und somit zur Herstellung eines insoweit polizeimäßigen Zustandes des Gehwegs auf dem Bürgersteig in der Lage ist. Die Frage, ob der andere im Falle der Pflichtverletzung über ausreichende Mittel zur Befriedigung des Ersatzberechtigten verfügt, ist als nicht zum Gebiet des Polizeilichen gehörig ohne Belang.

— Landgericht Berlin, Urteil vom 27. April 1954 — 15 O 13/54 — VersR 1954, 515 —.

Anmerkung:

Über die Haftung des Erdgeschoßmieters bei Übernahme der Streupflicht vgl. Beschluß des Kammergerichts vom 12. Juli 1954 — 4 UH 161/54 — VersR 1954, 459; LG Hamburg: Hbg. Grundeigentum 1954, 200.

§§ 823, 831 BGB

258. Zur Aufsichtspflicht des Hauseigentümers bei der Streuarbeit

a) Ein Hausbesitzer handelt nicht fahrlässig, wenn er die ihm obliegende Bestreuung des Gehsteiges bei Winterglätte einem Minderjährigen aufträgt.

b) Die Aufsichtspflicht des Hausbesitzers bezüglich der Streuarbeit darf nicht so überspannt werden, daß der Aufsichtspflichtige die Arbeiten besser selbst täte.

c) Eine ständige Überwachung des Verrichtungsgehilfen kann nicht verlangt werden; es genügt eine fortlaufende, planmäßige Überwachung mit unerwarteten Kontrollen.

— Landgericht Nürnberg, Urteil vom 8. Februar 1955 — 7 O 25/54 — VersR 1955, 288 —.

§ 823 BGB

259. Streupflicht einer Stadtgemeinde hinsichtlich des Fahrdammes

a) Die Streupflicht bildet einen Teil der einer Gemeinde obliegenden Pflicht zur Verkehrssicherung auf einem öffentlichen Weg.

b) Der Umfang der Pflicht zur Sicherung der Verkehrsteilnehmer hat sich grundsätzlich nach dem zu bemessen, was zur Sicherung desjenigen Verkehrs erforderlich ist, dem die Wegefläche gewidmet ist.

c) Das Maß der danach an den Verkehrssicherungspflichtigen zu stellenden Anforderungen richtet sich im einzelnen nach den Gegebenheiten des Falles, wobei vor allem auch die Art und Wichtigkeit des Verkehrsweges, die Stärke des Verkehrs zu berücksichtigen sind.

d) Eine Gemeinde hat daher an einer gefährlichen, einen nicht unerheblichen Verkehr aufweisenden Straßenstelle auch die Fahrbahn zu bestreuen.

— Bundesgerichtshof, Urteil vom 24. März 1955 — III ZR 192/53 — Betrieb 1955, 454 — BB 1955, 366 — DAR 1955, 135 —.

Anmerkung:
Ebenso Urteil des Bundesgerichtshofs vom 24. April 1952 — III ZR 78/79/1951 — NJW 1952, 1087 — VersR 1952, 287; vgl. auch Gülde: Versicherungswirtschaft 1949, 148; LG Münster: JR 1952, 439.

§ 823 BGB

260. Streupflicht der Gemeinde

a) Das Bestreuen der Straßen gehört nicht zum materiellen Inhalt der Straßenbaulast, sondern ist innerhalb geschlossener Ortschaften den Gemeinden als Trägern der Ortspolizeibehörde als besondere Pflicht auferlegt (BGH in VersR 52, 287 — VRS 4, 323; OLG Bamberg in VRS 7, 161).

b) Diese Streupflicht der Gemeinden gilt jedoch nach bisheriger Rechtsprechung nur für Bürgersteige, für die Fahrdämme aber grundsätzlich nicht. Jedoch ist eine solche Pflicht angenommen worden, wenn ein besonderes Bedürfnis vorliegt (OLG Breslau: JW 1937, 1260), z. B., wenn sich der Fahrverkehr anders nicht helfen kann (HRR 1936, 1328) oder wenn das Gelände besonders gefährlich ist.

c) In der Praxis ist das Streuen des Fahrdammes an verkehrswichtigen Punkten, abschüssigen Stellen, Kurven usw. in vielen Städten aus einem tatsächlichen Verkehrsbedürfnis heraus zu einer regelmäßigen Übung und Selbstverständlichkeit geworden. In diesem Umfang ist somit, übereinstimmend mit der Rechtsprechung des BGH, eine Streupflicht der Gemeinden anzuerkennen (BGH in VersR 52, 287 — NJW 1952, 1087 — VRS 4, 323 ff.).

d) Die Fahrbahnen von Durchgangs- und verkehrsreichen Hauptstraßen einer mittleren Stadt sind zumindest an Kreuzungen und Einmündungen zu bestreuen.

— Oberlandesgericht München, Urteil vom 27. Oktober 1955 — 1 U 1282/54 — VersR 1956, 163 —.

§ 823 BGB

261. Streupflicht der Gemeinde

a) Die Streupflicht besteht nicht unbedingt, sondern leitet sich aus der Verkehrssicherungspflicht her.

b) Entscheidend für die Streupflicht ist die Verkehrsbedeutung der Straße.

c) Dadurch, daß durch ortspolizeiliche Vorschrift den Straßenanliegern aufgegeben wird, bei Glatteis vor ihrem Anwesen zu streuen, wird für die Gemeinde kein selbständiger Haftungsgrund geschaffen, der die Gemeinde über den Rahmen ihrer Verkehrssicherungsaufgabe hinaus verpflichtet.

— Oberlandesgericht Nürnberg, Beschluß vom 2. November 1955 — 4 W 228/55 — VersR 1956, 165 —.

Anmerkung:
Zur Frage des Inhalts und Umfangs der Streupflicht auf Fahrbahnen innerhalb der geschlossenen Ortslage einer Gemeinde nach dem Preuß. Wegereinigungsgesetz sowie der Entlastungsmöglichkeiten einer Gemeinde im Falle einer objektiven Verletzung der Streupflicht aus dem ein Schutzgesetz im Sinne des § 823 Abs. 2 BGB darstellenden Preuß. Wegereinigungsgesetz vgl. Urteil des Bundesgerichtshofs vom 5. Dezember 1955 — III ZR 83/54 — VersR 1956, 158 —.
Zur Streupflicht (Verkehrssicherungspflicht) der Gemeinden vgl. auch OLG Bamberg, Beschluß vom 23. 2. 1956 — 1 W 176/55 — VersR 1956, 324; LG Kempen, Urteil vom 14. 12. 1955 — S. 138/55 — VersR 1956, 376.

§ 823 BGB

262. Pflicht der Gemeinde zum Bestreuen der Fahrbahn bei Glatteis

a) Die Verkehrssicherungsspflicht für eine Straße besteht grundsätzlich für den, der eine Straße dem öffentlichen Verkehr gewidmet hat. Diese Pflicht, die von der Straßen- und Wegeunterhaltungspflicht zu unterscheiden ist, begründet für die politische Gemeinde, die einen Verkehr auf einer öffentlichen Straße unterhält, die Verpflichtung, für die Verkehrssicherheit auf dieser Straße zu sorgen und insbesondere die Straße bei Straßenglätte zu bestreuen (RGZ 54, 56; 121, 407; 154, 25).

b) Eine allgemeine Streupflicht auf dem Fahrdamm ist von der Rechtsprechung nicht anerkannt.

c) Die Streupflicht für Fahrdämme ist nur dann zu bejahen, wenn ein besonderes Bedürfnis hierfür besteht (OLG Dresden: JW 1937, 1260).

d) Die Bejahung einer allgemeinen Streupflicht der Gemeinden für den ganzen Fahrdamm würde eine Überspannung der Verkehrssicherungspflicht bedeuten und Vorrichtungen voraussetzen und erfordern, durch die die Gemeinden in der kalten Jahreszeit einsatzbereit und in der Lage sein müßten, in kürzester Frist die Fahrbahn der gesamten Straßen zu bestreuen.

e) Eine solche ständige Einsatzbereitschaft würde den Gemeinden eine Last auferlegen, die ihnen nicht zugemutet werden kann.

f) Eine Verpflichtung zum Bestreuen der Fahrbahn bei Glatteis besteht daher nur dort, wo es sich um besondere Gefahrenpunkte handelt. Als besonderer Gefahrenpunkt in diesem Sinne kann der Übergang von einer asphaltierten Bundesstraße in eine gepflasterte, stärker gewölbte Ortsdurchfahrt nicht angesehen werden.

— Oberlandesgericht Karlsruhe, Urteil vom 9. Februar 1955 — 2 U 173/54 VersR 1955, 509 —.

§ 823 BGB

263. Streupflicht einer Stadtgemeinde

a) Eine Stadtgemeinde ist grundsätzlich gehalten, die aus der Glatteisbildung für die Sicherheit des Straßenverkehrs sich ergebenden Gefahren durch Streuen nach Möglichkeit zu beseitigen.

b) Die Anforderungen an diese Verkehrssicherungspflicht, die sich grundsätzlich auf das Streuen der Gehwege und Straßenübergänge beschränkt und für den Fahrdamm nur unter besonderen Umständen gegeben ist (RG: HRR 1929 Nr. 1091), dürfen jedoch nicht überspannt werden.

c) Nach der in der Rechtsprechung überwiegend vertretenen Auffassung (RG: HRR 1933 Nr. 1217; OLG München: HRR 1937, 1221) unterliegt die Streupflicht zunächst allgemein einer Begrenzung in zeitlicher Hinsicht dahin, daß erst zu Beginn des allgemeinen Tagesverkehrs oder Hauptberufsverkehrs gestreut werden muß.

d) Besondere Verkehrsverhältnisse können abweichend davon die Streupflicht für gewisse Verkehrszentren allerdings auch schon zu einer früheren Tageszeit begründen (RG: HRR 1932, 314).

— Oberlandesgericht Karlsruhe, Beschluß vom 17. Dezember 1954 — 5 W 99/54 — MDR 1955, 163 —.

Anmerkung:
Über die Streupflicht der Gemeinden bei Glatteis vgl. Beschluß des Oberlandesgerichts Köln vom 27. August 1953 — 6 W 199/53 — NJW 1953, 1631 — MDR 1953, 733 — VersR 1953, 403 — DÖV 1953, 704 — DVBl. 1953, 772 — vgl. auch BGH: NJW 1952, 1087 mit zahlr. Nachw.

§ 823 BGB

264. Zur Streupflicht der Gemeinden auf der Fahrbahn

a) Eine Stadtgemeinde hat im Rahmen ihrer allgemeinen Verkehrssicherungs-Pflicht die Pflicht, auch die Fahrbahn zu bestreuen, wenn dazu ein besonderes Bedürfnis besteht und außergewöhnliche Verhältnisse es erfordern (OLG München: HRR 1937, 1221).

b) Die Rechtsprechung hat in der Frage, ob und inwieweit auch die Fahrbahnen bei Winterglätte zu bestreuen sind, in neuerer Zeit unter dem Eindruck des erheblich gesteigerten Fahrverkehrs eine Wandlung erfahren.

c) Während früher eine Pflicht zur Bestreuung des Fahrdamms entweder überhaupt abgelehnt oder höchstens insoweit angenommen wurde, als es zur Sicherung des Fußgängerverkehrs bei Straßenübergängen erforderlich war, bejaht die neuere Rechtsprechung eine Streupflicht auch auf dem Fahrdamm „an verkehrswichtigen und gefährlichen Stellen“ (BGH: VersR 52, 287 — NJW 1952, 1087), „wenn sich der Fahrverkehr auch bei Anwendung der im Verkehr erforderlichen Sorgfalt nicht selbst helfen kann“ (OLG Dresden: JW 1937, 1260), „an besonderen Gefahrenstellen“ (OLG Karlsruhe: VersR 53, 388; OLG Celle; RdK 40, 155), „wenn die Gefährlichkeit des Geländes die Verpflichtung auferlegt“ (OLG Düsseldorf: RdK 42, 127), „an verkehrswichtigen Punkten, Kurven und abschüssigen Stellen“ (OLG Köln: DÖV 1953, 704).

d) Die Auffassung, daß eine Stadtgemeinde bei Glatteis alle Straßen auf dem Fahrdamm bis zum Stadtrand streuen müsse, bedeutet eine nicht vertretbare Überspannung der Anforderungen an die Verkehrssicherungspflicht.

e) Ist eine Straße teilweise bestreut, muß der Kraftfahrer immer damit rechnen, daß die Bestreuung der Strecke aufhört. Aus diesem Grunde muß er die Fahrbahnoberfläche sorgfältig beobachten.

— Landgericht München, Urteil vom 28. Februar 1955 — 9 O 260/54 — VersR 1955, 430 —.

§ 823 BGB

265. Streupflicht der Gemeinden auf öffentlichen Straßen

a) Die im Schrifttum heute noch in Anlehnung an die Rspr. des RG vertretene Auffassung, eine Verpflichtung, die Fahrbahn zu bestreuen, bestehe nur ausnahmsweise, wird den derzeitigen Straßenverkehrsverhältnissen nicht mehr gerecht (gegen eine Streupflicht: Palandt, § 823 Anm. 14; RGR-Komm. § 823 Anm. 6b; Erman, § 823 Anm. 9 c ii).

b) Seit dem Entstehen dieser Rspr. hat sich der Straßenverkehr ständig weiter entwickelt.

c) Daraus hat sich eine Fülle neuer Gefahrenquellen ergeben, so daß sich die Gemeinden der Verpflichtung, die aus der jeweiligen Straßenbeschaffenheit erwachsenden zusätzlichen Gefahren mit allen zur Verfügung stehenden Mitteln zu beseitigen oder wenigstens gering zu halten, nicht mehr verschließen können. Dazu gehört auch die Pflicht, bei Straßenglätte innerhalb der geschlossenen Ortslage die Fahrbahn mit abstumpfenden Mitteln wirksam zu bestreuen (BGH NJW 1952, 1087; OLG Köln NJW 1953, 1631).

— Landgericht Aachen, Urteil vom 22. Oktober 1955 — 2 S 141/54 — MDR 1956, 355 —.

266. Haftung der Stadtgemeinde für Schäden infolge Einsturzes einer stadteigenen Bauruine

a) Eine Stadtgemeinde, die Eigentümerin einer Bauruine an einer verkehrsreichen Straße ist, genügt ihrer Verkehrssorgfaltspflicht nicht schon dadurch, daß sie die Ruine ebenso wie die Bauruinen anderer Eigentümer in der Stadt durch ihre Beamten auf ihren Besichtigungsgängen beobachten läßt.

b) Sie hat die Bauruine wenigstens dann fachtechnisch auf ihre Standfestigkeit zu überprüfen, wenn Anhaltspunkte dafür gegeben sind, daß die Ruine einem starken Sturm nicht mehr standhält.

— Bundesgerichtshof, Urteil vom 23. September 1953 — VI ZR 152/52 — HW 1954, 451 —.

§§ 823, 242 BGB

267. Haftung für die Verkehrssicherheit auf dem Zufahrtsweg zu einer Baustelle

a) Die Verkehrssicherungspflicht auf dem Zufahrtsweg zu einer Baustelle obliegt dem Bauunternehmer, der nach behelfsmäßiger Planierung und Festigung des Zufahrtsweges auf dem Baugrundstück einen Verkehr zuläßt und damit eröffnet; denn, wer durch Eröffnung eines Verkehrs eine Gefahrenlage schafft, hat nach allgemeiner Rechtsanschauung für die den Umständen nach gebotene Sicherung zu sorgen (RG 121, 404; 165, 159). Diese Verkehrssicherungspflicht trifft nicht nur den Grundstückseigentümer, sondern jeden, der in der Lage ist, über Sachen oder Räume zu verfügen (Palandt-Gramm, Anm. 8 zu § 823 BGB). Diese Voraussetzung ist für den Bauunternehmer für die Dauer der Baudurchführung gegeben, wenn ihm vom Grundeigentümer oder Bauherrn die zweckgebundene Verfügungsmacht über den Baustellenbereich eingeräumt worden ist.

b) Die Verkehrssicherungspflicht hat ihre Grenzen in dem, was nach allgemeiner Verkehrsauffassung zumutbar ist.

c) Bei der vorübergehenden Fahrbenutzung einer Baustelle und den bei fortschreitender Arbeit auch laufend eintretenden Veränderungen der Bodenbeschaffenheit kann es dem Bauunternehmer nicht zugemutet werden, vorhandene Unebenheiten und sonstige Fahrerschwerungen fortgesetzt zu beseitigen.

d) Soweit typische, einer Baustelle regelmäßig anhaftende Fahrerschwerungen als Unfallursache allein in Betracht kommen, kann sich der Fuhrunternehmer nicht mit Erfolg auf die Verkehrssicherungspflicht des Bauunternehmers berufen.

e) Die Haftung des Bauunternehmers kann auch aus dem Gesichtspunkt des Handelns auf eigene Gefahr ausgeschlossen sein.

— Oberlandesgericht Hamburg, Urteile vom 8. Juli 1954 — 6 U 98/54 — und vom 17. Februar 1955 — 6 U 274/54 — nachgewiesen von Storke: BB 1955, 333 — MDR 1955, 357 (n. L.) — VersR 1955, 460 —.

§§ 823, 631 BGB

268. Haftung des Bauunternehmers für die Sicherung der Baustelle

a) Wenn der Bauunternehmer vertraglich die Sicherung der Baustelle übernommen hat, dann hat er den Bauherrn von etwaigen Schadenserstattungsansprüchen Dritter freizuhalten.

b) Hierin liegt keine sittenwidrige Abwälzung einer Schadensersatzpflicht des Bauherrn auf den Bauunternehmer, weil dieser im allgemeinen über die erforderlichen Erfahrungen und Gerätschaften verfügt, um die zur Sicherung der Baustelle erforderlichen Vorkehrungen treffen zu können.

c) Überprüft ein Angestellter des Bauherrn während der Bauarbeiten diese Arbeiten in technischer Beziehung, so liegt darin noch keine Abänderung der vertraglichen Bestimmungen über die Sicherung der Baustelle.

d) Eine Vertragsbestimmung, nach der der Bauunternehmer für alle Schäden haftet, die durch eine mangelhafte Absperrung der Baustelle entstehen, ist dahin auszulegen, daß der Bauunternehmer im Innenverhältnis den Schaden allein zu tragen hat, wenn der Bauherr von einem Dritten auf Schadensersatz in Anspruch genommen wird.

— Oberlandesgericht Hamm, Urteil vom 17. Februar 1955 — 2 U 97/54 — MDR 1955, 416 —.

§§ 823, 254 BGB

269. Sicherung einer Baustelle durch den Bauunternehmer

a) In der Rechtsprechung ist feststehender Grundsatz, daß derjenige, der eine Gefahrenquelle eröffnet, die zur Abwendung der Gefahr erforderlichen Sicherungsmaßnahmen zu treffen hat. Bei unbeweglichen Sachen (Grundstücken, Häusern, dem Innern von Gebäuden) bedeutet das: Wer auf einem Grundstück einen Verkehr eröffnet, haftet für die Verkehrssicherung (RG 90, 68; 121, 407).

b) Inhalt und Umfang der Sicherungspflicht bestimmen sich nach den jeweils obwaltenden Umständen. Für Bauten bestehen Unfallverhütungsvorschriften, die den Zweck verfolgen, Betriebsunfällen der nach der RVO gegen Unfall Versicherten auf dem Arbeitsplatz während der Arbeitszeit vorzubeugen. In diesen Vorschriften haben aber auch die im Baugewerbe gewonnenen Berufserfahrungen ihren Niederschlag gefunden, sie stellen deshalb zugleich allgemeine Erfahrungssätze über Art und Maß der erforderlichen Sicherung auf Baustellen dar (RG JW 1929, 1461, BGH in LM § 823 BGB Nr. 5 — 1953 —). Die allgemeine Verkehrssicherungspflicht gegenüber jedermann hat daher grundsätzlich den gleichen Inhalt wie die Unfallverhütungsvorschriften.

c) Der Bauunternehmer braucht innerhalb des Baues für die nach den Unfallverhütungsvorschriften vorgesehenen Sicherungen nicht auch in der Zeit zwischen Feierabend und Wiederaufnahme der Arbeiten am nächsten Tag zu sorgen, wenn er während dieser Zeit die Zugänge zu dem Bau gesperrt hat. Grobe Fahrlässigkeit trifft den Verletzten, der den Bau betritt, nachdem die Bauarbeiter erkennbar Feierabend gemacht haben, und er sich dabei so unvorsichtig verhält, daß er in den Kellerschacht stürzt.

d) Als Absperrung ist üblich und auch ausreichend, daß in die Eingänge Bretter überkreuz gestellt werden. Hierdurch wird jedermann kundgetan, daß der Verkehr auf der Baustelle ruht und daß das Innere des Baues dem Verkehr nicht zugänglich ist.

e) Unbefugte, denen schon durch Schilder auf der Baustelle untersagt ist, das Baugelände zu betreten, werden durch diese Maßnahme nachdrücklich vor dem Zutritt zum Bau gewarnt. Aber auch für Personen, die während der Arbeitszeit Zugang zum Bau haben, ist damit klargestellt, daß sie sich zur Zeit der Absperrung dem Bau fernzuhalten haben.

— Oberlandesgericht Oldenburg, Urteil vom 9. März 1955 — 2 U 112/54 — VersR 1955, 427 —.

§ 823 BGB

270. Haftung des Bauunternehmers für die Sicherung einer Straßenbaustelle

a) Die Verpflichtung zur Sicherung einer Straßenbaustelle beginnt für den Bauunternehmer erst mit der tatsächlichen Aufnahme der Bauarbeiten und nicht schon mit der Auftragserteilung.

b) Die Verkehrssicherungspflicht für öffentliche Straßen trifft den Träger der Straßenbaulast. Die Sicherungspflicht umfaßt die Anordnung von Sicherungsmaßregeln bei der Vornahme öffentlicher Arbeiten, insbesondere auch die Verpflichtung zur Aufstellung von Warnzeichen.

c) Die Abwälzung der Verkehrssicherungspflicht durch Vertrag auf den Bauunternehmer bei Durchführung von Bauarbeiten mit der Wirkung, daß der Bauausführende auch Dritten gegenüber haftet, ist nicht wirksam.

— Amtsgericht Hamburg-Harburg, Urteil vom 26. Mai 1954 — 14 C 172/54 — MDR 1955, 290 —.

§ 823 BGB

271. Sicherung einer Baustelle durch den Bauunternehmer

a) Der Bauunternehmer hat durch geeignete Maßnahmen Straßenpassanten und insbesondere herumspielende Kinder gegen die durch die Baustelle drohenden Gefahren zu sichern.

b) Hierzu gehört das Anbringen von Schildern: „Betreten der Baustelle verboten", ferner das Absperren des Einganges des im Bau befindlichen Hauses nach Arbeitsschluß mit Querhölzern und die ständige Bewachung der Baustelle nach Arbeitsschluß durch einen Wärter.

c) Die Kölner Polizei-Verordnung betreffend Sicherheit des Verkehrs bei Bauausführungen vom 15. 3. 1939 ist ein Schutzgesetz im Sinne des § 823 Abs. 2 BGB. Durch diese Polizeiverordnung soll in erster Linie der auf der Straße gehende Fußgänger gesichert werden, nicht aber derjenige, der unbefugt in eine Baustelle eindringt.

— Beschluß des Landgerichts Köln vom 26. März 1955 — 15 T 5/55 — VersR 1955, 543 —.

§ 823 BGB

272. Verkehrssicherungspflicht des Gerüstunternehmers

a) Ein Gerüstunternehmer, der auf einem verkehrsreichen Bürgersteig an einem Hause mit einem Ladenfenster ein Gerüst aufstellt, ist verpflichtet, Vorkehrungen zu treffen, um die von dem Gerüst drohenden Gefahren abzuwenden.

b) Der Straßenpassant muß beim Herantreten an das Gerüst prüfen, ob und welche Gefahren ihm drohen.

— Oberlandesgericht Celle, Urteil vom 14. April 1954 — 9 U 17/54 — VersR 1955, 396 —.

273. Bauschmutz auf Straßen

a) Wer eine verkehrsgefährdende Verschmutzung einer Straße herbeiführt, macht sich strafbar.

b) Der Inhaber eines Tiefbaugeschäfts, der mit Ausschachtungsarbeiten auf einem Baugrundstück beauftragt ist, hat dafür Sorge zu tragen, daß seine Lastwagen ordnungsmäßig beladen werden und daß die Räder vor dem Befahren der öffentlichen Straße ausreichend gereinigt werden, damit sich keine Lehmklumpen auf der Straße lösen und dort eine schmierige Schicht bilden.

— Oberlandesgericht Hamm — 2 Ss 1773/54 — Versicherungsnehmer 1956 Nr. 1 —.

IX.

Nachbarrecht

Nr. 274—314

§ 906 BGB

274. Nachbarrecht — ortsübliche Immissionen

a) Bei der Beurteilung von Zuführungen im Sinne des § 906 BGB kommt es nicht nur auf die Art der beeinträchtigenden Anlage, sondern auch auf Art und Maß der Benutzung an, so daß eine besonders schädigende Benutzungsweise eines Fabrikgrundstücks (Zuführung von besonders schädlichen Gasen) ungewöhnlich sein kann, obwohl in der Gegend ähnliche Fabrikbetriebe mit weniger schädigenden Ausströmungen von den Nachbarn geduldet werden müssen (Bestätigung von RGZ Bd. 139, S. 29 [32]; Bd. 154, S. 161 [164]).

b) Auf Grund des § 26 GewO kann auch für Schaden aus der Zeit nach der Klageerhebung Schadensersatz ohne Nachweis eines Verschuldens gefordert werden (Bestätigung von RGZ Bd. 139, S. 29 [34/35]).

— Bundesgerichtshof, Urteil vom 29. Oktober 1954 — V ZR 53/53 — HW 1954, 472 — BB 1954, 1010 — ZMR 1955, 46 — NJW 1955, 19 — Betrieb 1955, 45 — MDR 1955, 28 — VersR 1954, 597. —.

§ 906 BGB

275. Beeinträchtigung durch Hühnerhaltung

Auch eine grundsätzlich als ortsüblich erlaubte Hühnerhaltung ist so einzurichten, daß der Nachbar nicht über eine ihm nach durchschnittlichem Empfinden zumutbare Einwirkung hinaus in der Benutzung seines Grundstücks beeinträchtigt wird (vgl. auch BGH: NJW 1955, 19 — oben Nr. 274).

— Landgericht Tübingen, Urteil vom 21. April 1955 — 1 S 222/54 — ZMR 1956, 121 —.

§ 906 BGB

276. Zur Ortsüblichkeit des Betriebsgeräuschs eines Sägewerks

a) Die örtliche Verkehrssitte ist in einer Großstadt mit besonderer Vorsicht zu beurteilen.

b) Eine abgeschlossene Entwicklung zur Ortsüblichkeit im Sinne des § 906 BGB kann nicht schon deshalb angenommen werden, wenn seit 1945 ständige Proteste der Nachbarn gegen die Nutzungsart des Grundstücks ausgeblieben sind oder keinen Erfolg gehabt haben.

— Landgericht Düsseldorf, Urteil vom 17. Dezember 1953 — 3 O 256/52 — HW 1955, 211 —.

§§ 858, 862, 906, 1004 BGB

277. Störung durch Geräusche eines Betriebes auf dem Nachbargrundstück

a) Nach § 906 BGB müssen Einwirkungen geduldet werden, die die Benutzung des Grundstücks nicht oder nur unwesentlich beeinträchtigen oder durch Benutzung eines anderen Grundstücks herbeigeführt sind, die nach den örtlichen Verhältnissen gewöhnlich ist.

b) Die Frage, in welchem Umfang sich die Bewohner eines Hauses Geräuscheinwirkungen aus der Nachbarschaft gefallen lassen müssen, unterliegt im Laufe der Zeit einer Wandlung.

c) Eine durch die moderne Entwicklung bedingte Gewöhnung und Unempfindlichkeit gegenüber Geräuschen hat aber nicht zur Folge, daß dauerndes Brummen oder Summen von Maschinen allgemein nicht mehr als wesentliche Störung empfunden werden.

d) Eine als wesentliche Störung empfundene und nicht ortsübliche Geräuscheinwirkung aus einem benachbarten Gewerbetrieb wird nicht dadurch zulässig, daß sie auf der Verwendung moderner Maschinen an Stelle veralteter Arbeitsmethoden beruht.

e) Der Unternehmer kann und darf die Modernisierung seines Betriebes nicht auf Kosten seiner Nachbarn vornehmen. Er muß sich, wenn er seinen Betrieb der technischen Entwicklung anpassen will, innerhalb der Grenzen halten, die das Gesetz in § 906 BGB gezogen hat (vgl. RG: JW 32, 402).

f) Die Ortsüblichkeit im Sinne des § 906 BGB erfordert eine gleichartige Benutzung einer Mehrheit von Grundstücken in der gleichen örtlichen Lage.

g) Der Umstand, daß die Baupolizeibehörde gegen den Betrieb aus dem Gesichtspunkt der Belästigung der Nachbarschaft nichts unternommen hat, spricht weder für die Ortsüblichkeit, noch steht er als solcher dem Unterlassungsbegehren, das ein Verschulden des Betriebsinhabers und vergebliches Einschreiten der Polizei nicht voraussetzt, entgegen.

— Oberlandesgericht Bremen, Urteil vom 31. März 1955 — 2 U 436/54 — ZMR 1956, 193 —.

§ 1004 BGB

278. Untersagung eines ruhestörenden Betriebes (Paketpostamt)

a) Die Ordnungsbehörden sind verpflichtet, gegen Betriebe, von denen zur Nachtzeit ein gesundheitsgefährdender erheblicher Lärm ausgeht, einzuschreiten und den Betrieb ggf. zu untersagen.

b) Die Anlieger haben hierauf einen vor dem Verwaltungsgericht verfolgbaren Anspruch, wenn ihren Anträgen nicht stattgegeben wird und ihr Einspruch ablehnend beschieden worden ist.

— Landesverwaltungsgericht Hannover, Urteil vom 14. April 1955 — A IV 157/54 — NHG 1956, 101 —.

§§ 903, 906, 1004 BGB

279. Unterlassungsanspruch gegen eine Druckerei wegen Lärms bei nächtlicher Drucklegung

a) Aus der hohen Aufgabe, die die politische Tagespresse zu erfüllen berufen ist, folgt nicht, daß dem einzelnen Verlags- und Druckereibetrieb, der das ihm zufließende Nachrichtenmaterial und Gedankengut technisch zu einer Zeitungsauflage verarbeitet, im Bereich des Privatrechts eine Sonderstellung zukommt.

b) Die Druckerei kann insbesondere dem Unterlassungsanspruch wegen der durch eine Rotationsmaschine verursachten, auf das Nachbargrundstück einwirkenden, übermäßigen und nicht ortsüblichen Geräusche nicht entgegenhalten, daß die Presse als solche in der Erfüllung ihrer Aufgabe nicht gehindert werden dürfe.

c) Eine Druckerei kann nicht die ausnahmsweise Bewertung in Anspruch nehmen, daß ihr Betrieb „für das allgemeine Wohl unentbehrlich oder doch von besonderer Bedeutung (lebenswichtiger Betrieb)" sei (RGZ 159, 135; 162, 359).

— Bundesgerichtshof, Urteil vom 4. November 1955 — V ZR 71/54 — HGBR Rspr. 1956 Nr. 14 — LM Nr. 4 zu § 903 BGB —.

§ 26 GewO; §§ 906, 862, 1004 BGB

280. Abwehrklage des Pächters eines landwirtschaftlichen Grundstücks gegen Rauch- und Rußeinwirkungen durch ein Industriewerk

1. Bei der Ermittlung der Ortsüblichkeit im Sinne des § 906 BGB ist auf die örtlichen Verhältnisse einer Mehrheit von Grundstücken abzustellen.

2. Es kommt hierbei allein auf die Benutzung des schädigenden (immittierenden) Grundstücks, nicht auf die Benutzung des geschädigten Grundstücks an.

3. Unerheblich ist, welche Benutzungsart des Grundstücks — die landwirtschaftliche oder die industrielle — die ältere (ursprüngliche) ist.

4. Bei der Beurteilung der Ortsüblichkeit von Zuführungen im Sinne des § 906 BGB kommt es nicht nur auf die Art der beeinträchtigenden Anlage, sondern auch auf das Maß der Einwirkung an.

5. Der aus dem nachbarrechtlichen Gemeinschaftsverhältnis zum Schutze der Landwirtschaft entwickelte, dem allgemeinen Aufopferungsanspruch entsprechende, gegenüber ortsüblichen Zuführungen (Immissionen) des Nachbargrundstücks gegebene Ausgleichsanspruch setzt voraus, daß durch die Auswirkungen der Immissionen die wirtschaftliche Existenzgrundlage des geschädigten Nachbarn gefährdet wird.

— Oberlandesgericht Köln, Urteil vom 22. März 1955 — 9 U 224/54 — BB 1955, 367 (n. L.) — Blätter 1955, 158 — MDR 1955, 359 — VersR 1955, 334 —.

Anmerkung:
Über Beeinträchtigungen eines landwirtschaftlichen Grundstücks durch Rauchentwicklung eines benachbarten Großkraftwerkes vgl. OLG Hamm: BB 1953, 719.

281. Genehmigungsverfahren für „gefährliche Betriebe"

a) Bestimmte Anlagen, die durch die örtliche Lage oder Beschaffenheit der Betriebsstätte für die Anlieger oder das Publikum erhebliche Nachteile, Gefahren oder Belästigungen herbeiführen können, sind genehmigungspflichtig (§ 16 der Gewerbeordnung).

b) § 18 GewO räumt den Behörden keinen Ermessensspielraum ein bei der Prüfung, ob die Anlage „erhebliche Gefahren, Nachteile oder Belästigungen für das Publikum herbeiführen" kann. Diese Begriffe sind als unbestimmte Rechtsbegriffe anzusehen (so jetzt auch Landmann-Rohmer, Kommentar zur Gewerbeordnung, § 18 Anm. 5). Ihre Anwendung durch die Behörde unterliegt also hinsichtlich ihrer Rechtmäßigkeit der verwaltungsgerichtlichen Kontrolle.

c) Die Bekanntmachung des geplanten Vorhabens soll dazu dienen, die Nachbarn und „das Publikum" so zu unterrichten, daß die Betroffenen prüfen können, ob sie von der Anlage erhebliche Nachteile, Gefahren oder Belästigungen zu befürchten haben. Die bekanntgemachten Vorlagen sind daher dann als vollständig anzusehen, wenn sie über die zu erwartenden Nachteile, Gefahren oder Belästigungen ein vollständiges Urteil ermöglichen.

— Bundesverwaltungsgericht, Urteil vom 29. November 1955 — I C 79/54 — BB 1956, 91 — NJW 1956, 482 —.

§§ 910, 1004 BGB

282. Verhältnis des § 910 zu § 1004 BGB — Eindringen von Wurzeln

a) Dem Grundstückseigentümer steht beim Eindringen von Wurzeln nicht nur das Selbsthilferecht aus § 910 BGB zu, sondern auch der Anspruch aus § 1004 BGB.

b) Der allgemeine, in § 903 BGB verankerte Grundsatz, daß der Eigentümer einer Sache andere von jeder Einwirkung ausschließen kann, soweit nicht das Gesetz oder Rechte Dritter entgegenstehen, wird nicht durch die Vorschrift des § 910 BGB eingeschränkt.

c) Soweit dem Eigentümer auf Grund allgemeiner Gesetzesvorschriften ein Beseitigungsanspruch zusteht, hat er diesen Anspruch nicht durch § 910 BGB verloren.

— Landgericht Hamburg, Urteil vom 4. November 1954 — 2 S 199/53 — MDR 1955, 478 —.

Anmerkung:
Zu a): Ebenso Staudinger-Kober, 11. Aufl., Anm. 4 zu § 910 BGB; Wolff, Sachenrecht § 54 I 3; Meisner-Stern, Preuß. Nachbarrecht: § 21 II; a. A. RGRKomm. Anm. 1 zu § 910 BGB; Palandt, Anm. 1 zu § 910 BGB; Planck, Anm. 1 zu § 910 BGB.

§ 1004 BGB

283. Störung einer Abwasserleitung durch Wurzeln eines Baumes auf dem Nachbargrundstück

Der Eigentümer eines Grundstücks, von dem aus Wurzeln eines Baumes in die Abwasserleitung des Grundstücksnachbarn dringen, ist Störer i. S. des § 1004 BGB. Der Nachbar hat einen Anspruch auf Beseitigung des in der Leitung befindlichen Wurzelzopfes und erforderlichenfalls auch auf Beseitigung des Baums. Der letztere Anspruch wird aber u. U. auf Grund der sich aus dem nachbarlichen Gemeinschaftsverhältnis ergebenden Pflichten umgewandelt in einen Anspruch auf Ersatz der durch künftiges Eindringen der Wurzeln in die Leitung entstehenden Beseitigungskosten.

— Landgericht Tübingen, Urteil vom 4. Juni 1952 — 1 S 1/52 — Recht der Landwirtschaft 1954, 44 —.

§ 1004 BGB

284. Mitbenutzung der Abwässerleitung durch den Grundstücksnachbarn

Der Grundstückseigentümer muß die Mitbenutzung seiner Abwässerleitung durch den Grundstücksnachbarn dulden, wenn vor langen Jahren, als beide Grundstücke sich noch in der Hand eines Grundstückseigentümers befanden, für beide Hausgrundstücke (Doppelwohnhaus) nur eine Abwässerleitung gebaut worden ist und der Bau einer zweiten Abwässerleitung dem Nachbarn wegen der Höhe der Kosten nicht zuzumuten ist.

— Landgericht Gießen, Urteil vom 8. Juni 1955 — 2 S 65/55 — Blätter 1955, 335 — DWW 1955, 244 —.

§ 1004 BGB; § 265 ZPO

285. Klage auf Beseitigung der Beeinträchtigung des Eigentums bei Veräußerung des Grundstücks

a) Dem § 265 ZPO liegt der prozeßökonomische Gedanke zugrunde, daß die Veräußerung der Sache, um die es sich in einem anhängigen Rechtsstreit handelt, möglichst nicht bloß wegen weggefallener Sachlegitimation zur Abweisung der Klage des Veräußerers und zu einem neuen Prozeß des Rechtsnachfolgers führen soll.

b) Als „in Streit befangen" ist eine Sache nicht bloß dann, wenn das Eigentum oder ein dingliches Recht an ihr geltend gemacht wird, sondern auch dann, wenn der erhobene Anspruch dem Eigentümer als solchem zusteht, wie z. B. nach § 1004 BGB.

c) Wenn daher ein Eigentümer Klage auf Beseitigung der Beeinträchtigung seines Eigentums gegen den Störer erhoben hat, so wird seine Befugnis zur Weiterführung des Rechtsstreits nicht dadurch berührt, daß er das Grundstück einem Dritten übereignet hat.

— Bundesgerichtshof, Urteil vom 30. September 1955 — V ZR 140/54 — Betrieb 1955, 1014 —.

Anmerkung zu b):
Ebenso im Ergebnis RGZ 40, 333 (336); Meisner-Stern-Hodes, Nachbarrecht 2. Aufl. § 38 IV Fußnote 158 und IV 1 vorletzter Absatz (S. 520, 522); vgl. auch RGRKomm. 10. Aufl. Anm. 2 b zu § 1004 BGB; Palandt, 14. Aufl. Anm. 3 a zu § 1004 BGB.

§ 200 Preuß.-Wassergesetz vom 7. April 1913 (GS S. 53)

286. Entnahme vom unterirdischem Wasser

Das Recht auf Entnahme von Grundwasser bedarf der Verleihung auch dann, wenn nur die Möglichkeit besteht, daß die bisherige Benutzbarkeit des Grundstücks eines anderen dadurch erheblich beeinträchtigt wird.

— Landesverwaltungsgericht Hannover, Urteil vom 14. Juli 1955 — A IV/ 76/35 — (rechtskräftig) — MDR 1956, 62 — Betrieb 1955, 1063 — BBauBl. 1956, 83 (n. L.).

§ 185 I 8 Pr. ALR

287. Abstand vom Nachbargrundstück bei der Erhöhung eines Grundstücks durch Aufschüttung

a) Wenn jemand den Grund und Boden seines Grundstücks erhöhen will, so muß er mit dieser Erhöhung drei Fuß (31,4 cm = 1 pr. Fuß) von dem Zaun oder der Mauer des Nachbarn zurückbleiben (§ 185 des 8. Titels des I. Teiles des Pr. ALR).

b) Der Abstand von 3 Fuß bei der Erhöhung des Grund und Bodens ist nicht nur von einer freistehenden Mauer, sondern auch von der Grundmauer eines Gebäudes auf dem Nachbargrundstück aus einzuhalten (Meisner-Stern-Hodes, Pr. Nachbarrecht 1955 2. Aufl. § 20 V 2, S. 263, Fußnote 76; Müller, Deutsches Bau- und Nachbarrecht, 2. Aufl. 1903, S. 79; vgl. auch RG 6, 261).

c) Wenn dieser Abstand nicht eingehalten worden ist, dann geht der Anspruch auf seine Herstellung dadurch verloren, daß der Grundstücksnachbar keinen Widerspruch erhebt.

d) Das Recht, Störungen des Eigentums nach § 1004 BGB abzuwehren (Klage auf Beseitigung gegenwärtiger und Unterlassung künftiger Beeinträchtigungen), ist damit aber nicht ausgeschlossen.

— Bundesgerichtshof, Urteil vom 6. Mai 1955 — V ZR 38/54 — Blätter 1955, 222 — BB 1955, 622 (n. L.) —.

§ 1004 BGB

288. Begriff des Störers

a) Störer im Sinne des § 1004 BGB ist, wer die störende Wirkung unmittelbar hervorbringt, ferner derjenige, durch dessen maßgebenden Willen der die Eigentumsbeeinträchtigung herbeiführende Zustand geschaffen worden ist, und endlich derjenige, der eine störende Anlage hält und von dessen Willen deren Beseitigung abhängt (RGZ 97, S. 25; 155, S. 316; 159, 129; Bundesgerichtshof, Urteil vom 17. 9. 1954 — V ZR 15/54).

— Urteil des Bundesgerichtshofs vom 1. Juli 1955 — V ZR 97/54 — BB 1955, 680 — HuW 1955, 333 (n. L.) — ZMR 1955, 331 — Betrieb 1955, 822 — MDR 1955, 597 — NJW 1955, 1474 —.

b) Es gibt keinen allgemeinen Rechtssatz des Inhalts, daß jeder Eigentümer eines Grundstücks schon allein aus dem Gesichtspunkt verkehrsüblicher nachbarlicher Rücksichtnahme kraft seines bloßen Eigentums einem anderen gegenüber aus § 1004 BGB haftet, wenn er es bei einem von Natur gegebenen oder doch ohne seinen Willen hergestellten Zustand seines Grundstücks unterläßt, die Einwirkungen von Naturkräften auf das Nachbargrundstück zu verhindern.

c) Verantwortlicher Störer im Sinne des § 1004 BGB ist aber jedenfalls derjenige, auf dessen Willen die Beeinträchtigung des anderen, wenn auch nur mittelbar, zurückzuführen ist, und auch derjenige, durch dessen Willen der dem Eigentumsrecht des anderen widersprechende Zustand nur aufrechterhalten wird.

d) Dabei genügt es nach der ständigen Rechtsprechung des RG, wenn der in Anspruch genommene Grundstückseigentümer durch seine Tätigkeit lediglich ein dem anderen schädliches Eingreifen von Naturkräften ermöglicht, sofern die Vorbedingungen für das Wirken dieser Naturkräfte durch den in Anspruch genommenen Grundstückseigentümer oder einen früheren Eigentümer seines Grundstücks geschaffen oder auch nur mitgeschaffen worden sind.

— Landgericht Tübingen, Urteil vom 4. Juni 1952 — 1 S 1/52 — Württ. HZtg. 1955 Nr. 11 — Recht der Landwirtschaft 1954, 44 —.

Anmerkung:
Vgl. auch Schumacher: Einwendungen gegen nachbarlichen Eigentumsstöranspruch: Blätter 1956, 148.

§§ 836, 1004 BGB

289. Haftung des Trümmergrundstückseigentümers für Feuchtigkeitseinwirkungen auf das Nachbargrundstück

a) Die Frage, ob der Eigentümer eines durch Kriegseinwirkung zerstörten Grundstücks gem. § 1004 BGB als Störer belangt werden kann, wenn die sich in den Trümmern ansammelnde Feuchtigkeit auf das Nachbargrundstück schädigend einwirkt, ist bestritten.

b) Aus § 836 BGB ist der Grundsatz abzuleiten, daß der Eigentümer eines Grundstücks unter dem Gesichtspunkt verkehrsüblicher nachbarlicher Rücksichtnahme verpflichtet ist, zur Abwehr von Beeinträchtigungen anderer tätig zu werden, die sich aus dem ohne seinen Willen entstandenen Zustand seines Grundstücks infolge Einwirkung von Naturkräften ergeben, und zwar insoweit, als er die Beschädigungen bei billiger Rücksicht auf die Interessen des anderen hätte verhüten müssen.

— Kammergericht, Urteil vom 23. Oktober 1953 — 9 U 1516/53 — BBauBl. 1955, 189 —.

Anmerkung:

Zu a): Verneinend OLG Düsseldorf: NJW 1953, 1394 — Düsseldorfer Hausbesitzerzeitung 1954, Nr. 2 — NHG 194, 38; bejahend Urteil des Kammergerichts vom 20. November 1950 — 7 U 3501/49.

Zu b): Ebenso RG 52, 375; grundsätzlich auch RG 134, 235; Palandt, 11. Aufl., Anm. I zu § 836 BGB; Staudinger, 10. Aufl., Anm. 15 zu § 903 BGB; a. A. offenbar RGRKomm. 8. Aufl., Anm. 3 am Ende zu § 1004 BGB.

§§ 823, 1004, 741, 921, 922 BGB

290. Haftung des Trümmergrundstückseigentümers für Feuchtigkeitseinwirkungen auf das Nachbargrundstück

a) Der Ruinengrundstückseigentümer ist nicht verpflichtet, Feuchtigkeitseinwirkungen von seinem Grundstück auf das Nachbargrundstück zu verhindern.

b) Aus dem Gemeinschaftsverhältnis hinsichtlich einer gemeinschaftlichen Giebelmauer zwischen zwei Häusern hat sich durch die Kriegszerstörung des einen Hauses nichts geändert.

c) Deshalb bleibt der Eigentümer des kriegszerstörten Hauses verpflichtet, sich an den Maßnahmen zur Erhaltung der gemeinschaftlichen Giebelmauer zu beteiligen.

— Landgericht Köln, Urteil vom 9. März 1954 — 14 O 108/53 — BB 1955, 179 — VersR 1955, 287 —.

Anmerkung:

Zu a): Ebenso LG Berlin: HW 1950, 293; OLG Düsseldorf: NJW 1953, 1394; LG Frankfurt/M: Glaser Entscheidungen Nr. 106/1951; Glaser: DWW 1951, 120; Hodes: NJW 1954, 1345; derselbe: DWW 1954, 247; a. A.: LG Hagen: NJW 1953, 266 — HGBR — Nachbarrecht Rechtsprechung 1 Bl. 1a —.

Zu b): A. A. OLG Hamm: NJW 1954, 273; Hodes: NJW 1954, 1345; derselbe DWW 1954, 247.

§§ 823, 1004 BGB

291. Haftung des Trümmergrundstückseigentümers für Feuchtigkeitseinwirkungen auf das Nachbargrundstück

a) Der Ruinengrundstückseigentümer kann nicht als Störer im Sinne des § 1004 BGB für Feuchtigkeitseinwirkungen auf das Nachbargrundstück verantwortlich gemacht werden.

b) Ein ursächlicher Zusammenhang zwischen dem Bau eines Hauses und seiner Zerstörung im modernen Bombenkrieg mit den sich anschließenden schädlichen Folgen muß verneint werden, da ein solcher Schaden beim Bau des Hauses außerhalb aller Wahrscheinlichkeit gelegen hat und dem Erbauer oder seinem Rechtsnachfolger die Haftung für die Folgen der kriegsbedingten Zerstörung billigerweise nicht zugemutet werden kann.

c) Auch aus § 836 BGB kann ein Anspruch auf Beseitigung des Trümmerschuttes gegen den Ruinengrundstückseigentümer nicht hergeleitet werden. Zwar hat das Reichsgericht (RG 52, 373; 132, 231) aus dieser Vorschrift den allgemeinen Rechtsgrundsatz entwickelt, daß der Eigentümer für Beschädigungen eines anderen durch seine Sache insoweit aufzukommen hat, als er die Beschädigungen bei billiger Rücksichtnahme auf die Interessen des anderen hätte verhüten müssen. Doch darf die Pflicht zur nachbarlichen Rücksichtnahme nicht überspannt werden. Auch darf die Beschränkung von Eigentümerrechten aus dem nachbarlichen Gemeinschaftsverhältnis nur eine durch zwingende Gründe erforderte Ausnahme sein.

d) Auch die Bestimmungen des preuß. Wassergesetzes rechtfertigen nicht den Anspruch auf Trümmerbeseitigung. Nach § 198 dieses Gesetzes ist der Eigentümer eines Grundstücks nicht verpflichtet, zu verhindern, daß Regen oder Traufwasser, das sich in seinem Grundstück ansammelt, in das Nachbargrundstück einzieht. Er muß aber dem Nachbarn gestatten, Abwehrmaßnahmen dagegen zu treffen.

— Oberlandesgericht Oldenburg, Urteil vom 27. Mai 1955 — 1 U 6/55 — VersR 1955, 445 —.

Anmerkung:
Zur Frage, inwieweit der Eigentümer eines Trümmergrundstücks Maßnahmen treffen muß, damit Schädigungen des Nachbargrundstücks vermieden werden, vgl. OLG Hamburg, Urteil vom 24. 2. 1956 — 1 U 269/55 — MDR 1956, 352 —.

§§ 823, 1004 BGB

292. Haftung des Grundstückseigentümers für Feuchtigkeitseinwirkungen auf das Nachbargebäude

a) Der Eigentümer eines Ruinengrundstücks ist nur dann verpflichtet, Maßnahmen zur Beseitigung des Eindringens von Feuchtigkeit auf das Nachbargrundstück zu treffen, wenn die Höhe der aufzuwendenden Kosten in einem zumutbaren Verhältnis zu seiner wirtschaftlichen Lage steht.

b) Ein Schadensersatzanspruch steht dem geschädigten Nachbarn jedoch nicht zu.

— Landgericht Berlin, Urteil vom 8. Oktober 1954 — 8 O 145/54 — HuW 1955, 355 —.

Anmerkung:
Zu a): Ebenso Urteil des Kammergerichts vom 17. November 1953 — 9 U 1516/53 — HuW 1954, 28 —.
Zur Frage der Haftung des Trümmergrundstückseigentümers für Feuchtigkeitseinwirkungen auf das Nachbargrundstück vgl. OLG Düsseldorf: NJW 1953, 1354 — NHG 1954, 38 — Düsseldorfer HZtg. 1954 Nr. 2; vgl. auch Hodes: Das Trümmergrundstück in nachbarrechtlicher Sicht: NJW 1954, 1345.

§ 1004 BGB

293. Haftung des Trümmergrundstückseigentümers für Regeneinflüsse auf das Nachbargrundstück

a) Das Eindringen von Feuchtigkeit in die Giebelwand des Nachbarhauses stellt eine nicht unwesentliche Beeinträchtigung des Eigentums des Nachbarn dar.

b) Der Abwehranspruch des Nachbarn aus § 1004 BGB setzt die Beeinträchtigung des Eigentums durch einen Störer voraus.

c) Störer ist aber nur derjenige, auf dessen Willen die Beeinträchtigung zumindest mittelbar zurückgeführt werden kann. Es muß zwischen dem Willen des Störers und der Beeinträchtigung ein ursächlicher Zusammenhang bestehen. Ein solcher ursächlicher Zusammenhang zwischen dem Willen des Grundstücksnachbarn und der eingetretenen Beeinträchtigung besteht aber nicht, wenn die Feuchtigkeitseinwirkungen durch Gebäudetrümmer entstanden sind.

d) Die Tatsache allein, daß der Beklagte Eigentümer des Nachbargrundstückes ist, von dem die Beeinträchtigung des Eigentums des Klägers ausgeht, verpflichtet ihn nicht, Einwirkungen von Naturkräften auf das Eigentum des Klägers zu verhindern.

— Amtsgericht Düsseldorf, Urteil vom 12. Februar 1955 — 22 C 930/54 — HGBR Rspr. 1955 Nr. 40 —.

§§ 907, 1004 BGB

294. Unzulässige Einwirkungen auf das Nachbargrundstück — Beweislast im Prozeß

a) Der Eigentümer eines Grundstücks kann verlangen, daß auf dem Nachbargrundstück keine Anlagen hergestellt oder unterhalten werden, von denen mit Sicherheit vorauszusehen ist, daß ihr Bestand oder ihre Benutzung eine unzulässige Einwirkung auf sein Grundstück zur Folge hat.

b) Der auf Unterlassung klagende Eigentümer hat die Beweislast dafür, daß von der geplanten Anlage auf dem Nachbargrundstück mit Sicherheit unzulässige Einwirkungen auf sein Grundstück ausgehen werden.

c) Ein Grundstückseigentümer kann kraft der aus dem nachbarlichen Gemeinschaftsverhältnis entspringenden Pflicht zur gegenseitigen Rücksichtnahme gehalten sein, von einer bestimmten Benutzung seines Grundstücks abzusehen, wenn diese mit ungewöhnlich schweren Nachteilen für den Nachbarn verbunden wäre und eine andere Art der Benutzung den angestrebten Zweck ohne oder ohne für den Grundstückseigentümer ins Gewicht fallende Mehrkosten auch erreicht, aber jene Nachteile vermeidet.

d) Der Ausgleich der widerstreitenden Interessen der Grundstücksnachbarn geschieht in erster Linie durch nachbarrechtliche Vorschriften.

e) Die Anwendung des § 242 BGB muß die Ausnahme bleiben.

f) Es besteht keine allgemeine Rechtspflicht eines Grundstückseigentümers, bei verschiedenen Möglichkeiten der Grundstücksbenutzung stets diejenige zu wählen, die seinen Nachbarn nicht schädigt.

— Bundesgerichtshof, Urteil vom 11. Februar 1955 — V ZR 134/54 — Betrieb 1955, 358 — BB 1955, 301 —.

Anmerkung:
Zu a): Ebenso: Palandt, 13. Aufl., Anm. 2 a. E. zu § 907 BGB; Meisner-Ring: Das in Bayern geltende Nachbarrecht, 4. Aufl., S. 219—20, Fußnote 53; a. A. jedoch RGRK, 10. Aufl., Anm. 3 zu § 907; Planck, 4. Aufl., Anm. 4 zu § 907 BGB; RG JW 1910, 20.

§ 912 BGB

295. Grenzüberbau durch einen Pächter

a) Wenn der Eigentümer eines Grundstücks bei der Errichtung eines Gebäudes über die Grenze gebaut hat, ohne daß ihm Vorsatz oder grobe Fahrlässigkeit zur Last fällt, so hat der Nachbar den Überbau zu dulden, wenn er nicht vor oder sofort nach der Grenzüberschreitung dieser widersprochen hat. Der Nachbar ist durch eine Geldrente zu entschädigen.

b) Der Pächter eines Grundstücks, der bei der Errichtung eines Gebäudes über die Grenze gebaut hat, steht dem Eigentümer nicht gleich.

c) Jedoch hat ein Grenzüberbau, den der Pächter des Nachbargrundstücks als Nichtberechtigter ausführt, die sich aus dem § 912 ff. BGB ergebenden Wirkungen in sinngemäßer Anwendung des § 185 BGB, wenn der Eigentümer eingewilligt oder ihn genehmigt hat, und zwar in diesem Falle gemäß § 184 BGB mit rückwirkender Kraft.

d) Wenn der Pächter Eigentümer des Nachbargrundstückes ist, so hat er mangels einer entgegenstehenden Vereinbarung von der Beendigung des Pachtverhältnisses an Anspruch auf eine Überbaurente.

— Bundesgerichtshof, Urteil vom 19. November 1954 — V ZR 90/53 — BB 1955, 8 — Betrieb 1955, 46 (n. L.) — NJW 1955, 177 — ZMR 1955, 102 —.

§ 912 BGB

296. Anspruch auf Beseitigung des vom Rechtsvorgänger erlaubten Grenzüberbaues

a) Wenn nicht sofort Widerspruch gegenüber dem Überbau erhoben wird, ist dieser nur dann unrechtmäßig und dementsprechend die Duldungspflicht nach § 912 BGB nur dann nicht zur Entstehung gelangt, wenn dem Überbauenden hinsichtlich der Errichtung des Überbaues Vorsatz oder grobe Fahrlässigkeit zur Last fällt.

b) Das Reichsgericht hat schon in seiner älteren Rechtsprechung (WarnRspr. 1915 Nr. 270) die Auffassung vertreten, daß § 912 BGB entsprechend anwendbar sei, wenn der Eigentümer des Nachbargrundstückes sich nicht bloß infolge eines entschuldbaren Irrtums zum Überbau für befugt gehalten hat, sondern dazu wirklich befugt gewesen ist.

c) Wenn der Nachbar den Grenzüberbau erlaubt hat, so ist hieran sein Rechtsnachfolger im Eigentum schuldrechtlich nicht gebunden. Doch ist der Widerspruch des Rechtsnachfolgers unerheblich. Er hat den Überbau deshalb zu dulden, weil der Überbauende im Hinblick auf die ihm erteilte Erlaubnis bei der Grenzüberschreitung weder vorsätzlich noch grob fahrlässig gehandelt hat.

— Bundesgerichtshof, Urteil vom 3. Dezember 1954 — V ZR 93/53 — Betrieb 1955, 47 — HW 1955, 53 (n. L.) — Blätter 1955, 126 — HGBR Rspr. 55 Nr. 26 —.

§ 921 BGB

297. Bauwich als Grenzeinrichtung

a) Wenn zwei Grundstücke durch einen Zwischenraum oder durch eine andere Einrichtung, die zum Vorteil beider Grundstücke dient, voneinander geschieden werden, so wird vermutet, daß die Eigentümer der beiden Grundstücke gemeinschaftlich zur Benutzung der Einrichtung berechtigt sind. Auch Gassen, Wege und Bauwichs (Einfahrten) können eine solche Einrichtung darstellen (vgl. Erman: Anm. 1 zu § 921 BGB).

b) Sie tun es dann, wenn 1. durch die Einrichtung die Grundstücke voneinander geschieden werden, 2. die Grenze durch sie hindurch geht, 3. die Einrichtung zum Vorteil beider Grundstücke dient.

— Oberlandesgericht Hamm, Urteil vom 5. Februar 1954 — 5 U 186/53 — HGBR Rspr. 1954 Nr. 84 —.

§§ 891, 919, 920, 985 BGB

298. Abmarkungsklage — Grenzscheidungsklage — Eigentumsfeststellungsklage

a) Die Grundstücksgrenzen, welche sich aus der dem Liegenschaftsbuch zugrunde liegenden Flurkarte ergeben, unterliegen nach der

Rechtsprechung des RG und der weitaus vorherrschenden Meinung im Schrifttum dem öffentlichen Glauben des Grundbuchs und damit zugleich auch der Vermutungswirkung des § 891 BGB (vgl. Planck-Strecker, 5. Aufl. § 891 Anm. 2b, § 892 Anm. I 1).

b) Die Vermutung der Richtigkeit erstreckt sich auch auf solche Bestandsangaben, die eine Grundfläche als zum Grundstück gehörig ausweisen (vgl. RG. Gruchot 68, 68).

c) Die Abmarkungsklage setzt den feststehenden Verlauf der Grenze voraus; sie betrifft lediglich die Grenzzeichen bei einer Grenze, über die sich die Parteien einig sind.

d) Mit der Klage auf Feststellung des Eigentums an einem Grundstücksstreifen kann die Abmarkungsklage aus § 919 BGB in gleicher Weise verbunden werden, wie mit einer Klage aus § 920 BGB; denn die Feststellungsklage führt gleichfalls eine rechtskräftige Entscheidung über den Grenzverlauf herbei.

— Oberlandesgericht Celle, Urteil vom 22. August 1955 — 4 U 144/54 — NJW 1956, 632 —.

§ 906 BGB; §§ 139, 142, 143 Teil I Titel 8 ALR

299. Beeinträchtigung des Lichtrechts durch einen Holzstoß auf dem Nachbargrundstück

a) Nach Bürgerlichem Recht gibt es kein gesetzliches Lichtrecht des Nachbarn.

b) Beim Vorhandensein von Fenstern im Zeitpunkt des Inkrafttretens des Bürgerlichen Gesetzbuches kann auf Grund der Bestimmungen des Preuß. Allgem. Landrechts die Errichtung eines Holzstoßes an der Grenze des Nachbarn nicht verboten werden, auch wenn dadurch der Lichteinfall beeinträchtigt wird.

c) Der Fensterinhaber ist durch die §§ 142, 143 ALR nur gegen Neubauten nicht auch gegen das Aufstapeln von Holz an der Grenze des Nachbarn geschützt, weil diese Vorschriften nicht ausdehnend ausgelegt werden können.

d) Bei der Gewährung des Lichtrechtes für den Fensterinhaber handelt es sich um eine Ausnahmevorschrift, die das Eigentumsrecht außerordentlich einschränkt.

e) Eine solche Einschränkung läßt sich noch vertreten, wenn es sich um die geplante Errichtung eines Neubaues handelt, der auf die Dauer berechnet ist und seiner Natur nach eine besonders weitgehende Beeinträchtigung der Lichtzufuhr mit sich bringt.

f) Diese Einschränkung ist aber nicht gerechtfertigt, wenn ein Holzstoß aufgerichtet wird, der seiner Bestimmung nach nicht unverändert hoch bleibt, sondern durch Verbrauch von Holz abzunehmen pflegt und daher eine weit geringere Beeinträchtigung auslöst.

— Landgericht Nürnberg-Fürth, Urteil vom 2. April 1955 — 3 S 143/54 — Recht der Landwirtschaft 1956, 47 —.

300. Begriff des Nachbars im Baurecht

a) Nachbar ist grundsätzlich der unmittelbare Angrenzer an das zur Bebauung ausersehene Grundstück.

b) Im allgemeinen ist der Eigentümer des jenseits der Straße liegenden Grundstücks nicht als beteiligter Nachbar anzusehen, es sei denn, ein geplantes Vordergebäude überschreite die Baulinie oder die zulässige Gebäudehöhe.

c) Gegenüberlieger haben jedenfalls dann als Nachbarn zu gelten, wenn ihre Rechte oder Interessen dadurch unmittelbar beeinflußt werden, daß der Bauende entgegen den bestehenden Bauvorschriften ein Gebäude errichtet.

— Verwaltungsgerichtshof Stuttgart, Urteil vom 21. April 1955 — 1 S 35/55 — NJW 1955, 1811 —.

301. Baubefreiung und Nachbarrecht

a) Dem Baurecht ist der Gedanke des unmittelbaren Schutzes privater Interessen nicht fremd (vgl. die Urteile des erkennenden Gerichts vom 13. 3. 1953 — 2 S 290/51 — und vom 16. 10. 1952 — 1 S 303/51).

b) Die Frage des subjektiven öffentlichen Rechts der Nachbarn ist nicht generell zu entscheiden, vielmehr ist bei jeder einzelnen Bauvorschrift gesondert zu prüfen, ob sie nur dem Allgemeininteresse an einem ordnungsmäßigen Bauen, oder aber daneben oder sogar in erster Linie den privaten Interessen der Nachbarn zu dienen bestimmt ist, wobei in den letzteren Fällen ein subjektives öffentliches Recht der Nachbarn gegen die Baubehörde anzuerkennen ist (vgl. hierzu auch Bayer. VGH. DÖV 53, 445).

c) Die Nachbarn haben ein rechtlich geschütztes Interesse, daß der Landhauscharakter ihres Gebiets erhalten bleibt, da sie selbst infolge dieses Charakters ihrer Grundstücke zum Teil sehr erheblichen Einschränkungen ihres Eigentums unterworfen sind.

— Verwaltungsgerichtshof Stuttgart, Urteil vom 5. März 1954 — 2 S 122/53 — NJW 1954, 1623 —.

302. Beeinträchtigung des Nachbarn durch eine Baugenehmigung

a) In der Regel wird der Nachbar durch eine Baugenehmigung nicht in seinen Rechten beeinträchtigt.

b) Wenn die Behörde eine Ausnahme von den Vorschriften des Baustufenplans zugelassen hat, so kann daraus der Nachbar keine Rechte wegen angeblicher Beeinträchtigung herleiten.

c) Die Gestattung der unterschiedlichen Bebauung von 2 Nachbargrundstücken gibt dem Nachbarn, der keine solche Ausnahme genehmigt bekommen hat, keinen Rechtsanspruch darauf, daß gegen die Baugenehmigung für den Nachbarn eingeschritten wird.

d) Der Nachbar wird lediglich aus praktischen Gründen und aus Gründen der Billigkeit gefragt.

e) Ein Ermessensfehler oder eine Willkür der Baubehörde könnte der Nachbar höchstens beim Zivilgericht zum Gegenstand einer Amtshaftungs- oder Aufopferungsklage machen, nicht aber können solche Ansprüche beim Verwaltungsgericht geltend gemacht werden.

— Landesverwaltungsgericht Hamburg, Urteil vom 20. Dezember 1955 — IIa VG 1469/55 — Blätter 1956, 192.

§ 36 Hamburg. BaupolizeiVO

303. Nachbarrecht und Baugenehmigung

Die Baupolizeiverordnung gibt den einzelnen Grundeigentümern und Bauherren Vorschriften, die von diesen bei der Errichtung von Bauwerken zu berücksichtigen sind. Wenn diese Vorschriften auch nicht nur im Interesse der Öffentlichkeit erlassen sind, sondern auch die Interessen einzelner Beteiligter wahren, so geben sie diesen doch generell kein subjektives Recht gegenüber den Baupolizeibehörden auf Einhaltung der Bestimmungen der Baupolizeiverordnung. Eine Ausnahme von dieser Regel stellen lediglich die in § 36 Abs. 2 und 3 Hamburger Baupolizeiverordnung aufgeführten Nachbarrechte dar. Nach diesen Vorschriften haben die Nachbarn eines Grundeigentümers oder Bauherrn allerdings ein subjektives öffentliches Recht gegenüber der Baupolizeibehörde auf Einhaltung der genannten Bestimmungen. Dies ergibt sich aus § 36 Abs. 4, wonach die Erteilung eines Dispenses von den Regeln des § 36 Abs. 2 und 3 von der Zustimmung eines Dritten, des Nachbarn, abhängig ist. Damit hat der betroffene Nachbar ein Anfechtungsrecht, wenn bei der Erteilung einer Baugenehmigung gegen § 36 Abs. 4 verstoßen wird (OVG Hamburg, Urteil vom 15. 10. 1953 — Bf II 17/53). Wenn die Baupolizei also dem Beigeladenen die Erlaubnis zur Anbringung des Fensters im Sinne des § 36 Abs. 2 ohne Zustimmung oder sogar gegen den Willen des Nachbarn erteilt hätte, wäre dieser berechtigt, die Aufhebung dieser Erlaubnis auf Grund seines öffentlichen Nachbarrechtes zu verlangen.

— Landesverwaltungsgericht Hamburg, Urteil vom 1. März 1955 — VII b VG 1464/54 —.

304. Klagebefugnis des Nachbarn im Baupolizeirecht — Zulassung einer Kleingarage an der Nachbargrenze

a) In seinen Rechten verletzt ist nach der Rechtsprechung des erkennenden Senats (vgl. Urt. v. 29. 2. 52 in Entsch. OVG Berlin Bd. 1 S. 39 ff. und v. 22. 4. 55 — OVG II B 50/54 —) nicht nur der, in dessen subjektives öffentliches Recht eingegriffen wurde, sondern jeder, dessen rechtlich anerkannte und geschützte Interessen von dem angefochtenen Verwaltungsakt betroffen worden sind (so auch Forsthoff, Lehrbuch des Verwaltungsrechts. 3. Aufl. 1953 S. 161).

b) Nicht alle baurechtlichen Vorschriften, sondern nur diejenigen, die ausschließlich oder überwiegend zum Schutze der Interessen Dritter oder der Nachbarn erlassen sind, räumen diesen eine Rechtsstellung ein, deren Verletzung ein Eingriff in ihre Rechte i. S. des § 20 Abs. 1 des Gesetzes über die Verwaltungsgerichtsbarkeit vom 8. 1. 51 — VGG — darstellen kann (so auch Beschl. des BVerwG v. 25. 2. 54 in NJW 1954, 1214; Urt. des VGH Stuttgart v. 5. 3. 54 in NJW 1954, 1623 — oben Nr. 301; Pietzonka, Der Nachbar im Baurecht, in NJW 1954, 1181).

c) Die baurechtlichen Vorschriften, die unmittelbare grenznachbarliche Regelungen treffen, wie insbesondere die Bestimmungen über den Bauwich, haben zumindest überwiegend den Schutz des Nachbarn und seiner Interessen zum Gegenstand (so Urt. des erk. Senats v. 22. 4. 55 — OVG II B 50/54 —; VG München, Urt. v. 21. 1. 54, in NJW 1954, 1216; VG Stuttgart, Urt. v. 10. 4. 51, in DVBl. 1951, 612; Pietzonka, Der Nachbar im Baurecht, in NJW 1954, 1181; Bachof, Die verwaltungsgerichtliche Klage auf Vornahme einer Amtshandlung, S. 68, 71; Haueisen, Das formelle subjektive Recht im Verwaltungsprozeß, insbesondere das Recht auf fehlerfreie Ausübung des Ermessens, in DVBl. 1952, 521).

d) Die Zulassung von Kleingaragen auch an der Nachbargrenze steht im Ermessen der Baupolizei, die hierbei jedoch auf einen verkehrsgerechten Standort der Garage (möglichst zu öffentlichen Verkehrsflächen usw.) zu achten hat. Einen Rechtsanspruch auf Zulassung der Garage an der Nachbargrenze hat der Grundstückseigentümer nicht. Die Zulassungsbefugnis der Baupolizei geht den (nachgiebigen Bestimmungen der Bauordnung über die Wahrung eines Abstandes zur Nachbargrenze („Bauwich") vor. Sie ist Bestandteil des örtlichen Baurechts, so daß ihr Gebrauch nicht die vorherige Erteilung eines Dispenses von den Bauwich-Vorschriften voraussetzt.

— Oberverwaltungsgericht Berlin, Urteil vom 20. Mai 1955 — II B 112/54 — JR 1956, 74 —.

305. Baudispens — Anfechtungsklage des Nachbarn

a) Eine Bauordnung, welche für einzelne Gemeindegebiete die Errichtung gewerblicher und lärmender Anlagen verbietet, jedoch Ausnahmebewilligungen vorsieht, vermittelt kein subjektives öffentliches Recht auf Unterlassung solcher Ausnahmebewilligungen.

b) Soweit eine verwaltungsgerichtliche Anfechtungsklage auf die Behauptung der Verletzung subjektiv öffentlicher Rechte durch Ausnahmeerteilung gegründet wird, ist sie unzulässig.

c) Dagegen ist eine Anfechtungsklage zulässig, wenn das Vorliegen eines Ermessensfehlers behauptet wird.

d) Wenn die Bauordnung Ausnahmebewilligungen vom Verbot der Errichtung gewerblicher Anlagen beim Vorliegen besonderer Voraussetzungen zuläßt, Richtlinien für die Auslegung dieses Begriffes jedoch nicht gibt, dann gehört die Ausnahmebewilligung der Baupolizeibehörde nicht dem Bereich der Gesetzesanwendung, sondern dem der Ermessensbetätigung an.

e) Ausnahmebewilligungen dürfen nur aus Gründen erfolgen, die das öffentliche Interesse, welches zum generellen Verbot geführt hat, überwiegen.

— Verwaltungsgerichtshof Freiburg, Urteil vom 4. Mai 1955 — Z 76/52 — NJW 1955, 1412 —.

Anmerkung:
Zur Frage der Rechte des Nachbarn im Baurecht vgl. insbesondere VGH Stuttgart: NJW 1954, 1623 — oben Nr. 301; VG München: NJW 1954, 1216; VGH München: DVBl. 1954, 60; Pietzonka: NJW 1954, 1181; Köhler: JR 1955, 135.

306. Verstoß gegen baupolizeiliche Vorschriften — Nachbarrecht

a) Der benachbarte Eigentümer eines im Wohngebiet liegenden Grundstücks ist in seinen Rechten verletzt und zur Klage im Verwaltungsstreitverfahren befugt, wenn den Bestimmungen zuwider Befreiung von den zum Schutze eines Wohngebietes getroffenen baupolizeilichen Bestimmungen gewährt wird.

b) Die Bestimmungen über die Gebäudehöhe sind nicht nur im Interesse der Allgemeinheit erlassen worden, sondern dienen in erster Linie dem Schutz der Belange der benachbarten Grundstückseigentümer (vgl. dazu Pietzonka: Der Nachbar im Baurecht: NJW 1954, 1181). Ihre Mißachtung stellt somit einen Eingriff in die rechtlich anerkannte und geschützte Rechtssphäre des Grundstücksnachbarn dar.

c) Eine gesetzliche Bestimmung, die dem Nachbarn gegenüber der Polizei ein subjektives öffentliches Recht auf Beseitigung eines ohne Bauerlaubnis errichteten Gebäudes gibt, besteht nicht; denn selbst die in erster Reihe dem Schutze der Belange des Einzelnen sich zur Aufgabe machenden Vorschriften der Bauordnung können nicht als „subjektive öffentliche Rechte“ im strengen Sinne angesehen werden.

d) Es liegt im pflichtgemäßen Ermessen der Baupolizei, ob sie im Einzelfall die Herstellung des vorschriftsmäßigen Zustandes fordern will; hierzu gehört auch das Abreißen eines ohne ihre Genehmigung errichteten Bauwerks.

e) Bei unbedingt vorschriftswidrigen, überhaupt nicht genehmigungsfähigen und deshalb auch in veränderter Form nicht zu duldenden Bauanlagen ist dem Grundstückseigentümer die Beseitigung der Anlage bei Androhung des Zwangsmittels der Beseitigung auf seine Kosten aufzugeben (so Baltz-Fischer, Preuß. Baupolizeirecht, 6. Aufl. 1934, Anm. 5 S. 396).

— Oberverwaltungsgericht Berlin, Urteil vom 24. September 1954 — II B 11/54 — BBauBl. 1955, 188 —.

Anmerkung:
Zu c): Vgl. auch Urteil des Oberverwaltungsgerichts Berlin vom 29. Februar 1952 — II B 104/51 — OVGE Berlin Bd. 1, 39 ff., 50, 52.

§ 93 BGB

307. Anbau eines Hauses an eine halbscheidige Giebelwand

a) Der Grundstückseigentümer muß die Benutzung einer halbscheidigen Giebelmauer zum Anbau des Nachbarhauses dulden.

b) Erst mit der Fertigstellung des Rohbaues des Nachbarhauses wird die Entschädigung für die durch den Anbau kraft Gesetzes eintretende Änderung der Eigentumsverhältnisse an der Giebelmauer fällig.

— Oberlandesgericht Düsseldorf, Beschluß vom 2. Juli 1954 — 9 W 130/54 — HGBR Rspr. 1956 Nr. 22 —.

Anmerkung:
Ebenso OLG Düsseldorf: Rhein. Arch. 100 I 152; OLG Köln: Rhein. Arch. 110 I 216; Meisner-Stern-Hodes, Nachbarrecht, S. 123; Hodes NJW 1956, 1783; vgl. auch Herold: Aktuelle Einzelfragen zum Rechtsverhältnis an der halbscheidigen Kommunmauer: DWW 1956, 65.

308. Erstattungsanspruch des Grundstückseigentümers beim Anbau an die Brandmauer des Nachbarn

a) Der Erstattungsanspruch entsteht erst im Zeitpunkt der Brandmauermitbenutzung. Maßgebend ist die Währung in diesem Zeitpunkt. Hinsichtlich seiner Höhe muß als Bewertungsmaßstab auf die Aufwendungen zurückgegangen werden, die unter der Herrschaft einer früheren Währung gemacht worden sind.

b) Wenn die damals tatsächlich aufgewendeten Baukosten für die jetzigen Verhältnisse keine Berechnungsgrundlage abgeben, muß ein Weg unter Heranziehung der Baukostenindices gefunden werden.

Nur auf diese Weise ist dem Sinn des Gesetzes zu genügen, das einen gerechten Ausgleich unter Verwertung von Bereicherungsgesichtspunkten erstrebt, wenn der später Bauende eine ihm zur Verfügung gestellte Brandmauer mitbenutzt.

c) Eine Minderung wegen mittlerweile eingetretener Veraltung des Mauerwerks ist vorzunehmen, da der anbauende Nachbar nicht mehr zu erstatten verpflichtet sein kann, als er tatsächlich erhält.

— Oberlandesgericht Frankfurt/M., Urteil vom 16. Juni 1955 — 1 U 1/55 — Hess. HZtg. 1955, 132 — Blätter 1955, 383 (n. L.) —.

Anmerkung:
Vgl. Hodes: Blätter 1955, 241.

§ 812 BGB

309. Erstattungsanspruch wegen des Anbaues an eine gemeinschaftliche Giebelmauer

Ein Eigentümer hat gegen einen Nachbarn, der die bestehende Grenzmauer benutzt, einen Erstattungsanspruch auf die Hälfte des Wertes der Grenzmauer zur Zeit des Anbaues, ohne Rücksicht darauf, ob die Grenzmauer die Grundstücksgrenze überschreitet oder nicht.

— Oberlandesgericht Hamm, Urteil vom 19. Mai 1954 — 6 U 53/54 — HGBR Rspr. 1954 Nr. 85 —.

§§ 946, 93, 94, 95 BGB; §§ 812, 818 Abs. 2 BGB

310. Anbau an eine halbscheidige Giebelmauer

a) Eine halbscheidige Brandmauer wird mit der Errichtung alleiniges Eigentum des Erbauers.

b) Mit dem Anbau durch den Nachbar geht das Eigentum an der auf dem Grundbesitz des Nachbarn stehenden Brandmauerhälfte auf den Nachbar über.

c) Der Nachbar hat dem Erbauer der Brandmauer den zurzeit des Anbaues gültigen Verkehrswert der halben Brandmauer zu ersetzen.

— Landgericht Frankfurt/M., Urteil vom 5. Januar 1955 — 2/1 S 866/53 — HGBR Rspr. 1956 Nr. 28 — Hess. HZtg. 1955 Nr. 12 —.

Anmerkung:
Zu a): RGZ 169, 175.
Zu b): Ebenso Staudinger-Kober § 921 Anm. 15; Soergel Anm. 3; Erman Anm. 2; OLG München: OLGE 31, 323; 34, 190; OLG Düsseldorf: Rhein. Arch. 109 S. 277; 110 S. 306; OLG Köln: JW 1928, 2573.

Zu c): Ebenso Staudinger-Kober § 921 Anm. 18; OLG Köln: JW 1928, 2573; Breit: Das Recht der gemeinschaftlichen Brandmauer S. 149 ff.; anderer Ansicht Ettlinger, Zeitschrift der Anwaltskammer für den OLGbezirk Frankfurt/M. 1929/30 S. 111.

§§ 94, 95, 912, 921, 922 BGB

311. Eigentumsverhältnisse an einer die Grenze überragenden Grenzmauer

Der über die Grundstücksgrenze ragende Teil einer Grenzmauer (sogen. Überbau) wird durch den Anbau des Grundstücksnachbarn dessen Eigentum. An diesen Eigentumsverhältnissen ändert sich nichts, wenn das angebaute Haus später durch Kriegseinwirkungen zerstört wird.

— Amtsgericht Köln, Urteil vom 20. Oktober 1953 — 48 C 1894/52 — Glaser, Entscheidungen Nr. 300/IX/1955 —.

§ 836 BGB

312. Haftung für gefahrdrohenden Zustand einer halbscheidigen Brandmauer

a) Gemäß § 836 BGB ist der Besitzer eines Grundstücks verpflichtet, den Schaden zu ersetzen, der dadurch entsteht, daß ein Gebäude oder Gebäudeteil einstürzt oder sich ablöst, sofern Einsturz oder Ablösung die Folge fehlerhafter Errichtung oder mangelhafter Unterhaltung sind, es sei denn, daß der Besitzer zur Abwendung der Gefahr die im Verkehr erforderliche Sorgfalt beobachtet hat.

b) Eine sogen. halbscheidige Brandmauer steht im Eigentum beider angrenzender Grundstückseigentümer, da sie halbscheidig auf jedem der beiden Grundstücke errichtet ist.

c) Da die Mauer eine Einheit darstellt, kann bei Ablösung von Teilen nicht darauf abgestellt werden, von welcher Hälfte der Mauer sich die Teile abgelöst haben.

d) Die Eigentümer der beiden Nachbargrundstücke sind zur Beseitigung des gefahrdrohenden Zustandes verpflichtet.

— Landgericht Karlsruhe, Urteil vom 31. März 1955 — 5 O 72/54 — VersR 1955, 492 — GWW 1956, 164 (n. L.) —.

§§ 812, 946, 951 BGB

313. Eigentumsverhältnisse an einer wiederaufgebauten kriegsbeschädigten Giebelmauer

Die teilweise zerstörte halbscheidige Giebelmauer verbleibt je zur Hälfte im Eigentum der beiden Grundstückseigentümer. Der wiederaufbauende Grundstückseigentümer erwirbt bereits im Zeitpunkt der Erneuerung der Giebelmauer, nicht erst mit dem Anbau an die erneuerte Giebelmauer einen Bereicherungsanspruch gegen den Nachbarn.

— Landgericht Duisburg, Urteil vom 8. Februar 1956 — 4 S 394/55 — BBauBl. 1956, 540.

§ 812 BGB

314. Benutzung eines Nachbar-Trümmergrundstücks als Bau- und Lagerplatz

a) Derjenige, der fremde Räume oder ein fremdes Grundstück benutzt, ist zur Zahlung einer Vergütung in Höhe des ersparten Mietzinses verpflichtet.

b) Der Bauherr hat daher an seinen Grundstücksnachbar eine angemessene Nutzungsentschädigung zu zahlen, wenn er das benachbarte Trümmergrundstück während der Bauarbeiten als Bau- und Lagerplatz benutzt.

— Landgericht Hamburg, Urteil vom 23. Februar 1955 — 18 S 239/54 — HGBR Rspr. 1955 Nr. 44 —.

X.

Grundstücksrecht

Nr. 315—371

§ 313 BGB

315. Nichtigkeit eines Grundstückskaufvertrages wegen Formmangels

a) Es verstößt in der Regel nicht gegen Treu und Glauben, wenn ein formbedürftiger Vertrag mangels der vorgeschriebenen Form als nichtig behandelt wird.

b) Nur ausnahmsweise hat die Rechtsprechung dem Mangel der Form die Rechtsfolge der Nichtigkeit versagt und trotz Nichtwahrung der gesetzlich vorgeschriebenen Form wegen des das ganze Recht beherrschenden Grundsatzes von Treu und Glauben eine Bindung vertraglicher Art bejaht, wenn die Nichtigkeit zu schlechthin untragbaren Ergebnissen führen würde, insbesondere, wenn nach dem bisherigen Verhalten, nach den Erklärungen, Zusicherungen oder Versprechungen des einen Teiles (oder auch beider Teile) und der infolgedessen eingetretenen tatsächlichen Entwicklung der Verhältnisse bei einer Verneinung rechtsgeschäftlicher Bindung das Rechtsempfinden erheblich verletzt würde (vgl. BGHZ 12, 286 = RechtdLandw. 1954, 153 = DNotZ 1954, 307 und die dort angeführte Rechtsprechung und Rechtslehre sowie Urteil des Bundesgerichtshofs vom 18. 2. 1955 — V ZR 108/53 — Betrieb 1955, 406).

c) Der Umfang der Haftung für Verschulden beim Vertragsschluß ist nach dem allgemeinen Grundsatz des § 249 BGB zu beurteilen. Danach kann grundsätzlich nur Ersatz des Schadens verlangt werden, den der Berechtigte dadurch erlitten hat, daß er auf die Gültigkeit oder den Abschluß des Vertrages vertraut hat.

d) Erfüllung des nicht zustande gekommenen Vertrages kann danach grundsätzlich nicht verlangt werden (vgl. auch OGHZ 1, 217 [219]).

e) Eine Partei kann, wenn die Voraussetzungen für eine Haftung des Gegners wegen Verschuldens bei Vertragsschluß gegeben sind, nicht verlangen, so gestellt zu werden, als ob der Kaufvertrag zustande gekommen wäre, weil sie auch ohne das angeblich schuldhafte Verhalten des Vertragsgegners keinen Erfüllungsanspruch gehabt hätte. Sie kann vielmehr nur Ersatz des Schadens fordern, der ihr dadurch entstanden ist, daß sie auf das Zustandekommen des Vertrages vertraut, insbesondere auf Grund des Verhaltens des Vertragsgegners von einem anderweitigen günstigen Kauf Abstand genommen hat.

— Bundesgerichtshof, Urteil vom 4. März 1955 — V ZR 66/54 — Betrieb 1955, 479 —.

Anmerkung:
Über die Frage der Formbedürftigkeit von Grundstücksveräußerungsverträgen vgl. auch Puttwitz: Gelten Grundstückskaufverträge trotz Formmangels: HW 1955, 230.

§§ 125, 242, 313, 812, 951 BGB

316. Formnichtige Verträge — Arglisteinwand

a) Nur in Ausnahmefällen können formnichtige Verträge entgegen § 125 BGB aus dem Gesichtspunkt des allgemeinen Arglisteinwandes oder in Anwendung des Grundsatzes von Treu und Glauben als gültig angesehen werden.

b) Bei Bebauung eines Grundstücks kann die wirtschaftliche Struktur eines geringwertigen Grundstücks dergestalt verändert werden, daß dem Bereicherungsschuldner die Herausgabe nicht mehr möglich ist.

— Oberlandesgericht Köln, Beschluß vom 7. Juni 1955 — 9 W 43/55 — WM 1955, 134 — ZMR 1955, 329 (n. L.) —.

§ 313 BGB

317. Haftung wegen Verschuldens beim Abschluß eines formnichtigen Grundstücksveräußerungsvertrages

a) Ein Grundstücksveräußerungsvertrag bedarf zu seiner Rechtswirksamkeit der Form des § 313 BGB, der gerichtlichen oder notariellen Beurkundung. Der Sinn dieser Vorschrift ist ein Schutz vor übereilten Verpflichtungen. Grund und Boden soll im Interesse der Seßhaftigkeit der Bevölkerung nicht als Ware behandelt werden (Palandt, Anm. 1 zu § 313 BGB).

b) Aus dieser Erwägung heraus ist bei Grundstücksverkäufen bereits auch der Vorvertrag von der Rspr. der Formvorschrift des § 313 BGB unterworfen worden, weil er ein Vorstadium des Endvertragsschuldverhältnisses begründet (Palandt, Anm. 4 ff. vor § 305 BGB und Anm. 2 zu § 313 BGB).

c) Bei streng formgebundenen Verträgen wird man die Grundsätze von einem Verschulden beim Vertragsschluß nicht anwenden können, es sei denn, der Verkäufer habe den Formmangel schuldhaft herbeigeführt oder den anderen Vertragspartner schuldhaft in den Irrtum versetzt, eine Form sei nicht nötig (vgl. Palandt, Anm. 4d zu § 242 BGB).

d) Die Anwendung der Grundsätze der Haftung wegen Verschuldens beim Vertragsabschluß käme auf eine Außerkraftsetzung des § 313 BGB hinaus.

— Landgericht Stuttgart, Urteil vom 18. November 1955 — 3 S 311/55 — MDR 1956, 165 —.

§ 313 BGB

318. Abänderung eines Grundstücksveräußerungsvertrages

a) Nachträgliche Abänderungen von Einzelheiten eines Grundstückskaufvertrages können den Inhalt des Vertrages betreffen und dann genau wie der ursprüngliche Vertrag der notariellen Beurkundung bedürfen.

b) Von diesem Grundsatz ist jedoch eine Ausnahme zu machen, wenn die Parteien durch die nachträgliche Änderung lediglich unvorhergesehene Schwierigkeiten bei der Abwicklung der eigentlichen Kaufrechte und -pflichten beseitigen wollten, ohne deren Inhalt zu ändern.

c) Die gegenteilige Ansicht würde auf eine durch den Wortlaut und Zweck des § 313 BGB nicht gebotene Ausdehnung dieser Formvorschrift hinauslaufen, die den Bedürfnissen des Grundstücksverkehrs nicht Rechnung trägt (RG JR 1927, 1383; JW 1921, 1231; Recht 1922, 30).

d) Der Hauptzweck der Bestimmung des § 313 BGB liegt darin, den Eigentümer eines Grundstücks vor übereilten und unüberlegten Veräußerungen zu bewahren. Wird der Inhalt der im Kaufvertrag übernommenen gegenseitigen Verpflichtungen durch die nachträgliche Abänderung nicht berührt, und stellt die Abänderung insbesondere keine Erschwerung der Übereignungspflicht des Verkäufers dar, so liegt keine schutz- und damit formbedürftige Abänderung vor.

— Oberlandesgericht Hamburg, Urteil vom 11. August 1955 — 1 U 319/54 — MDR 1956, 227 —.

319. Auswechslung des genehmigten Grundstückskaufpreises durch eine andere Leistung (Wertpapiere)

a) Bei einem dem Preisstopp unterliegenden Grundstücksveräußerungsvertrag gilt das beurkundete Entgelt auch dann als vereinbart, wenn die Vertragsteile in Täuschungsabsicht ein Entgelt anderer Art als das beurkundete (z. B. Wertpapiere) vereinbaren (vgl. BGHZ 11, 98/101).

b) Diese Rechtsfolge tritt aber dann nicht ein, wenn der Gesamtwert der Leistungen des Käufers die Höhe des beurkundeten Entgelts nicht übersteigt.

c) Die Anwendung des § 4 der Grundstückspreisverordnung ist nach ihrem eindeutigen Wortlaut auf den Fall beschränkt, daß die Vertragsteile in Wahrheit ein höheres Entgelt vereinbart haben, als im beurkundeten Vertrag angegeben ist.

d) Soll die Gegenleistung für ein Grundstück anstelle der beurkundeten Barzahlung durch Lieferung von Wertpapieren bewirkt werden, so ist diese Vereinbarung eine so erhebliche Abweichung von dem formgerecht geschlossenen Vertrag, daß auf ihre Beurkundung nach § 313 BGB nicht verzichtet werden kann.

— Bundesgerichtshof, Urteil vom 11. Februar 1955 — V ZR 111/53 — Betrieb 1955, 432 — HGBR Rspr. 1955 Nr. 41 — BB 1955, 302.

§§ 313, 566 BGB

320. Vorvertrag zu einem langfristigen Grundstücksmietvertrag

a) Ein Mietvertrag über ein Grundstück, der für längere Zeit als ein Jahr gelten soll, muß schriftlich abgeschlossen werden; anderenfalls gilt er als auf unbestimmte Zeit abgeschlossen und kann nach Ablauf des ersten Jahres jederzeit unter Einhaltung der gesetzlichen Fristen gekündigt werden, auch wenn durch mündliche Vereinbarung eine Kündigung auf bestimmte Zeit ausgeschlossen ist (§ 566 BGB).

b) Rechtsprechung und Rechtslehre versagen der Berufung eines Vertragsteils auf den Mangel der gesetzlichen oder gewillkürten Form in besonderen Fällen mit Rücksicht auf Treu und Glauben den Erfolg, so z. B. selbst im Falle des § 313 BGB, der für die Verpflichtung zur Übereignung eines Grundstückes eine besondere Schutzvorschrift bedeutet (vgl. RGZ 169, 65 [73 ff.]; OGHZ 1, 217; NJW 1949, 62; NJW 1950, 25).

c) Der Oberste Gerichtshof für die Britische Zone hat in OGHZ 1, 217 (220) unter Berufung auf RGZ 153, 59 (61) ausgesprochen, der Umstand, daß ein (wegen Formmangels) nichtiges Vertragsverhältnis jahrelang wie ein gültiges bestanden habe, vermöge allein den Arglisteinwand nicht zu begründen.

d) Der Mangel der Schriftform führt nicht zur Unwirksamkeit des Vertrages, sondern nur zu seiner Umdeutung in einen für unbestimmte Zeit geschlossenen Vertrag.

e) Haben sich die Parteien eines Mietverhältnisses über ein Grundstück in einem Vorvertrag verpflichtet, einen Mietvertrag für längere Zeit als ein Jahr schriftlich abzuschließen, so kann die Kündigung einer Partei für einen früheren Zeitpunkt, als im beabsichtigten Vertrage vorgesehen ist, als eine unzulässige Rechtsausübung unwirksam sein.

f) Die Verpflichtung, einen solchen Mietvertrag schriftlich abzuschließen, ist bindend, auch wenn sie in einem Vorvertrag oder neben einem bereits mündlich abgeschlossenen Mietvertrag übernommen und nur mündlich vereinbart worden ist.

g) Eine solche Verpflichtung wirkt nur zwischen den Vertragspartnern und nicht gegenüber einem Dritten, etwa einem Erwerber des Mietgrundstückes, solange die Verpflichtung nicht durch Abschluß des schriftlichen Vertrages erfüllt ist (RGZ 141, 373).

— Bundesgerichtshof, Urteil vom 15. April 1955 — V ZR 118/53 — BB 1955, 463 — Betrieb 1955, 506 — Blätter 1955, 238 —.

Anmerkung:
Die Frage, ob ein Vorvertrag auf Abschluß eines mehrjährigen Mietvertrages der Schriftform bedarf, vgl. RG 86/30; BGH: NJW 1954, 71 — JR 1954, 101 — BB 1953, 957 — Blätter 1954, 94 — Betrieb 1953, 1012 — ZMR 1954, 78 — HW 1953, 472; Urteil des Bundesgerichtshof vom 4. Februar 1955 — V ZR 50/54; Urteil des BGH vom 18. 2. 1955 — V ZR 108/53 — Betrieb 1955, 406; Urteil des BGH vom 4. 3. 1955 — V ZR 66/54 — Betrieb 1955, 479; LG Frankfurt/M.: WM 1954, 111.

§§ 107, 181, 2050 BGB

321. Schenkung eines Grundstücks durch den Vater an sein minderjähriges Kind

a) Der Abschluß eines schuldrechtlichen Vertrages, durch den der Vater seinem minderjährigen Kind ein Grundstück schenkt, bringt diesem lediglich einen rechtlichen Vorteil. Ein über 7 Jahre altes Kind bedarf daher zum Abschluß eines solchen Vertrages nicht der Genehmigung seines gesetzlichen Vertreters.

b) Der Vater ist in Ausführung einer solchen Schenkung zur Grundstücksübereignung befugt, da er unbeschadet der Vorschrift des § 181 BGB gleichzeitig seine Genehmigung als gesetzlicher Vertreter zu der Annahme der Auflassung durch das Kind erteilen kann, falls die Auflassung dem Kind lediglich einen rechtlichen Vorteil bringt.

c) Der Wirksamkeit des Schenkungsvertrages und der Auflassungserklärung steht auch nicht der Umstand entgegen, daß der Vertrag die Bestimmung enthält, daß nach dem Tode der Eltern die Kinder, die bei der jetzigen Zuteilung zuviel erhalten, das bei der Erbteilung mit den Kindern, die zuwenig erhalten, ausgleichen sollen. Denn diese Bestimmung ist ihrem rechtlichen Gehalt nach nicht eine Auflage im Sinne des § 525 BGB, die der Schenkung zugefügt ist, und die die Notwendigkeit einer Zustimmung seitens des gesetzlichen Vertreters zum Abschluß des Schenkungsvertrages nach § 107 BGB begründen könnte (vgl. dazu OLG München HRR 1942 Nr. 544 m. w. Nachw.), sondern sie ist nur eine Anordnung gemäß § 2050 Abs. 3 BGB. Eine solche Anordnung begründet nicht wie bei einer Schenkung unter einer Auflage eine schuldrechtliche Verpflichtung des Beschenkten, sondern macht nur deutlich, daß die Schenkung bei der Erbfolge mit berücksichtigt werden soll.

— Bundesgerichtshof, Urteil vom 10. November 1954 — II ZR 165/53 — HGBR Rspr. 1955 Nr. 6 —.

322. Lebenslängliches unentgeltliches Wohnrecht und Wohnungsamt

a) Es ist fraglich, ob die Begründung eines dinglichen Wohnrechts dem Wohnungsamt gegenüber wirksam ist (vgl. hierzu die ständige Rechtsprechung des OVG Lüneburg zum ehemaligen Wohnungsgesetz, wonach die Eintragung eines Altenteils der Wohnungsbehörde gegenüber ohne ihre Zustimmung nicht verbindlich ist; vgl. ZMR 1952, 263).

b) Es ist auch zweifelhaft, ob durch die Eintragung des Wohnrechts an einer bestimmten Einzelwohnung im Grundbuch zugunsten des dinglich Berechtigten der gesetzliche Vorrang im Sinne des § 17 WBewG begründet wird.

— Oberverwaltungsgericht Lüneburg, Beschluß vom 30. November 1954 — VI A 282/54 — ZMR 1955, 241 —.

§ 1093 BGB

323. Mißbräuchliche Ausübung des Wohnrechts

a) Es liegt kein Mißbrauch des dinglichen Wohnrechts vor, wenn der Wohnberechtigte einen ihm nahestehenden Verwandten zu seiner Pflege zu sich nimmt, da es als das Normale erscheint, verwandte Personen fremden Personen vorzuziehen.

b) Die Ausübung des Wohnrechtes richtet sich nach § 242 BGB, so daß der Grundstückseigentümer ihm nicht zumutbare Personen nicht zu dulden braucht und einer mißbräuchlichen Ausübung des Wohnrechts widersprechen kann.

— Landgericht Bremen, Urteil vom 23. Juli 1954 — 4 S 208/54 — WM 1955, 26 — ZMR 1955, 104 (n. L.) —.

324. Beschränkte persönliche Grunddienstbarkeit zur Sicherung des Bewohnens eines Hauses durch Bundesbedienstete

Gegen die Zulässigkeit der Eintragung einer beschränkten persönlichen Grunddienstbarkeit des Inhalts, daß von den auf dem Grundstück fertiggestellten Wohnungen bis zur vollständigen Tilgung des staatlichen Darlehns die Wohnungen nur von Bundesbediensteten bewohnt werden dürfen, bestehen keine Bedenken, wenn die Wohnungen nach Lage und Größe in der Eintragungsbewilligung genau bezeichnet werden.

— Kammergericht, Beschluß vom 29. März 1954 — 1 W 673/54 — HW 1955, 251 —.

§ 1019 Satz 1 BGB

325. Untergang einer Grunddienstbarkeit

a) Ein (zeitweiliges) „Ruhen“ einer Grunddienstbarkeit als solcher ist weder dem insoweit maßgebenden ALR noch dem § 1019 BGB bekannt; sie kann nur (endgültig) erlöschen.

b) Ein Erlöschungsgrund ist es, wenn das herrschende Grundstück, etwa durch Abspülung, zugrunde geht (Dernburg, Lehrbuch des Preuß. Privatrechts Bd. 1 § 299, 3; vgl. auch Meisner-Stern-Hodes, Nachbarrecht, S. 481/482).

c) Wenn eine Grunddienstbarkeit dem herrschenden Grundstück nur mittelbar, nämlich einem auf ihm unterhaltenen Gewerbe- oder Fabrikbetrieb, dient, kann zumindest eine vorübergehende Einstellung des begünstigten Betriebs, etwa infolge Zerstörung des Betriebsgebäudes durch Brand oder andere Ursachen (Abbruch des Betriebsgebäudes) offensichtlich nicht zum Untergang der Grunddienstbarkeit führen (vgl. Meisner-Stern-Hodes a. a. O., S. 377, Fußnote 94 und S. 481, Fußnote 13).

— Bundesgerichtshof, Urteil vom 21. Oktober 1955 — V ZR 67/54 — Betrieb 1955, 1116 — BB 1955, 1010 — HGBRspr. 1956 Nr. 8 — Blätter 1956, 63 — DNotZ 1956, 40 — GWW 1956, 165 (n. L.) —.

Anmerkung:
Zur Frage des Untergangs eines dinglichen Wohnrechts im Sinne des § 1093 BGB infolge Zerstörung des Wohngebäudes vgl. BGH: NJW 1952, 1375 — BGHZ 7, 268 —; BGH: ZMR 1954, 216 — BGHZ 8, 58 —.

§§ 3, 16, 48, 64, 111 LAG; §§ 346, 812 BGB

326. Wirkung des Rücktritts vom Grundstückskaufvertrag hinsichtlich der vom Grundstückserwerber vor dem Währungsstichtag abgelösten Grundstückslasten

a) Wenn ein Grundstückskäufer von dem vor der Währungsreform abgeschlossenen Grundstückskaufvertrag zurückgetreten ist, dann muß ihm der Grundstücksverkäufer nach Bereicherungsgrundsätzen den Wert ersetzen, den die Grundstückslasten, die der Käufer vor dem Währungsstichtag abgelöst hat, für ihn gehabt haben. Das ist regelmäßig 10 % des Ablösungsbetrages.

b) Die Übernahme eines entsprechenden Teils der ihn betreffenden Vermögensabgabe kann der Erwerber jedoch nicht verlangen, weil er im Lastenausgleichsveranlagungsverfahren geltend machen kann, daß das Grundstück infolge seines Rücktritts vom Kaufvertrag mit rückwirkender Kraft aus seinem zur Lastenausgleichsabgabe herangezogenen Vermögen wieder ausgeschieden ist.

— Bundesgerichtshof, Urteil vom 13. November 1953 — V ZR 56/53 — Rundschau für den Lastenausgleich 1954, 76 —.

§ 535 BGB

327. Verkaufsstand auf offener Straße — Gemeingebrauch

a) Für die Verfolgung des Anspruchs eines Straßeneigentümers auf Zahlung von Nutzungsentgelt für die Überlassung von Straßengelände, das im Gemeingebrauch steht, ist der ordentliche Rechtsweg gegeben (Bestätigung von RGZ 150, 216 (218).

b) Ein auf öffentlicher Straße von einem festen Verkaufsstand aus unterhaltener Gewerbebetrieb geht, soweit nicht eine abweichende örtliche Verkehrsanschauung und Übung besteht, über den Gemeingebrauch hinaus. Der Straßeneigentümer darf daher eine derartige Nutzung von der Bezahlung eines Entgelts abhängig machen.

c) Die Vereinbarung über eine derartige Nutzung gegen Entgelt ist kein Mietvertrag.

— Bundesgerichtshof, Urteil vom 18. November 1955 — V ZR 162/54 — HuW 1956, 127 — ZMR 1956, 139 — NJW 1956, 104 — JR 1956, 143 — Bln. Grundeigentum 1956, 244 —.

Anmerkung:
Vgl. Anm. zu dem o. a. Urteil von Nedden: NJW 1956, 469; vgl. auch Urteil des Württ.Bad.VGH vom 15. Dezember 1953 — 3 K 130/52 — VerwRspr. Bd. 7 (1955), 475.

328. Beeinträchtigung des Gemeingebrauchs an einer Geschäftsstraße

a) Der gesteigerte Gemeingebrauch des Straßenanliegers ist ein subjektives öffentliches Recht (Forsthoff, Verwaltungsrecht, 2. Aufl. I, S. 302; Huber, Die öffentliche Verwaltung 1955, S. 129).

b) Auch die Beeinträchtigung des Anliegergemeingebrauches kann einen Entschädigungsanspruch begründen.

c) Das Recht des Anliegers auf den Gemeingebrauch, das unter den Eigentumsschutz des Artikels 14 des Grundgesetzes fällt, umfaßt auch die Befugnis, auf die Straßenpassanten werbend einzuwirken.

d) Soweit es sich um eine Geschäftsstraße handelt, enthält der Anliegergemeingebrauch nämlich auch das Recht, die Straße im Rahmen des Verkehrsüblichen zu geschäftlichen Zwecken zu benutzen (RGZ 123, 181; 150, 216; RG JW 1930, 1961; Hammes, DVBl. 1950, 102 [104]).

e) Durch die Freigabe einer Grünfläche zwischen einer Gastwirtschaft und dem Bürgersteig für Behelfsläden wird in das dem Gastwirt zustehende Recht auf den Anliegergemeingebrauch eingegriffen.

f) Dieser Eingriff hat dem Gastwirt ein Sonderopfer auferlegt. Damit handelt es sich um einen enteignungsgleichen Eingriff in die Rechte des Gastwirts, dem sonach gegen die Stadtgemeinde ein Entschädigungsanspruch aus Artikel 14 Abs. 3 GG zusteht.

— Oberlandesgericht Bremen, Urteil vom 11. Mai 1955 — 3 U 27/55 — BB 1955, 683 —.

329. Beeinträchtigung des Gemeingebrauchs des Anliegers durch Erhöhung des Straßenniveaus

a) Wird durch die Beschränkung des Gemeingebrauchs an einer Straße ein Anlieger beeinträchtigt, so steht ihm zwar nur dann ein Ersatzanspruch zu, wenn ihm dadurch ein besonderes persönliches Opfer auferlegt wird (BGH in NJW 53, 383).

b) Das ist dann nicht der Fall, wenn es sich um Beschränkungen handelt, die angesichts des gesteigerten Straßenverkehrs üblich sind, und mit deren möglichem Eintritt deshalb gerechnet werden muß, und durch welche die Benutzbarkeit und Verwertbarkeit der Rechte des Anliegers nicht wesentlich berührt werden.

c) Dagegen ist eine wesentliche Beeinträchtigung des Gemeingebrauchs des Straßenanliegers durch eine nachträgliche Erhöhung des Straßenniveaus ein enteignungsgleicher Eingriff, der dem Straßenanlieger einen Anspruch auf angemessene Entschädigung gibt.

— Landgericht Oldenburg, Urteil vom 18. Oktober 1955 — 1 O 311/54 — HGBR Rspr. 1956 Nr. 60 — Oldenburg.Hztg. 1955 Nr. 12 —.

§§ 281, 446 BGB; § 69 VVG

330. Zerstörung eines verkauften Grundstücks durch Brand

Wird das auf einem verkauften Grundstück stehende Gebäude nach dem Übergang der Gefahr durch Brand zerstört, so hat der Verkäufer das, was er vom Versicherer auf Grund des Brandes erhält, jedenfalls dann an den Käufer abzuführen, wenn dieser im Zeitpunkt des Brandes den Kaufpreis noch nicht bezahlt hatte.

— Bundesgerichtshof, Urteil vom 4. März 1955 — V ZR 56/54 — HGBR Rspr. 1955 Nr. 39 — Blätter 1955, 175 — BB 1955, 399 mit Anm. von Schmidt — Betrieb 1955, 358 — VersR 1955, 225 — HW 1955, 192 —.

§§ 459, 476 BGB

331. Verpflichtungen des Verkäufers beim Verkauf des Grundstücks

a) Die Abwicklung eines Grundstückskaufvertrages erfolgt nach den Grundsätzen von Treu und Glauben.

b) Der Käufer kann sich daher darauf verlassen, daß das Grundstück nicht mit erheblichen Mängeln behaftet ist.

Ein redlicher Verkäufer muß sich eine solche Deutung seines Leistungsversprechens gefallen lassen (Enneccerus-Lehmann, Schuldrecht, § 108 Anm. I).

c) Dem Verkäufer obliegt eine allgemeine Aufklärungspflicht, auf Grund deren er gehalten ist, den ihm bekannten besonderen Interessen des anderen Vertragspartners Rechnung zu tragen (vgl. RGZ 101/49).

d) Im Rahmen dieser Verpflichtung hat er insbesondere schwerwiegende Umstände zu offenbaren, die sich auf die Beschaffenheit des Grundstücks beziehen, insbesondere, wenn sich Grundwasser auf dem Grundstück bildet (vgl. RGSt. 69, 284).

e) Der Verkäufer haftet für einen Fehler des Grundstücks. Von dieser Haftung befreit ihn der vertraglich geregelte Haftungsausschluß nicht, weil eine solche Vereinbarung nach der ausdrücklichen Vorschrift des § 476 BGB nichtig ist, wenn der Verkäufer einen Mangel arglistig verschwiegen hat.

— Landgericht Hamburg, Urteil vom 21. Juli 1955 — 15 O 278/54 — HGBR Rspr. 1956 Nr. 10 —.

332. Mängelhaftung beim Verkauf eines schwammbefallenen Hauses

a) Die Klausel „wie besehen" im Kaufvertrag bedeutet nur einen Ausschluß für erkennbare Mängel. Dagegen bedeutet die weitergehende Klausel „Mängelrügen sollen ausgeschlossen sein" den völligen Ausschluß einer Mängelhaftung.

b) Dieser allgemeine Haftungsausschluß führt zur Ablehnung aller Minderungsansprüche, auch eines solchen wegen Hausschwammes, es sei denn, daß der Verkäufer des Hauses den Schwammbefall arglistig verschwiegen hat.

— Oberlandesgericht Hamburg, Urteil vom 15. November 1955 — 2 U 180/55 — Hamburger Grundeigentum 1956, 73 —.

§ 5 Preuß. Wegereinigungsgesetz vom 1. 7. 1912 (GS S. 187)

333. Pflicht des Erdgeschoßbewohners zur Reinigung des Bürgersteigs

Die ortsgewohnheitsrechtliche Bürgersteigreinigungspflicht des Erdgeschoßbewohners eines nicht vom Eigentümer bewohnten Hauses hat zur Voraussetzung, daß der Hauseigentümer weit entfernt von seinem Grundstück wohnt.

— Landgericht Bielefeld, Urteil vom 21. September 1955 — 2 S 273/55 — HGBR Rspr. 1956 Nr. 61 —.

334. Pflicht der Straßenanlieger zur Beseitigung von Bombenschäden auf dem Bürgersteig

Das Verlangen einer Stadtgemeinde an die Straßenanlieger, den durch den Bombenkrieg schadhaft gewordenen städtischen Bürgersteig instandsetzen zu lassen, findet weder im gesetzten Recht noch im Gewohnheitsrecht die in einem Rechtsstaat erforderliche Grundlage.

— Verwaltungsgerichtshof München, Urteil vom 14. Dezember 1954 — Nr. 192 I 51 — DWW 1955, 147 — HGBR Rspr. 1955 Nr. 55 — BB 1955, 335 (n. Z.) —.

Anmerkung:
Über die Pflicht der Straßenanlieger zur Beseitigung von Bombenschäden auf dem Bürgersteig vgl. Urteil des Landesverwaltungsgerichts Düssel-

dorf vom 20. Juni 1951 — 4 K 233/50 — HGBR — Wegeunterhaltung — Rspr. 2 Bl. 1 — vgl. auch Grimme: Bürgersteig — Observanz: HW 1951, 416.
Über die Pflicht der Straßenanlieger zur Unterhaltung des Bürgersteigs vgl. auch OVG Münster: HGBR Rspr. 1954 Nr. 39; AG Frankfurt a. M.: Hess.HZtg. 1954, 128.

335. Pflicht der Stadtgemeinde zur Wiederherstellung kriegsbeschädigter Bürgersteige

a) Es besteht keine Rechtsnorm, die eine Stadtgemeinde verpflichtet, einen durch Kriegsereignisse beschädigten Bürgersteig zu einer bestimmten Zeit oder in einer bestimmten Weise — etwa durch Plattenbelag — auszubessern oder zu erneuern.

b) Die im Ortsstatut übernommene Pflicht zur Unterhaltung und Ausbesserung der Bürgersteige hat die Stadt nicht dem einzelnen Bürger gegenüber übernommen, sondern als öffentlich rechtliche Pflicht zur Sicherung und Förderung der Leichtigkeit des Straßenverkehrs.

— Landesverwaltungsgericht Düsseldorf, Urteil vom 9. Juli 1954 — 14 K 4/54 — Blätter 1955, 382 — BBauBl. 1955, 586 — MDR 1956, 379 (n. L.) —.

§ 3 Währungsgesetz

336. Zur Rechtswirksamkeit einer Wertsicherungsklausel

Die in einem notariellen Grundstückskaufvertrag enthaltene Vereinbarung, daß der Käufer anstelle des Kaufpreises eine dem jeweiligen Jahreshöchstgehalt eines Beamten einer bestimmten Besoldungsgruppe entsprechende Geldrente, mindestens jedoch jährlich 3600.— DM bezahlen soll, stellt eine Wertsicherungsklausel dar, die nur mit Genehmigung der für die Erteilung von Devisengenehmigungen zuständigen Stelle eingegangen werden darf.

— Landgericht Wuppertal, Urteil vom 30. März 1955 — 3 O 14/55 — MDR 1955, 417 —.

Anmerkung:
Vgl. Urteil des Bundesgerichtshofs vom 17. September 1954 — V ZR 79/53 — BGHZ 14, 306 — LM § 3 Währungsgesetz Nr. 7 — NJW 1954, 1684 — BB 1954, 818 — Betrieb 1954, 883 — HGBR Rspr. 1954 Nr. 95; Dürkes: Wertsicherungsklauseln; Dürkes: NJW 1954, 223; BGH: NJW 1954, 883 — BB 1954, 976; Reinicke: MDR 1953, 385 und NJW 1955, 53; OLG Schleswig: MDR 1955, 36; OLG Braunschweig: BB 1954, 976; Sasse: Hamburger Grundeigentum 1955, 57; Haegele: Blätter 1954, 260; Friese: Blätter 1952, 88; Streit: Westdeutscher Türmer 1954, 139; vgl. ferner: BGH: BB 1954, 579 — JR 1954, 378.

§§ 812 ff., 946, 951 BGB

337. Wertersatzanspruch bei Verbindung beweglicher Sachen mit einem Grundstück

a) Werden bewegliche Sachen (z. B. Gebäudebestandteile) mit einem Grundstück so verbunden, daß sie dessen wesentliche Bestandteile werden, so erstreckt sich das Grundstückseigentum auch auf die urprünglich beweglichen Sachen (§ 946 BGB). Ihr ursprünglicher Eigentümer hat gemäß § 951 BGB wegen seines Eigentumsverlustes gegen den Grundstückseigentümer einen Anspruch auf Vergütung in Geld nach den Vorschriften über die Herausgabe einer ungerechtfertigten Bereicherung (§§ 812 ff. BGB).

b) Der Vergütungsanspruch (§ 951 BGB) ist nur gegeben, wenn die Voraussetzungen des § 812 Abs. 1 BGB (unmittelbare Vermögensverschiebung zwischen Bereichertem und Entreichertem ohne Rechtsgrund) vorliegen (Bundesgerichtshof, Urteil vom 30. 10. 1952 — IV ZR 89/52 — Lindenmaier-Möhring Nr. 14 zu § 812 BGB — BB 1952, 903).

c) Der herauszugebende Gewinn des Bereicherten kann höher sein als der Verlust des Entreicherten. Der Bereicherungsanspruch soll nicht eine Verminderung im Vermögen des Benachteiligten rückgängig machen, sondern eine Vermögensvermehrung im Vermögen des Bereicherten, auf deren Erhaltung oder Behalten dieser dem Entreicherten gegenüber kein Recht hat (Protokolle der Kommission für die 2. Lesung des Entwurfes des Bürgerlichen Gesetzbuches II, S. 685; Enneccerus-Lehmann, Schuldrecht, 14. Bearbeitung, § 221 II, 2, S. 51; RGRK, 10. Aufl., § 812 Anm. 2c; Palandt, 14. Aufl., § 812 Anm. 4; RGZ 121, 258). Es genügt die Identität des Umstandes, der den Verlust des einen und den Gewinn des anderen vermittelt (Oertmann, Bürgerliches Gesetzbuch, Vorbemerkung vor § 812 Anm. 2d).

d) Bei der Vergütung wegen Verbindung einer beweglichen Sache mit einem Grundstück (§ 951 BGB; vgl. zu 1) ist der gemeine Verkehrswert vom bereicherten Grundstückseigentümer zu ersetzen (vgl. RGZ 147, 396; Bundesgerichtshof, Urteil vom 27. 2. 1952, BGHZ 5, 197 — BB 1952, 334 — NJW 1952, 334 — MDR 1952, 349).

e) Bei der Feststellung des gemeinen Wertes (Verkehrswertes) eines bebauten Grundstückes besteht kein Erfahrungssatz, daß dieser sich um den Wert der für die Bebauung angemessenen Baukosten erhöht. Maßgebend für den gemeinen Wert eines bebauten Grundstückes ist in der Regel und im wesentlichen seine Ertragsfähigkeit (Bundesgerichtshof, Urteil vom 10. 7. 1953, BGHZ 10, 171 — NJW 1953 1466). Eine Bewertung allein nach dem Bauwert ist nicht zutreffend.

— Bundesgerichtshof, Urteil vom 13. Mai 1955 — V ZR 36/54 — BB 1955, 557 — NJW 1955, 1106 —.

VO PR Nr. 75/52; § 1 PreisstopVO

338. Verkehrswert landwirtschaftlicher Grundstücke

a) Der Verkehrswert oder gemeine Wert eines landwirtschaftlichen Grundstückes ist gleich dem Preise, der im gewöhnlichen Geschäftsverkehr erzielt werden kann und darf.

b) Dieser Wert ist nicht der auf das Jahr 1936 ermittelte Stoppreis, auch nicht etwa der Ertragswert des Grundstücks, sondern der volkswirtschaftlich gerechtfertigte Preis.

c) Für die Bemessung des Wertes von bebauten landwirtschaftlichen Grundstücken spielt es eine erhebliche Rolle, ob die Gebäude neu oder alt oder gar baufällig sind.

d) Wenn ein solches Gebäude neu und nicht etwa verbaut ist, so kann der auf dem Markt zu erzielende Preis nicht unangemessen sein, solange er den Betrag der Baukosten des Gebäudes nicht übersteigt.

— Oberlandesgericht Stuttgart, Urteil vom 20. Juli 1955 — 4 U 39/55 — NJW 1955, 1887 —.

Anmerkung:
Zur Frage der Angemessenheit des Kaufpreises eines Hausgrundstücks: OLG Celle: DRspr. 1954 II (245) Blatt 48 d — GWW 1954, 397.

Art. IV Abs. 3 Kontrollratsgesetz Nr. 45

339. Bietegenehmigung für die Zwangsversteigerung eines landwirtschaftlichen Grundstücks

Bei der Zwangsversteigerung eines landwirtschaftlichen Grundstücks zum Zwecke der Aufhebung einer Erbengemeinschaft bedarf jeder Miterbe zur Abgabe von Geboten der Genehmigung des Landwirtschaftsgerichts.

— Landgericht Osnabrück, Beschluß vom 26. Januar 1955 — 8 T 450/54 — Glaser: Entscheidungen Nr. 93/IX/1956 —.

§§ 100, 81 ZVG

340. Mehrere Gebote bei der Zwangsversteigerung eines landwirtschaftlichen Grundstücks

a) Wenn bei der Zwangsversteigerung eines landwirtschaftlichen Grundstückes mehrere Gebote gleicher Höhe abgegeben werden, so hat das Gericht nach den Grundsätzen der Billigkeit zu entscheiden, wem der Zuschlag zu erteilen ist.

b) Da es sich um den Erwerb eines Grundstücks handelt, kommt es darauf an, welcher Bietende bei der gesamten Sachlage das größere Anrecht auf das Grundstück hat, wer dem Grundstück am nächsten ist.

— Oberlandesgericht Hamm, Beschluß vom 6. Dezember 1954 — 15 W 541/54 — JMBL (NJR) 1955, 91 —.

§ 57c ZVG
341. Kündigungsrecht des Erstehers

Für die Kündigungsbeschränkung nach § 57c des Gesetzes über die Zwangsversteigerung und Zwangsverwaltung kommt es ausschließlich darauf an, daß ein Baukostenzuschuß oder eine Mietvorauszahlung geleistet ist; nicht ob und in welcher Form diese Leistungen im Mietvertrag erwähnt werden.

— Landgericht Frankfurt/M., Urteil vom 17. Januar 1956 — 2/11 S 560/55 Blätter 1956, 95 —.

§ 57c ZVG
342. Beschränkung des Kündigungsrechts des Erstehers eines Grundstücks

a) Nach § 57c Abs. 1 Nr. 1 ZVG kann der Ersteher eines Grundstückes von dem Kündigungsrecht gemäß § 57a ZVG keinen Gebrauch machen, wenn und solange die Miete zur Schaffung des Mietraumes ganz oder teilweise vorausentrichtet ist.

b) Diese Vorschrift findet entsprechende Anwendung, wenn die Miete zur Bereitstellung des Mietraumes ganz oder teilweise vorausentrichtet worden ist.

— Amtsgericht Siegburg, Urteil vom 16. Juni 1955 — 2 C 232/55 — NJW 1955, 1886 —.

Anmerkung:
Über die Wirkung von Mietvorauszahlungen in der Zwangsversteigerung vgl. BGH: NJW 1955, 301 — ZMR 1955, 73 — MDR 1955, 152.

§ 74a ZVG
343. Wertfestsetzung im Zwangsversteigerungsverfahren — Beschwerderecht des Schuldners

a) Nach § 74a Abs. 5 ZVG wird der Grundstückswert (Verkehrswert) vom Vollstreckungsgericht, nötigenfalls nach Anhörung von Sachverständigen, festgesetzt.

b) Nach § 74a Abs. 1 ZVG kann ein Berechtigter, wenn das abgegebene Meistgebot einschließlich des Kapitalwertes der nach den Versteigerungsbestimmungen bestehenbleibenden Rechte unter 7 Zehnteilen des Grundstückswertes bleibt, die Versagung des Zuschlages beantragen, soweit sein Anspruch ganz oder teilweise durch das Meistgebot nicht gedeckt ist, aber bei einem Gebot in der genannten Höhe voraussichtlich gedeckt sein würde.

c) Durch die Festsetzung des Grundstückswerts nach § 74a Abs. 5 ZVG wird eine der notwendigen Voraussetzungen für die Entsch. über die Versagung oder Erteilung des Zuschlages geschaffen.

d) Als Berechtigte, die i. S. des § 74a Abs. 1 ZVG eine Versagung des Zuschlages beantragen können, kommen nur die Gläubiger in

Frage, bei denen die dort genannten Voraussetzungen vorliegen. Es handelt sich dabei einmal um die Inhaber dinglicher Rechte und ferner um alle, die einen sonstigen Anspruch auf Befriedigung aus dem Grundstück haben. Der Schuldner selbst ist daher nicht antragsberechtigt (vgl. Steiner-Riedel, Anm. 3 zu § 74a ZVG).

e) Der Grundstückseigentümer (Schuldner) mag zwar ein wirtschaftliches Interesse an einer möglichst hohen Wertfestsetzung in der Hoffnung haben, daß bei höherer Wertfestsetzung höhere Gebote abgegeben werden. Das ist aber nicht der Sinn der Wertfestsetzung, denn dieser Sinn erschöpft sich, wie sich aus § 74a Abs. 1 ergibt, in dem Schutz der Gläubiger, die bei einem Zuschlag unterhalb der $^7/_{10}$-Grenze ganz oder zum Teil leer ausgehen würden.

— Landgericht Braunschweig, Beschluß vom 15. Juli 1955 — 18 T 452/55 — NJW 1955, 1641 —.

§ 181 Abs. 2 Satz 1 ZVG

344. Teilungsversteigerung — Eintragung des antragstellenden Miterben in das Grundbuch

a) Die Zwangsversteigerung zum Zwecke der Aufhebung einer Erbengemeinschaft setzt nicht voraus, daß der antragstellende Miterbe schon vor der Anordnung im Grundbuch eingetragen ist.

— Oberlandesgericht Neustadt, Beschluß vom 11. Juni 1954 — 3 W 49/54. — NJW 1955, 638 — MDR 1954, 558 —.

b) Ein Miterbe des eingetragenen Grundstückseigentümers ist auch ohne seine vorherige Eintragung ins Grundbuch als Miteigentümer berechtigt, die Zwangsversteigerung zwecks Auseinandersetzung der Erbengemeinschaft (Teilungsversteigerung) zu beantragen.

— Landgericht Duisburg, Beschluß vom 11. September 1954 — 4 T 175/54 — MDR 1955, 429 —.

Anmerkung:
Ebenso LG Limburg, Beschluß vom 14. November 1953 — 2 T 462/53—; LG Dortmund: MDR 1954, 689; Lorenz: NJW 1955, 962; a. A. LG Göttingen: NJW 1953, 1030; OLG Celle: NJW 1954, 1651 — MDR 1954, 688; Steiner-Riedel: ZVG, 6. Aufl. Anm. 3 zu § 181.

§ 180 ZVG; § 20 Reichsheimstättengesetz

345. Teilungsversteigerung bei Reichsheimstätten

Die Zwangsversteigerung zwecks Aufhebung einer Gemeinschaft an einer Reichsheimstätte ist zulässig, da es sich hierbei nicht um eine echte Zwangsvollstreckung handelt.

— Landgericht Bremen, Beschluß vom 4. März 1955 — 5 T 78/55 — NJW 1955, 1642 —.

Anmerkung:
Ebenso OLG Oldenburg: Rechtspfleger 1954, 378; LG Frankenthal: NJW 1955, 190 — MDR 1954, 749 (n. L.) — Blätter 1955, 109.
Gegen die Zulässigkeit der Teilungsversteigerung einer Reichsheimstätte Ruhl — Drischler: Zwangsversteigerungs- und Zwangsverwaltungspraxis S. 126 Nr. 3.

§ 57c Zwangsversteigerungsgesetz

346. Zur Anwendbarkeit des § 57c ZVG auf ein Dauerwohnrecht

a) § 57c ZVG wie auch die gesamte Rechtsprechung zur Wirksamkeit von Baukostenzuschüssen im Falle von Zwangsversteigerung und Konkurs beziehen sich nach Wortlaut und Sinn nur auf Mietverträge (vgl. BGH 6, 202; NJW 1952, 307 und 571; MDR 1952, 103; Steiner-Riedel, Komm. zum ZVG S. 370).

b) Es kann nicht angenommen werden, daß § 57c ZVG sich auch auf ein gemäß dem Gesetz über das Wohnungseigentum und das Dauerwohnrecht vom 15. März 1951 (BGBl. I, 175 ff.) begründetes Dauerwohnrecht bezieht.

c) Es unterscheidet sich ein Dauerwohnrecht auch sachlich so erheblicht von einem Mietrecht, daß eine gleichartige Behandlung nicht mehr möglich ist: Gegenüber dem schuldrechtlichen Mietsverhältnis wirkt das Dauerwohnrecht als eingetragenes dingliches Recht gegen jedermann. Es erscheint ausgeschlossen, daß der Inhaber eines Dauerwohnrechts alle Sondervorteile dieses Rechts genießt, dann aber nach Erlöschen des Rechtes meint, nun auch noch die gemäß § 57c ZVG nur einem Mieter zustehenden Vorteile in Anspruch nehmen zu können.

d) Eine entsprechende Anwendung des § 57c ZVG auf Dauerwohnrechte müßte in der Tat zu einer bedenklichen Erschütterung der Sicherheit in dem Grundstücksverkehr und damit auch des Realkredits führen.

— Landgericht Kassel, Urteil vom 4. November 1954 — 4 O 293/54 — DWW 1955, 221 —.

§§ 5, 10, 12, 18 Wohnungseigentumsgesetz

347. Vorkaufsrecht des Wohnungseigentümers

a) Ein Vorkaufsrecht der anderen Wohnungseigentümer kann nicht als Inhalt des Wohnungseigentums, sondern nur in der Form einer Belastung vereinbart werden.

b) Der einzelne Gemeinschafter kann sich wegen des Wohnungsgeldes (Zinsen, Verwaltungsunkosten) der sofortigen Zwangsvollstreckung in der Weise unterwerfen, daß die dingliche Wirkung (gegen seinen Rechtsnachfolger) herbeigeführt wird, indem die Unterwerfung als Inhalt des Wohnungseigentums im Grundbuch eingetragen wird. Das Wohnungsgeld muß sich jedoch, um dem Erfordernis der Bestimmtheit zu genügen, zumindest aus gegebenen Rechnungsgrößen ohne besondere Schwierigkeiten aus Anlagen berechnen lassen, auf welche in der notariellen Urkunde Bezug genommen ist.

c) Als Inhalt des Wohnungseigentums kann vereinbart werden, daß der Beschluß der Gemeinschafter, von einem störenden Gemeinschafter die Veräußerung seines Wohnungseigentums zu verlangen, nur mit einer größeren als der einfachen Mehrheit gefaßt wird (ebenso Weitnauer-Wirths, Anm. 10 zu § 18).

— Oberlandesgericht Celle, Beschluß vom 7. April 1955 — 4 Wx 1/55 — NJW 1955, 953 — ZMR 1955, 300 (n. L.) — DNotZ 1955, 320 mit zust. Anm. von Weitnauer; HuW 1955, 451 (n. L.) — GWW 1955, 389 — BBauBl. 1956, 421.

§§ 4, 5 GrundstückspreisVO v. 7. 7. 1942 — RGBl. I, 451 —

348. Rückforderung eines schwarzen Grundstückskaufpreises

a) Dem Käufer eines Grundstückes, der einen Schwarzpreis gezahlt hat, ist durch § 4 der Grundstückspreisverordnung die Möglichkeit gegeben, das Grundstück zu dem beurkundeten niedrigeren Preis zu erwerben.

b) Daher ist in § 5 der Verordnung § 817 Satz 2 BGB, der die Rückforderung einer Leistung bei einem Gesetzes- oder Sittenverstoß beider Vertragsteile ausschließt, für diesen Fall ausgeschaltet.

c) Der Gesetzgeber hat den Verkäufer absichtlich in die Hand des Käufers gegeben, in der — auf ihre Richtigkeit nicht nachzuprüfenden — Erwartung, daß schon das Bewußtsein einer solchen Möglichkeit den Verkäufer abhalten werde, sich überhaupt auf einen Schwarzpreis einzulassen.

d) Es kam dem Gesetzgeber darauf an, dem Käufer einen Anreiz zu geben, die Falschbeurkundung des Kaufpreises aufzudecken. Der beurkundete Kaufpreis ist selbst dann maßgebend, wenn der Gesamtkaufpreis den gesetzlich zulässigen Preis nicht überschreitet.

— Bundesgerichtshof, Urteil vom 9. Dezember 1955 — V ZR 81/54 — BB 1956, 355 —

Anmerkung:
Die Entscheidung ist nur noch von Bedeutung für unbebaute Grundstücke u. für solche Rechtsstreitigkeiten, für die die Rechtslage vor der Preisfreigabe für bebaute Grundstücke maßgebend ist.
Zum Anspruch auf Rückzahlung des Schwarzkaufpreises beim Grundstückskauf vgl. BGH: HGBR Rspr. 1954 Nr. 32 — NJW 1954, 308 — MDR 1954, 220 — Nr. 67/IX/1954 — BGH: HGBR Rspr. 1955 Nr. 42 — MDR 1955, 280.

349. Zur Strafbarkeit der notariellen Beurkundung eines Schwarzkaufpreises

a) Es liegt keine mittelbare Falschbeurkundung nach § 271 Strafgesetzbuch vor, wenn in einem notariellen Kaufvertrag ein niedrigerer als vereinbarter Kaufpreis beurkundet wird. Die notarielle Kaufvertragsurkunde als öffentliche Urkunde begründet nur vollen Beweis dafür, daß die beurkundeten Erklärungen abgegeben sind, nicht aber auch dafür, daß die abgegebenen Erklärungen sachlich richtig sind.

b) Die Vertragschließenden haben in einem solchen Falle auch keinen vollendeten Betrug begangen. Die Angabe des niedrigeren Kaufpreises in der Urkunde führt nämlich nicht zu einer Vermögensschädigung des Notars oder des Staates als Gläubiger der Gebühren.

c) Die Vertragschließenden können sich aber in einem solchen Fall eines versuchten Betruges schuldig gemacht haben. Wenn sie nämlich irrtümlicherweise angenommen haben, für die Gebühren sei der wirklich gewollte höhere Kaufpreis auch dann bestimmend, wenn ein niedriger nicht gewollter Betrag beurkundet wird, so sind sie wegen untauglichen Betrugsversuchs zu bestrafen.

— Bayer. Oberstes Landesgericht München, Urteil vom 9. August 1955 — 2 St. 5 a u. b/1955 — BB 1955, 944 —.

VO PR Nr. 75/52 über die Aufhebung der Preisvorschriften für den Verkehr mit bebauten Grundstücken vom 28. November 1952

350. Preisfreigabe bebauter Grundstücke

a) Die VO PR Nr. 75/52 ist rechtsgültig.

b) Die Preisfreigabe bezieht sich auch auf einen als Straßenland veräußerten unbebauten Teil (Vorgarten) eines bebauten Grundstücks.

— Verwaltungsgerichtshof Kassel, Urteil vom 16. Juli 1954 — OS II 112/53 — NJW 1955, 439 —.

Anmerkung:
Zur Gültigkeit der VO PR Nr. 75/52 vgl. OLG Celle: NJW 1953, 588; OLG Bamberg: NJW 1953, 1355 (n. L.); Schwarz: NJW 1953, 131: Lockerung der Preisvorschriften im Grundstücksverkehr; Holzapfl: Zweifelsfragen bei der Preisfreigabe für den Verkehr mit bebauten Grundstücken: NJW 1953, 811; von Spreckelsen: Aufhebung der Preisvorschriften für den Verkehr mit bebauten Grundstücken: DNotZ 1953, 68; Ameely: Aufhebung des Preisstops bei bebauten Grundstücken: Betrieb 1953, 56; Ehlers: Fortdauer der Preisbindung in der Zwangsversteigerung von Grundstücken: Betrieb 1953, 608; Riedel: Das Preisrecht in der Zwangsversteigerung: JR 1954, 85; Pechstein: Zur Frage der Weitergeltung von Preisvorschriften im Zwangsversteigerungsrecht: DRiZ 1953, 201.

§ 95 BGB

351. Begriff des bebauten Grundstücks im Sinne der VO PR 75/52

a) Nach § 1 der VO PR 75/52 sind auf den Verkehr mit bebauten Grundstücken Preisvorschriften nicht mehr anzuwenden.

b) Ein Grundstück ist im Zeitpunkt des Verkaufs als bebautes Grundstück im Sinne der VO PR 75/53 anzusehen, wenn die darauf errichteten Gebäude wesentliche Bestandteile des Grund und Bodens sind.

c) Hat der Grundstückspächter in bestimmter Erwartung des in naher Zukunft vorgesehenen Grundstückserwerbs auf dem Grundstück Bauten errichtet und mit dem Grund und Boden für Dauerzwecke fest verbunden, so sind diese Bauten wesentliche Bestandteile des Grundstücks geworden.

— Bayer. VGH München, Urteil vom 13. Dezember 1955 — Nr. 151 I 1954 — DWW 1956, 69 —.

§§ 93, 94, 95, 547, 946 BGB

352. Eigentumsverhältnisse an einem Behelfsheim auf fremdem Grundstück

a) Wenn zugunsten einer Person auf Grund des Reichsleistungsgesetzes ein Grundstück zur Errichtung eines Behelfsheimes in Anspruch genommen wurde, so ist der Begünstigte einem Grundstücksmieter gleichzustellen (BGH: BGHZ 8, 1 ff.; anderer Ansicht: Vennemann: MDR 1952, 78, angeführt in MDR 1953, 89; Nipperdey, Lehrbuch, Allgemeiner Teil, § 125 S. 523 Anm. 38).

b) Die Frage, ob ein Bauwerk mit einem Grundstück nur zu einem vorübergehenden Zweck verbunden worden ist und demgemäß nicht dessen Bestandteil geworden ist, liegt nicht ausschließlich auf tatsächlichem Gebiet (RGZ 55, 284; Warneyers Rechtsprechung 1924 Nr. 119). Es kommt in erster Linie darauf an, ob die Absicht des Erbauers von vornherein auf den späteren Wegfall der Verbindung oder der Benutzung gerichtet war oder doch der spätere Wegfall nach der Natur des Zweckes der Verbindung sicher erschien (RGZ 153, 231; Bundesgerichtshof, Urteile vom 18. 1. 1952 — V ZR 9/51 —, vom 20. 6. 1952 — V ZR 167/51 — und vom 10. 7. 1953, BGHZ 10, 171).

c) Errichtet ein Mieter oder Pächter auf dem gemieteten oder gepachteten Grundstück ein Gebäude, so wird regelmäßig vermutet, daß er das Gebäude nur in seinem Interesse, nicht aber auch in der Absicht errichtet, es nach Beendigung des Miet- oder Pachtverhältnisses dem Vermieter oder Verpächter zufallen zu lassen, selbst dann, wenn das Gebäude in massiver Bauart errichtet worden ist und daher ohne Zerstörung nicht entfernt werden kann (Bundesgerichtshof, Urteil vom 31. 10. 1952, BGHZ 8 S. 1 und die dort angeführte weitere Rechtsprechung).

— Bundesgerichtshof, Urteil vom 3. Dezember 1954 — V ZR 155/52 — BB 1955, 335 — Betrieb 1955, 431 —.

Anmerkung:

Über die Eigentumsverhältnisse an einem auf einem fremden Grundstück errichteten Behelfsheim vgl. BGH: ZMR 1953, 245 — NJW 1953, 1466 — BGHZ 10, 171; BGH: LM Nr. 2 zu § 95 BGB; BGH: NJW 1953, 137 — MDR 1953, 87.

§§ 94, 95 BGB

353. Eigentumsverhältnisse an einem Behelfsheim

a) Ein Gebäude, das ein Pächter auf einem gepachteten Grundstück errichtet, ist zu einem nur vorübergehenden Zweck im Sinne des § 95 Abs. 1 Satz 1 BGB mit dem Grund und Boden verbunden, wenn es nur den Zwecken des Pächters und nicht auch nach der Beendigung des Pachtverhältnisses den Zwecken des Verpächters dienen soll.

b) Es ist ohne Bedeutung, ob der Vertrag, auf Grund dessen der Bau errichtet wird, sich auf eine längere Zeitdauer erstreckt. Ebensowenig spielt es eine Rolle, ob es sich um ein massives Bauwerk handelt (RGZ 87, 51; OGH Köln 1, 170; BGH 8, 6). Entscheidend ist allein der innere Wille des Einfügenden, sofern er mit dem äußeren Tatbestand vereinbar ist (RGZ 158, 376; OGH Köln 1, 170; OLG Hamburg MDR 1951, 736).

c) Bei Sachen, die ein Pächter in ein gepachtetes Gebäude einfügt, spricht eine gewisse tatsächliche Vermutung für eine nur auf die Pachtzeit begrenzte Einfügungsabsicht (RG 153, 236).

d) Ist ein Holzhaus, mag es auch auf massiven Fundamenten beruhen, nur zu einem vorübergehenden Zweck errichtet, so ist es nicht wesentlicher Bestandteil des Grundstücks im Sinne von § 94 BGB geworden. Dann aber teilt es nicht das Rechtsschicksal des Grundstücks, sondern ist rechtlich selbständig.

— Oberlandesgericht Köln, Urteil vom 29. März 1955 — 9 U 192/54 — ZMR 1956, 80 —.

§ 95 Abs. 1 BGB

354. Eigentumsverhältnisse an einem vom Mieter errichteten Gebäude

Ein vom Mieter oder Pächter auf dem gemieteten oder gepachteten Grundstück errichtetes Gebäude ist mit dem Grundstück in der Regel nur zum vorübergehenden Zweck verbunden, wenn nicht der Mieter oder der Pächter die Absicht hat, daß das Gebäude nach Beendigung des Miet- oder Pachtverhältnisses in das Eigentum des Grundstückseigentümers fallen soll.

— Verwaltungsgerichtshof Kassel, Urteil vom 12. Februar 1954 — OS 155/52 — DVBl. 1955, 296 —.

355. Eigentumsverhältnisse an einem vom Pächter errichteten Gebäude

a) Bei Pachtverträgen sollen Einbauten des Pächters für Eigenzwecke nur vorübergehend mit dem Grund und Boden verbunden sein (vgl. OLG Hamburg in MDR 1951/736 mit den dort angeführten Entscheidungen des RG. Siehe RGZ 55/284; 63/421; 87/51.)

b) Die regelmäßige Vermutung zugunsten des Pächters, daß dieser ein Gebäude auf dem fremden Grundstück lediglich in seinem Interesse, nicht auch in der Absicht errichtet, daß das Gebäude nach Beendigung des Pachtverhältnisses dem Verpächter zufallen solle, wird auch in der Entscheidung des BGH vom 31. Oktober 1952 (BGH Band 8 S. 5 ff. und in NJW 53/137) als richtig anerkannt.

e) Diese Vermutung wird selbst dann nicht ausgeräumt, wenn das Gebäude in massiver Bauart errichtet worden ist und deshalb ohne Zerstörung nicht entfernt werden kann (siehe BGH a. a. O. und OLG Frankfurt in MDR 1951/737).

d) Nur dann, wenn Vereinbarungen über die vom Pächter errichteten Gebäude nicht ausdrücklich vorliegen und auch die Auslegung des Vertrags nicht ergibt, kann der Umstand, daß der Pächter ein massives Gebäude errichtet hat, im Hinblick auf § 95 Abs. 1 Satz 1 BGB von Bedeutung sein (siehe BGH a. a. O. S. 6). Dieser Umstand muß aber dann einen sicheren Schluß darauf zulassen, daß das errichtete Gebäude nach dem Willen des Pächters dem Verpächter habe zufallen sollen.

— Oberlandesgericht Karlsruhe, Beschluß vom 24. März 1955 — 3 W 498/54 — HGBR Rspr. 1956 Nr. 13 —.

356. Mobiliar-Zwangsvollstreckung in ein Wohnhaus auf gepachtetem Grundstück

a) Wenn jemand auf fremdem Grund und Boden auf Grund eines Pachtvertrages, der nach Ablauf der Pachtzeit die Räumung der Grundfläche vorsieht, ein Wohnhaus errichtet hat, so ist das Gebäude „nur zu einem vorübergehenden Zweck mit dem Grund und Boden verbunden“ (§ 95 Abs. 1 BGB). In diesem Fall ist das Wohnhaus nicht „wesentlicher Bestandteil“ des Grundstückes geworden (§ 93 BGB).

b) Entscheidend für die Frage, ob das Haus wesentlicher Bestandteil des Grundstücks geworden ist oder nicht, ist es, ob sich der Eigentümer des Hauses für den Fall der unvermeidbaren Räumung das Verfügungsrecht über das Gebäude vorbehalten hat oder ob er es in das Eigentum des Grundstückseigentümers fallen lassen wollte (Bundesgerichtshof, Urteil vom 31. 10. 1952, MDR 1953, 87).

c) Wenn das Wohnhaus nicht wesentlicher Bestandteil des Pachtgrundstücks geworden ist, dann ist die Mobiliar-Zwangsvollstreckung in dieses auf gepachtetem Boden errichtete Haus zulässig.

— Landgericht Hamburg, Beschluß vom 26. August 1955 — 9 T 222/55 — BB 1955, 940 —.

Anmerkung:

Über die Frage der Eigentumsverhältnisse an einem Behelfsheim auf fremdem Grundstück vgl. VGH Kassel DVBl. 1955, 296; LG Hamburg: BB 1951, 513; OLG Düsseldorf: NJW 1955, 188.

357. Zwangsvollstreckung in ein Behelfsheim

Das Behelfsheim ist eine Wohnzwecken dienende Einrichtung, die der Zwangsvollstreckung in das bewegliche Vermögen unterliegt.

— Amtsgericht Köln, Beschluß vom 4. Juli 1955 — 84 M 2537/55 — WM 1955, 158 —.

§ 95 BGB; § 74c ZVG

358. Besatzungsbauten auf beschlagnahmten Grundstücken

Besatzungsbauten sind keine Bestandteile der zum Zwecke ihrer Errichtung beschlagnahmten Grundstücke. Im Zwangsversteigerungsverfahren ist deshalb der Verkehrswert eines beschlagnahmten Grundstücks ohne Berücksichtigung des Wertes der Besatzungsbauten festzusetzen.

— Landgericht Köln, Beschluß vom 28. April 1955 — 12 T 100/55 — HGBR Rspr. 1956 Nr. 24 — JMBl. (NRW) 1955, 269 —.

§ 1004 BGB

359. Kampfanlagen der früheren Wehrmacht auf Privatgrundstücken

a) Der Eigentümer eines Wohnhauses, auf dem während des Krieges ein Flakstand errichtet worden ist, kann vor dem ordentlichen Gericht auf Beseitigung dieses Flakstandes und auf Ersatz allen Schadens gegen die Bundesrepublik klagen, der ihm durch diesen Stand entstanden ist.

b) Der Anspruch auf Beseitigung dieser störenden, in Ausübung hoheitsrechtlicher Befugnisse errichteten Anlage wird nicht dadurch beeinträchtigt, daß durch die Beseitigung, z. B. aus bautechnischen Gründen, gleichzeitig Kriegssachschäden behoben werden müssen.

c) Der Anspruch auf Beseitigung der Anlage kann ohne Rücksicht auf das Lastenausgleichsverfahren im ordentlichen Rechtsweg verfolgt werden.

— Bundesgerichtshof, Urteil vom 14. Oktober 1955 — V ZR 67/55 — BB 1955, 978 — Betrieb 1955, 1062 — HGBR Rspr. 1956 Nr. 12 —.

360. Eintragung des Umstellungsbetrages einer RM-Hypothek vor ihrer Abtretung

a) Wenn die Abtretung eines noch auf RM lautenden Grundpfandrechtes im Grundbuch eingetragen werden soll, so muß vorher die Umstellung auf Deutsche Mark eingetragen werden.

b) Der ein Reichsmark- oder Goldmarkgrundpfandrecht aufweisende Eintrag im Grundbuch erweckt, für sich allein betrachtet, den Anschein, daß wegen einer solchen Forderung der Gläubiger Befriedigung aus dem Grundstück erlangen könne (§ 1113 BGB) oder daß eine RM-Summe aus dem Grundstück zu zahlen sei (§ 1191 BGB).

Seit der Währungsreform trifft das aber nicht mehr zu (§ 1 Währungsgesetz). Das Grundbuch gibt demnach den Rechtsstand nicht mehr zutreffend wieder.

c) Es bedarf daher zur Wahrung des Bestimmtheitsgrundsatzes, soll das Grundbuch richtig sein, der Eintragung des Umstellungsbetrages der Hypothek.

— Bundesgerichtshof, Beschluß vom 4. Januar 1955 — V ZB 7/53 — Blätter 1955, 108 — NJW 1955, 342 — Betrieb 1955, 116 — BB 1955, 240 — HGBR Rspr. 1955 Nr. 28 —.

361. Grundsteuererlaß für den Erwerber eines Trümmergrundstücks

a) Den Grundsteuernachlaß kann auch der spätere Erwerber eines ertraglosen Trümmergrundstücks verlangen, wenn er die Bebauung innerhalb von zwei Jahren seit dem Erwerb in Angriff genommen hat.

b) Die Grundbucheintragung ist maßgeblich für die Berechnung der Zweijahresfrist, da einem noch nicht eingetragenen Erwerber ohne dingliche Sicherung ein Beginn der Vorarbeiten — Finanzierung und Baupläne — nicht zugemutet werden kann.

— Bundesverwaltungsgericht, Urteil vom 5. Mai 1955 — V C 65/54 —.

§ 33 Grundsteuergesetz

362. Grundsteuervergünstigung für den Erwerber eines Trümmergrundstücks

a) § 33 Abs. 4 GrStG will in erster Linie demjenigen Steuerpflichtigen, der durch die Zerstörung eines ihm gehörenden Gebäudes betroffen worden ist, für eine Übergangszeit Grundsteuererlaß gewähren. Nur ausnahmsweise sollen auch Erwerber von Trümmergrundstücken an der Vergünstigung teilnehmen, und zwar nur dann, wenn sie bis zum Ablauf von 2 Jahren die Wiederbebauung in Angriff nehmen. Wird die Zweijahresfrist nicht eingehalten, so entfällt ein Grundsteuererlaß nach § 33 Abs. 4 GrStG.

b) Das Gesetz macht keinen Unterschied darin, ob der Erwerber tatsächlich die Zweijahresfrist einhalten konnte, oder ob er aus irgendwelchen Gründen, insbesondere wegen Finanzierungsschwierigkeiten, hierzu nicht in der Lage war.

c) Die Nichteinhaltung der in § 33 Abs. 4 GrStG gesetzten Zweijahresfrist schließt in der Regel die dem Erwerber eines Trümmergrundstücks gewährte Steuervergünstigung auch dann aus, wenn sie auf Umständen beruht, die der Erwerber nicht zu vertreten hat.

d) Zur Inangriffnahme der Bebauung im Sinne des § 33 Abs. 4 GrStG gehören nur Arbeiten am Grundstück selbst, nicht aber auch andere vorbereitende Maßnahmen, wie Planungen, Anfertigung von Bauzeichnungen, Erwirkung der behördlichen Baugenehmigung oder Bemühungen um Kapitalbeschaffung.

e) Enttrümmerungsarbeiten können eine Inangriffnahme der Bebauung darstellen.

f) Wird die Inangriffnahme der Bebauung verzögert oder eine in Angriff genommene Bebauung unterbrochen, so darf nach dem Zeitpunkt des Erwerbs die Gesamtdauer der Zeiträume, während derer keine Arbeiten am Grundstück ausgeführt werden, zwei Jahre nicht überschreiten.

— Oberverwaltungsgericht Münster, Urteil vom 22. Juni 1955 — III A 1125/54 — DWW 1956, 22 — FrWW 1956, 151 —.

Anmerkung:
Vgl. auch Eichhorn: DWW 1956, 7.

363. Belehrungspflicht des Notars gegenüber Dritten

Der Kreis derjenigen, denen gegenüber die Belehrungspflicht des Notars besteht, beschränkt sich nicht auf diejenigen, die ihre Erklärungen beurkunden oder beglaubigen lassen, sondern umfaßt alle, deren Interessen durch das Amtsgeschäft berührt werden, insbesondere auch diejenigen, die aus dem beurkundeten Rechtsgeschäft Rechte erwerben sollen (Seybold-Hornig, Reichsnotarordnung Anm. VII zu § 21; RGZ 153, 153).

— Bundesgerichtshof, Urteil vom 3. November 1955 — III ZR 119/54 — Betrieb 1956, 476 —.

364. Prüfungs- und Belehrungspflicht eines Notars

a) Die Amtspflicht des Notars im Rahmen seiner Beurkundungstätigkeit geht dahin, dafür Sorge zu tragen, daß mit der Urkunde der von den Beteiligten erstrebte rechtliche Erfolg auch tatsächlich erreicht wird. Dazu hat der Notar den wahren Willen der Beteiligten zu erforschen.

b) Er darf sich nicht mit deren — wenn auch äußerlich unbedenklichen — Erklärungen begnügen. Vielmehr hat er den Beteiligten — wenn Anlaß zu Zweifeln an ihrer Kenntnis von der Tragweite und Bedeutung ihrer Erklärungen besteht — Rechtsbelehrungen zu erteilen und ihnen über die rechtliche Bedeutung der zu beurkundenden Erklärungen Aufklärung zu geben.

c) Es ist mithin Pflicht des Notars, rechtlich einwandfreie Urkunden zu fertigen und ihnen einen Inhalt zu geben, der dem wahren Willen der Beteiligten und dem mit der Urkundenerrichtung verfolgten Zweck entspricht.

d) Die Verpflichtung des Notars zur Belehrung der Beteiligten läßt sich ihrem Umfang nach nicht ein für allemal fest umgrenzen, bestimmt sich vielmehr nach den Besonderheiten des einzelnen Falles.

e) Die Sorgfalts- und Belehrungspflichten des Notars gehen grundsätzlich nicht über die Klarlegung, Gestaltung und Fassung des aufzunehmenden Parteiwillens hinaus.

— Bundesgerichtshof, Urteil vom 3. November 1955 — III ZR 51/54 — Betrieb 1956, 19 —.

Anmerkung:

Zur Belehrungspflicht des Notars vgl. BGH: DNotZ 1954, 319 (Anm. von Daimer) — HuW 1954, 331 (n. L.) — BB 1954, 142; OLG Köln: GWW 1953, 231.

365. Schadensersatzanspruch gegen einen Notar wegen Verletzung seiner Amtspflicht

Wird ein Notar auf Schadenersatz verklagt, weil er bei seiner Beurkundungstätigkeit seine Amtspflichten verletzt habe und als Folge davon der Kläger in einem gerichtlichen Verfahren unterlegen sei, so ist im Schadensersatzstreit bei der Prüfung der Ursächlichkeit nicht darauf abzustellen, wie in jenem Verfahren das Gericht im Falle einer ordnungsmäßigen Amtsausübung des Notars entschieden haben würde, sondern darauf, wie es richtig hätte entscheiden müssen.

— Bundesgerichtshof, Urteil vom 3. November 1955 — III ZR 62/54 — Betrieb 1956, 19 —.

Anmerkung:

Zur Haftung des Notars wegen Amtspflichtverletzung vgl. OLG Oldenburg: DRiZ 1954, 47.

366. Sorgfaltspflicht des Notars bei Feststellung der vor ihm erschienenen Personen

a) Nach ständiger Rechtsprechung des Reichsgerichts hat ein Notar mit Rücksicht auf die außerordentliche Bedeutung seiner Amtshandlungen für das Rechtsleben, den öffentlichen Glauben notarieller Urkunden und die Sicherheit des Rechtsverkehrs auf die zweifelsfreie Feststellung der vor ihm erschienenen Personen die äußerste Sorgfalt zu verwenden.

b) Deshalb muß sich der Notar in der Regel einen amtlichen, mit Lichtbild versehenen Ausweis vorlegen lassen, wenn der Erschienene ihm nicht persönlich bekannt ist oder von zuverlässigen Personen vorgestellt wird (RGZ 81, 125; 124, 62; 156, 82; JW 1936, 1956).

c) Die Dienstordnung für Notare vom 5. 6. 1937 (DJ S. 874) wiederholt diese Grundsätze in den §§ 31, 36 ausdrücklich. Die Dienstordnung weist ferner darauf hin, daß der Notar bei Vorstellung durch Dritte deren Glaubwürdigkeit zu prüfen hat und daß dabei regelmäßig als Auskunftspersonen nur Personen geeignet sind, die der Notar selbst als zuverlässig kennt und die nicht an der den Gegenstand der Amtshandlung bildenden Angelegenheit beteiligt sind.

d) Das Fehlen amtlicher Ausweise mit Lichtbild nötigt den Notar zur Benutzung weiterer einwandfreier Erkennungsmittel, um sich Gewißheit über die Person des Erschienenen zu verschaffen.

e) Der Notar muß sich andere Urkunden vorlegen lassen, die nach ihrem Inhalt oder ihrer Natur regelmäßig sorgfältig aufbewahrt werden (RG JW 1932, 2864).

— Bundesgerichtshof, Urteil vom 20. März 1956 — III ZR 11/55 — Betrieb 1956, 476 — BB 1956, 414 — VersR 1956, 292 —.

367. Streitwert für eine Klage des Treuhänders

Der Streitwert der Klage eines Treuhänders nach dem Gesetz Nr. 52 auf Herausgabe eines Grundstücks bemißt sich nach der für das herausverlangte Grundstück zu zahlenden jährlichen Nutzungsentschädigung.

— Kammergericht, Beschluß vom 25. Februar 1956 — 1 a W 381/56 — HuW 1956, 230 —.

Anmerkung:
Ebenso Beschluß des Kammergerichts vom 29. Dezember 1952 — 1 W 4310/52 — HuW 1956, 191 —.

368. Rechtliche Stellung eines Hausverwalters

a) Die Rechte und Pflichten eines Hausverwalters können verschieden sein.

b) Es gibt Fälle, in denen die Aufgabe des Hausverwalters sich darauf beschränkt, das verwaltete Haus in einem ordnungsmäßigen Zustand zu erhalten, insbesondere — oft unter persönlichen Dienstleistungen — für Reinlichkeit im Hause und für die Beachtung der Hausordnung zu sorgen. In diesen Fällen gleicht die Tätigkeit des Hausverwalters der eines Hausmeisters und erfordert in der Regel seine persönliche Anwesenheit in dem Haus oder wenigstens in dem Ort, in dem sich das Gebäude befindet.

c) In anderen Fällen hat der Hausverwalter die Berechtigung, den Hauseigentümer in allen die Verwaltung des Hauses betreffenden Angelegenheiten zu vertreten.

— Bayer. Verwaltungsgerichtshof München, Urteil vom 25. November 1954 — Nr. 298/II/1951 — WM 1955, 190 —.

369. Umfang der Vollmacht des Hausverwalters

a) Stellt ein Hauseigentümer einen Hausverwalter seinen Mietern durch Rundschreiben als die Person vor, an die sich die Mieter in Zukunft „in allen Grundstücksangelegenheiten“ wenden sollen, so liegt darin eine Vollmachtserteilung an den Hausverwalter, nunmehr mit Mietern „in allen Grundstücksangelegenheiten“ verbindliche Vereinbarungen zu treffen.

b) Als ein in den üblichen Kreis von Hausverwaltertätigkeiten fallendes Rechtsgeschäft ist z. B. die Anerkennung von Erstattungsforderungen, die ein Mieter auf Grund von Aufwendungen für Wohnungsinstandsetzung gegen den Vermieter hat, anzusehen.

— Landgericht Berlin, Urteil vom 13. März 1956 — 65 S 392/56 — HuW 1956, 210 —.

§§ 276, 254 BGB

370. Haftung des Hausverwalters für die Folgen eines Unfalls auf dem von ihm verwalteten Anwesen

a) Wenn der Hauseigentümer nicht im Hause wohnt und von außerhalb nur von Zeit zu Zeit Gelegenheit hat, sich um die Angelegenheiten des Hauses zu kümmern, dann ist der Hausverwalter auf Grund des Hausverwaltervertrages dem Hauseigentümer gegenüber verpflichtet, alle Gefahrenquellen zu melden und sofort zu beseitigen, für die der Hauseigentümer Dritten einzustehen hat.

b) Von dem Hauseigentümer, der einen Hausverwalter mit der Beaufsichtigung seines Anwesens vertraglich beauftragt hat, muß nach Treu und Glauben verlangt werden, daß er den Verwalter über bereits vorhandene Gefahrenquellen unterrichtet.

— Amtsgericht Mainz, Urteil vom 6. November 1954 — 8 C 151/54 — HW 1955, 73 (n. L.) — VersR 1955, 111 — Blätter 1955, 77 —.

§ 823 Abs. 1 und 2 BGB; SchornsteinfegerVO v. 15. April 1935 (RGBl. I, 515) und vom 28. Juli 1937 (RGBl. 1937, I, 831)

371. Pflichten und Aufgaben des Bezirksschornsteinfegermeisters

a) Das Schornsteinfegerwesen dient der Erhaltung der Feuersicherheit, die im öffentlichen Interesse liegt (vgl. SchornsteinfegerVO vom 28. 7. 1937, RGBl. I, 831).

b) Der von der höheren Verwaltungsbehörde bestellte Bezirksschornsteinfegermeister hat daher die Pflicht, bei seiner Tätigkeit den Gefahren zu begegnen, die sich aus der Benutzung der Feuerungsanlagen für das Eigentum anderer ergeben und die er erkennen muß, wenn er die im Verkehr erforderliche Sorgfalt beobachtet.

c) Verletzt er schuldhaft diese Pflicht, und wird dadurch ein Schaden herbeigeführt, so begeht er eine unerlaubte Handlung gegenüber dem Geschädigten.

d) Hinsichtlich seiner Sorgfaltspflicht macht es keinen Unterschied, ob der Bezirksschornsteinfegermeister als Feuerstättenschauer oder als Kaminfeger tätig ist. Auch bei der Kaminkehrung hat er auf schadhafte Kaminstellen zu achten.

e) Aufgabe des Bezirksschornsteinfegermeisters ist es, bei der Brand- bzw. Feuerstättenschau und bei der Kehrung vorgefundene feuergefährliche Mängel sofort dem Hausbesitzer zu melden und ihre Beseitigung zu überwachen.

f) Die Einführung des Kehrzwanges und der ausschließlichen Kehrberechtigung des Bezirksschornsteinfegermeisters bezweckt den Schutz der Allgemeinheit vor Brandschaden.

g) Dieser Zweck würde nicht erreicht werden, wollte sich der Bezirksschornsteinfegermeister bei der Kehrung nur auf die rein mechanische Reinigungstätigkeit beschränken.

h) Ein sachlicher Unterschied zwischen der Feuerstättenschau und der Kehrung besteht nur insofern, als sich die Sorgfaltspflicht des Bezirksschornsteinfegermeisters bei der Feuerstättenschau auf sämtliche Feuerstätten, bei der Kehrung jedoch lediglich auf die von der Kehrung unmittelbar betroffenen Teile zu erstrecken hat, wie das Urteil des OLG Karlsruhe vom 26. 11. 1953 (2 Ss. 33/53) zutreffend ausführt.

i) Der Bezirksschornsteinfegermeister hat vor allem denjenigen Kaminteilen, bei denen Schäden am ehesten auftreten, die nötige Aufmerksamkeit zu schenken.

k) Der Bezirksschornsteinfegermeister gehört als Gewerbetreibender dem Handwerk an und ist als Feuerstättenbeschauer Beauftragter der Polizeibehörde ohne Beamteneigenschaft.

l) Bei der Feuerstättenschau handelt der Bezirkskaminfegermeister in Wahrnehmung polizeilicher Aufgaben und übt damit öffentliche Gewalt aus. Die Tätigkeit des Kaminkehrens ist dagegen seinem bürgerlich-rechtlichen Geschäftskreis zuzurechnen.

— Landgericht Waldshut, Urteil vom 15. Dezember 1955 — O 16/55 — VersR 1956, 296 —.

Anmerkung:
Zur Haftung des Hauseigentümers beim Einsturz eines Kamins vgl. BGH: NJW 1956, 506 — VersR 1956, 175 — oben Nr. 221 — und OLG Karlsruhe: VersR 1954, 562 — oben Nr. 220.

Sachregister

A

Abbruch eines baufälligen Hauses 82/83
Abmarkungsklage 298
Abwässerleitung 283/84
Anfechtungsklage 305
Anliegerbeiträge 156/161
Ansiedlungsgebühren 47
Ansiedlungsgenehmigung 45/48
Ansiedlungsgesetz 45/48
Architekt 113/120
Aufbaugesetz 102
Auflagen (Baupoliz.) 37, 64/65
Aufopferungsanspruch 6
Außenbezirk 53/55
Außenreklame 68/73

B

Baracke 352/54, 357
Bauarbeiten 106, 108
Baubeschränkung 9, 13
Baudispenz 8, 305
Bauerlaubnis 8, 25/29, 35, 36, 41, 43, 45, 48, 68, 301/04
BaugestaltungsVO 68/73
Bauland 96, 103
Baulandbeschaffung 88/96
Baupolizeibehörde 31/33, 42/43
Baupolizeiverfügung 29/31, 34, 37, 42
Bauregelungsverordnung 48/55
Baurechtswidrigkeit 32/33 40, 60, 306
Bauschmutz 273
Bausperre 17/19
Baustelle 223/25, 267/73, 314
Bauverbot 10, 12
Bauvertrag 106/120
Bauwerk 106/120
Bauwerksicherungshypothek 112/120
Bauwich 297
Bebauungsplan 10/15
Behebungsverordnung 24
Behelfsheim 352/54, 357
Beherbergungsräume 5
Bergbauschäden 96
Betriebsgeräusche 276/79
Besatzungsbauten 358
Brandmauer 307/313
Bürgersteig 228, 333/35

D

Dauerwohnrecht 346
Dispens 8, 305
Doppelprovision 203

E

Einsturzgefahr 84, 87
Einsturzschäden 86
Einwirkungen (ortsübl.) 274, 280, 294
Enteignung 1/8, 10, 13, 15/17, 24, 35, 42, 50, 65, 91, 92/98
  Begriff der — 1
  Enteignungsanspruch 6
  Enteignungsbescheid 3
  Enteignungsentschädigung 7, 20/23
  Zulässigkeit der — 2
Ersteher 341/42

F

Feuchtigkeitseinwirkungen 289/293
Flüchtlinge 5
Fluchtlinienbeitrag 157/161
Fluchtliniengesetz 10, 157/161
Flurbereinigung 105
Formmangel 315/17
Freibauen 149/51

G

Garage 304
Garagenordnung 76/81

Gebühren
des Architekten 115/118
— befreiung 155
der Gemeinde 156/167
Gemeingebrauch 327/29
Giebelmauer 307/313
Grabeland 213
Grenzabstand 287
Grenzeinrichtung 297
Grenzmauer 307/313
Grenzscheidungsklage 298
Grenzüberbau 295/96
Grünflächenbebauung 52
Grunddienstbarkeit 325
Grundsteuerermäßigung 361/62
Grundstücksmietvertrag 320
Grundstücksschenkung 321
Grundstücksveräußerung 315/19

H

Haftung
des Architekten 119
des Bauhandwerkers 109
des Bauunternehmers 110, 267/73
der Gemeinde 259/266
des Grundstückseigentümers 219/258
des Grundstücksverkäufers 321/322
des Hausverwalters 370
des Ruinengrundstückseigentümers 289/293
Hausverwalter 368/70
Heimstättenrecht 345
Hühnerhaltung 275

I

Immissionen 274, 280, 294

K

Kamin 220/221
Kanalanschlußgebühren 165/166
Kellergarage 78
Kleingartenrecht 211/18
Kostenanschlag 107
Kündigung von Kleingartenland 211/14

L

Landwirtschaftliches Grundstück 338/340
Lärm 276/79
Lichtschutzrecht 299

M

Maklerrecht 168/210
Abschlußnote 180/81
Alleinauftrag 195/196
Dauer des Auftrages 189
Doppelprovision 203
Festanhandgeben 196/197
Geschäftsbedingungen der Makler 168/169
Inanspruchnahme zweier Makler 182
Kreditmakler 199, 200
Maklergebühr
für Darlehensvermittlung 200
Entstehung der — 179
Fälligkeit der — 178
Höhe der — 199/208
für Nachweis 177
bei Nichtigkeit des Vertrages 187/189
und Preisbindung 210
bei Rücktritt vom Vertrag 187/190/191
Verzicht auf — 209
Maklervertrag 194
Sorgfaltspflicht des Maklers 192/93
Stillschweigender Vertragsabschluß 170/73, 186
Tätigwerden für beide Parteien 183/86
Untermakler 198
Ursächlichkeit der Maklertätigkeit 174/77, 186
Widerruf des Auftrags 188, 191
Zwangsversteigerung 208
Mehrarbeiten 108
Mitverschulden des Verletzten 239, 241, 253
Müllabfuhrgebühren 162/64

N

Nachbarrecht 274/314
Naturschutz 74/75
Notarrecht 363/66

O

Ortsüblichkeit (Einwirkungen) 274, 276, 280, 294

P

Parkplatz 77, 80
Planungsschäden 14
Polizeipflichtigkeit 84/87
Preisfreigabe 350

R

Räumung (baupoliz.) 38
Reinigungspflicht des Mieters 333
Reklametafel 68/73
Rückübereignung (enteigneten Baulandes) 94

S

Schornsteinfeger 371
Schwarzkaufpreis 348/49
Störer 288
Straßenanliegerkosten 157/161
Straßenreinigungsgebühren 167
Streitwertfestsetzung 66, 367
Streupflicht
  der Gemeinde 259/265
  des Hauseigentümers 246/56
  des Mieters 257/58

T

Teilungsversteigerung 344/45
Treppenbeleuchtung 244/45
Treppenhausunfall 233/241

U

Umlegungsbeschluß 101/02
Umlegungsplan 99/100
Umlegungsverfahren 81, 97/105

V

Verjährung von Bauarbeiten 111
Verkaufsbude 327
Verkehrspolizei 30
Verkehrssicherungspflicht
  des Bauunternehmers 267/273
  der Gemeinde 259/266
  des Hauseigentümers 219/258
  des Ruineneigentümers 226/27
Verkehrswert 338

W

Währungsumstellung und Anliegerbeitrag 157
Werbetafeln 68/73
Wiederaufbau
  und Anliegerbeitrag 160
  und Baupolizei 39
Wohnrecht 322/24
Wohnsiedlungsrecht 56/57
Wohnungsbaurecht
  Ausbau von Wohnraum 144
  Brandversicherungsentschädigung 148
  Bezugsfertigkeit 124, 134
  Finanzierungsbeitrag 137, 150
  Freibau 149/151
  Freifinanz. Wohnraum 138, 142
  Grundsteuerbegünstigung 125/135
    Antrag auf — 126
    für Garagen 130
    für Ledigenheim 127/28
    für Mischräume 129
    für Wohnräume 127
    Verzicht auf — 132/33
    Voraussetzungen der — 125, 135
  Mietfestsetzung (Bewilligungsstelle) 154
  Öffentliche Mittel 121, 134, 140/41, 148
  Rückzahlung öffentlicher Mittel 141

Schaffen von Wohnraum 139, 143/147
Vorschlagsliste 136
Vorschlagsrecht 152
Wiederherstellung von Wohnraum 146/47
Wohnraumbewirtschaftung 153
Wohnung (Begriff) 122/23
Wohnungseinheit 139, 142
Wohnungseigentum 347
Wohnungsunternehmer (gemeinnütz.) 155
Wurzeln 282/83

Z

Zusage (mündlich) 31
Zustandshaftung 84/87
Zwangsversteigerung 339, 340, 343/344, 346.

FSC
www.fsc.org
MIX
Papier | Fördert
gute Waldnutzung
FSC® C083411

Kolibri 360 GmbH
Ferdinand-Jühlke-Straße 7
99095 Erfurt, Deutschland
produktsicherheit@kolibri360.de